동의보감 매일매일 실전편

명랑인생
건강교본

동의보감 매일매일 실전편
명랑인생 건강교본

발행일 초판2쇄 2014년 10월 21일(甲午年 甲戌月 乙丑日) │**지은이** 김태진 │**감수** 최정준 │**일러스트** 강진호
펴낸곳 북드라망 │ **펴낸이** 김현경 │ **주소** 서울시 중구 청파로 464 101-2206(중림동, 브라운스톤서울) │
전화 02-739-9918 │ **이메일** bookdramang@gmail.com

ISBN 978-89-97969-08-1 03100 │ 이 도서의 국립중앙도서관 출판시도서목록(CIP)은 서지정보유통지원시스템 홈
페이지(http://seoji.nl.go.kr)와 국가자료공동목록시스템(http://www.nl.go.kr/kolisnet)에서 이용하실 수 있습니
다.(CIP제어번호: CIP2012000345) │ 이 책은 저작권자와 북드라망의 독점계약에 의해 출간되었으므로 무단전재와
무단복제를 금합니다. 잘못 만들어진 책은 서점에서 바꿔 드립니다.

책으로 여는 지혜의 인드라망, 북드라망 **www.bookdramang.com**

동의보감 매일매일 실전편

명랑인생 건강교본

김태진 지음 · 최정준 감수

BookDramang
티 북드라망

머리말

1.

손진인은 "우주 안에서 사람이 가장 귀하니, 머리가 둥근 것은 하늘을 본뜬 것이고 발이 모난 것은 땅을 본뜬 것이다"라고 말하였다. 하늘에 사시(四時)가 있듯이 사람에게는 사지(四肢)가 있고, 하늘에 오행(五行)이 있듯이 사람에게는 오장(五臟)이 있다. 하늘에 육극(六極)이 있듯이 사람에게는 육부(六腑)가 있고, 하늘에 팔풍(八風)이 있듯이 사람에게는 여덟 관절이 있다. 하늘에 구성(九星)이 있듯이 사람에게는 아홉 구멍이 있고, 하늘에 십이시(十二時)가 있듯이 사람에게는 열두 개의 경맥이 있다. 하늘에 이십사기(二十四氣)가 있듯이 사람에게는 스물네 개의 수혈이 있고, 하늘에 365도가 있듯이 사람에게는 삼백육십오 개의 마디가 있다. 하늘에 해와 달이 있듯이 사람에게는 두 눈이 있고, 하늘에 밤과 낮이 있는 것처럼 사람도 잘 때와 깰 때가 있다. 하늘에 천둥과 번개가 있듯이 사람에게는 기쁨과 분노가 있고, 하늘에 비와 이슬이 있듯이 사람에게는 콧물과 눈물이 있다. 하늘에 음양이 있듯이 사람에게는 한열이 있다. 땅에 샘물이 있듯이 사람에게는 혈맥이 있고, 땅에 풀과 나무가 있듯이 사람에게는 털과 머리카락이 있다. 땅에 쇠붙이와 돌이 있듯이 사람에게도 치아가 있다. 이 모두는 사대(四大)와 오행[五常]을 품부받아 그것을 빌려 합하여 잠시 형체를 이룬 것이다. (「내경편」, '신형장부도')

『동의보감』을 시작하는 '신형장부도'의 인용문이다. 이 책 『명랑인생 건강교본』은 이 인용문에 대한 주석이라고 할 수 있다. 그런 점에서 이 책은 건강법을 말하고 있기는 하지만, 사실 건강은 소재에 불과하다. 좀 거창하게 말하자면 이 책은 '몸을 아는 것, 세계를 아는 것이란 무엇일까'에 대한 답변이라고 해도 좋다. 다시 말해 자연과 우주와 내 몸의 관계를 아는 것에 관한 이야기이다. 그렇다고 해서 무슨 철학서를 쓰고자 한 것은 아니다. 건강하게 사는 법에 대해서 조금 경쾌하게, 명랑하게 전달할 수 있기를 바랐다. 기존의 건강 관련 책들이 아무 맥락 없이 간략한 정보만을 소개한다거나, 아니면 너무 이론적으로만 접근하여 딱딱하고 어려워서 처음 읽는 이들에게 건강은커녕 오히려 부담이 된다고 생각했다. 이 책은 가급적이면 일상적인 경험들을 가지고 몸과 건강에 대해 이해할 수 있도록 어려운 개념어는 피하고, 병을 삶의 문제로 접근하고자 했다. 『동의보감』에 실려 있는 일상생활에서 따라하면 좋을 만한 내용들을 소개하여 자신의 삶을 직접 바꾸는 데 도움이 되고자 하였는데, 비단 거기에서 그치는 것이 아니라 그 속에서 새로운 세계를 만날 수 있었으면 하는 바람이 있었다. 그렇게 해서 명랑한 인생, 건강한 삶을 통해 내 몸과 세계를 알아 가는 책이 되길 바랐다. 이름하야 『명랑인생 건강교본, 동의보감 매일매일 실전편』!

2.

〈연구공간 수유너머〉에서 『동의보감』 세미나와 인연을 맺게 된 지도 3년이 넘었다. 이 세미나를 접하게 된 인연에 감사할 따름이다. 매주 토요일마다 짧게는 네다섯 시간씩, 길게는 일고여덟 시간씩 세미나를 하면서 새로운 세계를 접할 수 있었던 인연은 내게 선물 그 자체였다. 이 글은 전적으로 이 세미나의 결과물이다. 세미나를 같이 하는 동학들에게 들었던 이야기들, 함께 읽었던 책 속에서 저자가 말해 주는 이야기들이 내 입을 타고 말해지는 것이다. 그러니까 이 책은 내 안에 있는 그들의 목소리들이라 해도 과언은 아니다. 물론 그것들을 제대로 내가 이해했는지, 오히려 곡해하고 있지는 않은지 걱정이다. 만일 그렇다면 그것은 나의 공부가 부족하기 때문이다.

3.

이 책은 수유너머 웹진인 '위클리 수유너머'(http://suyunomo.net)에 연재했던 글을 수정하고 다듬은 것이다. 『동의보감』 세미나와 접속하게 해주고 글쓰기 연습을 단련시켜 준 〈남산강학원〉, 지금도 열심히 인문의역학의 새로운 비전을 만들어 가고 있는 〈감이당〉, 위클리 수유너머에 원고를 쓸 수 있도록 자리를 마련해 준 〈수유너머 R〉, 그리고 한참 부족한 글을 출판할 수 있도록 도와주신 북드라망 출판사 등 이 자리를 빌려 이 글을 쓸 수 있게 해준 모든 인연들에 감사할 따름이다. 그리고 이 책은 특히 안세영·조정래 선생님의 『몸, 한의학으로 다시 태어나다』, 손영기 선생님의 『먹지마 건강법』, 고바야시 산고 선생님의 〈'동양의학 강좌' 시리즈〉, 김인곤 선생님의 『데일리 음양』에 크게 빚지고 있다. 그리고 여기 다 적지는 못했지만 공부에 많은 도움을 주었던 책들과의 인연에도 다시 한번 감사한다. 아직 공부도 부족하고 생활도 엉망인 내가 하는 말이 또 다른 구업을 쌓는 것은 아닐지 쓰면서도 늘 걱정이 앞섰다. 하지만 이 글을 통해 조금이라도 건강과 생명에 대해, 그리고 몸과 우주에 대해 다시 생각해 볼 기회를 나눌 수 있었으면 하는 바람으로 깜냥도 되지 않는 것을 알면서도 책을 내놓게 되었다. 부족한 공부는 앞으로 계속 채워 나갈 것을 약속하는 것으로 죄송함을 표할 뿐이다. 부디 이 책이 독자 분들에게도 행복한 인연을 만나는 시작이 되길, 조그마한 선물이 되길 바란다.

2012년 1월 27일
남산 언저리에서
김태진

차례

3부 우리의 겉 사정 : 머리부터 발끝까지

| 일러두기 |

1 이 책은 허준의 『동의보감』의 「내경편」과 「외형편」의 대략적인 차례를 따라 구성되었다. 2 부 「우리의 속 사정」편에서는 「내경편」을, 3부 「우리의 겉 사정」편에서는 「외형편」의 내용 을 주로 다루고 있다.

2 이 책이 인용한 『동의보감』의 국역문은 동의과학연구소가 옮긴 『동의보감』(휴머니스트, 2008)의 제1권 「내경편」과 제2권 「외형편」을 저본으로 삼았다. 『동의보감』을 인용한 경우, 각 인용문이 끝나는 곳 괄호 안에 편명(篇名)과 문명(門名)을 명기했다(예: 「내경편」, '태식법').

3 단행본·정기간행물은 겹낫표(『 』)로, 편명이나 단편 등의 제목은 낫표(「 」)로 표시했다.

4 외국 인명이나 지명, 작품명은 2002년 〈국립국어원〉에서 펴낸 외래어 표기법을 따라 표기 했다.

『동의보감』은 당신이 생각하는 그런 책이 아니다

『동의보감』 하면 무슨 생각부터 드시는지? 전광렬, 임현식 씨가 나오던 드라마? 아니면 한의대생들이나 읽을 법한 어려운 책? 그것도 아니면 가끔 건강이나 음식프로그램에서 "『동의보감』에 따르면 이건 어디어디에 좋대요"라며 인용할 때 등장하는 책?

그러나 『동의보감』은 단순히 건강정보를 모아놓은 책이 아니다. 일반적으로 상상하듯 고리타분하고 따분한 한의학적 전문지식을 늘어놓은 책은 더더욱 아니다. 물론 지금의 시선에서 보자면 비과학적이라 욕할 내용도, 이것이 건강이랑 무슨 상관이냐고 따져 물을 만한 내용도 많다. 그럼에도 불구하고 아직까지도 많은 사람들이 『동의보감』을 읽고 그 속에서 저마다의 비전과 메시지를 찾아낸다. 도대체 어떻게?

건강정보들이 넘쳐나는 세상이다. 인터넷 어느 블로그에서, TV 아침 프로에서, 누구누구의 입소문에 따르면 이렇게 이렇게 하면 좋다더라는 식의 정보들. 그러나 '아, 그렇군' 정도에서 멈춰 버린다. 한 번 듣고는 자신의 삶과는 전혀 상관없는 것들이 되고 마는데, 이는 건강에 대한 관심이 부족해서만은 아니다. 오히려 건강, 웰빙에 대한 관심은 사람들에게 삶에서 가장 우선시되는 항목이 되었지만 문제는 이것이 자신의 몸, 건강 자체를 객체화·대상화함으로써 자신의 삶과 분리되는 정보로 끝난다는 점에 있다. 우리가 착각하는 것 중 하나가 이렇게 건강이 정보의 문제라고 생각하는 것인데, 실용적인 건강정보만을 읽고 아무 생각 없이 따라한다고 해서 과연 건강한 삶을 살 수 있을까?

좀더 과격하게 말해 보자면 우리가 알고 있는 소위 '건강'이란 없는 것은 아닐까? 건강이란 고정된 어떤 상태가 아니라, 무언가가 되는 과정 속에서만 있기 때문이다. 이런 점에서 건강이란 명사가 아니라 동사이고, 어떻게 사는 것이 건강한 삶인지 생각하고 실천하는가의 문제라 하겠다.

그렇다면 건강하다는 것은 무엇일까? 평생 아프지 않은 것이 건강하다는 걸까? 병원 덕 안 보는 게 건강하다는 걸까? 물론, 그럴 수 있다. 하지만 사람은 편중되게 태어난다. 우주 또한 그렇다. 지구가 23.5도 기울어져 봄·여름·가을·겨울이 생기고 생명이 생겨나듯, 사람의 신체 중 심장 역시 중심에서 왼쪽에 치우쳐 있어 이 비대칭성으로부터 생명이 시작된다. 그렇게 편중되어 있기 때문에 무언가가 생겨날 수 있는 거다. 그렇지 않고, 완벽한 상태라면 거기서 생명이란 있을 수 없다. 이 기울어짐에서 생명이 태어난다. 따라서 생은 모순으로부터 출발한다는 것! 그렇기 때문에 인간은 누구나 아프고 병에 걸릴 수밖에 없다.

질병과 불균형으로부터 비로소 생이 시작되는 것이 우주의 원리인 까닭에 건강 역시 '어떻게 하면 병에 걸리지 않을까' 노심초사하며 보약을 챙겨 먹고, 바이러스를 염려하며 먼지 하나 없이 깨끗이 청소한다고 해서 될 문제가 아니다. 서구의 의학이 몸을 외부와 분리시키고, 외부의 병원체로부터 어떻게 몸이라는 내부를 안전하게 보호할 것인가라는 데서 사고를 시작한다면, 동양에서의 건강 개념은 그 전제부터가 다르다. 존재론적으로 인간이 병에 걸릴 수밖에 없다면, 건강이란 어떻게 하면 안 아플까가 아니라, 아프고 안 아프고의 상태를 어떻게 하면 자유자재할 수 있는가의 관점에서 보는 것이다.

원래 누구나 다 아픈 곳 하나 쯤은 가지고 살고 있다. 그것이 마음이건, 몸의 일부분이건 말이다. 그렇게 불완전하게 태어났기 때문에, 생명이다. 그렇지 않으면 로봇이다.^^ 모든 생명에게 병이 자연스러운 과정이라면 병이 들었을 때 그만큼 그 병을 앓는 절차가 필요하다. 병에 걸렸는데, 아프지 않기를 바라는 것은 요행이다. 그만큼의 대가를 치르고 나서야 비로소 병은 회복될 수 있다. 따라서 건강하다는 것은 병에 걸렸을 때, 그 아픔을 견디고 거기서 벗어나는 힘, 다시 새로운 상태로 돌아가는 힘이라 말할 수 있지 않을까.

니체라면 아마 이런 식으로 말했으리라. 건강함이란 자기 안에서 다양한 힘에의 의지들 간의 전투가 계속적으로 일어나는 환경을 만들어내는 것이라고. 아프지 않은 것이 중요한 게 아니라 그 병 속에서 얼마나 건강함을 유지할 수 있는가가 중요하다고. 병이란 치유의 과정, 즉 위버멘쉬가 되기 위한 과정의 일부라고. 따라서 건강이란 병에 걸리지 않은 상태로 다시 돌아가는 것이 아니라 병을 앓고 나서 새로운 신체가 되는 것이라고 말할 수 있을 것이다. 그런 점에서 삶이란 언제나 변신의 과정이며, 새로운 탄생이다.

따라서 건강이란 무엇인지, 몸이란 무엇인지에 대한 사유 없이 건강을 단순히 '정보'의 차원으로만 받아들여서는 곤란하다. 『동의보감』을 단순히 건강서 내지는 실용서라고만 할 수 없는 이유다. 어떤 삶이 좋은 삶인가를 알려 준다는 의미에서라면 분명 실용적이라 할 수도 있겠지만, 『동의보감』을 읽는다는 것은 차라리 어떻게 살아야 좋을까에 대한 해답을 찾는 과정이다. 물론 그것을 어떻게 활용할지는 읽는 이에게 열려 있지만.

이 지점에서 '인문의역'(人文醫易)이라는 문제의식이 필요해진다. 생소한 단어일 수도 있겠지만 '인문의역'이라고 하는 것은 '몸'을 주제로 하는 '인문학'이라는 뜻이다. 그리고 이때의 목적은 결국 '자기 삶의 주인-되기'라 하겠다. 조금 거창하게 말하자면 삶에 개입할 수 있는 기술을 배우는 공부라는 말이다. 의학이 단순히 정보나 실용적 매뉴얼 차원이 아니라면 그것은 어떻게 몸을 통해 자기의 삶을 변화시킬 수 있을지에 대한 공부이기 때문이다.

인문의역이란 이처럼 인문학과 의학의 만남이지만, 그러나 이것이 단순히 인문학적 상상력으로 의학을 바라본다거나, 의학에서의 내용을 단순히 인문학적으로 끌고 들어온다는 뜻만을 의미하는 것도 아니다. 그것은 의학과 인문학이 서로 떨어질 수 없음을, 몸이야말로 공부의 기본 바탕이 됨을 의미한다.

몸, 생명을 철학한다는 것은 관념적 사유로 그치지 않는다. 이는 자신의 삶에 직접적으로 관련된 것이자, 내 삶을 어떻게 하면 잘 운용할 수 있을까에 관한 공부이기 때문이다. 그런 점에서 『동의보감』은 자기 삶과 유리된 관념론적 철학서도 아니다.

'의역학'에서 '역'(易)의 의미는 소우주인 몸과 대우주인 자연과의 관계를 살펴본다는 의미이다. 옛날에 의사를 뜻하는 '의'(醫)자는 '의'(毉)자와 같이 썼다고 한다. 글자를 보면 알 수 있듯이 탕액 혹은 술을 의미하는 '유'(酉)변 대신에 무당을 뜻하는 '무'(巫)자가 아래에 있었다. 이를 통해 과거 전통 사회에서는 무당이 의사와 분리되지 않았다는 한계를 지적할 수도 있지만, 의사란 무당의 역할과 다르지 않다고도 말할 수 있을 것이다. 이때 무당이란 신성한 힘과 교통하기 위해 무아의 상태에 들어감으로써 자신의 영혼을 육체에서 해방시키는 능력의 소유자를 의미한다. 그런 점에서 무당 그리고 의사는 하늘과 인간과의 관계를 사유하는 자였다. 물론 지금은 인간의 몸과 우주 사이의 감응력이 떨어질 대로 떨어져 인간의 몸을 아는 것만이 의학의 전부가 되어 버렸지만 말이다. 따라서 건강을 사유한다는 것, 몸 그리고 생명을 사유한다는 것은 요즘 많이들 말하는 웰빙과 같이 어떻게 하면 좀더 몸에 좋은 것을 할까, 먹을까를 말하는 것은 아니다. 몸에 대한 사유는 자기의 삶을 성찰하는 기회를 주는 것이자, 우주와 나와의 관계를 재사유하게 하는 그야말로 '쿵푸'(工夫) 그 자체다.

그러니 겁먹지 마시고 직접 『동의보감』을 한번 펴 보시라. 직접 읽어 보면 아시겠지만 재미없고 무슨 말 하는지 하나도 모를 딱딱한 책이 결코 아니다. 아마 할머니 할아버지가 들려주시던 '먼 옛날 호랑이가 담배 피우던 시절에~'로 시작하는 옛날이야기를 재미있게 듣고 있는 듯한 느낌마저 들 것이다. 모르는 용어들이 많을까 두렵다고? 어차피 아는 만큼 보이게 마련이다. 우리가 무언가를 배울 때, 그것이 텍스트가 되었건 삶이 되었건 자기 경험과의 교집합만큼 배우기 마련이다. 그러니 이 참에 그 교집합을 어떻게 늘려 갈 것인지, 자신과 얼마나 접속할 수 있을지에 대한 고민을 시작해 보는 건 어떨까?

『동의보감』속에 들어 있는 그 무기들을 가지고 자신의 삶을 어떻게 바꿀 수 있을지 고민하고, 비전을 어떻게 세워 나갈지 읽어 나가다 보면 두께에서부터 부담스럽게 느껴질 이 책이 그리 어렵게 느껴지지만은 않을 것이다. 이에 대해 조금 더 자세히 알고 싶으신 분들은 고미숙, 『동의보감, 몸과 우주 그리고 삶의 비전을 찾아서』(그린비, 2011)를 참고하시라.

●

건강은 그냥 단순한 정보가 아니다.

자신의 몸을 아는 것이자, 몸을 바꾸는 것,

매일매일 새로운 삶을 살아내는 것이자,

도를 실천하는 것,

우주와 '하나-되기'의 수양과정인 것이다.

하나 아침에 제대로 일어나기

아침을 여는 것은 새로운 생(生)을 시작하는 것이다. 이는 또 다른 '나'의 탄생이다. 다시 말해 매일매일의 '나'는 전혀 다른 존재들이다. 이는 단지 비유적인 표현만이 아니라 육체적으로도 그러하다. 오늘의 내가 어제의 나와 같다고 연속성을 부여하는 것은 단지 관념적인 사유일 뿐이다. 이는 단지 습에 의해 자신의 삶이 코드화되어 버린 것을 자신이라고 사유하는 것에 지나지 않는다. 따라서 아침을 여는 것은 새로운 마디를 시작하는 것이자, 매일매일의 새로운 '탄생', '재생'이라고 할 수 있다. 아침에 일어나서 30분간 무엇을 하는지가 인생을 좌우한다는 말은 시중에 떠도는 성공스토리에서 설교조로 하는 이야기만은 아니다. 그것은 자신의 새로움을 인식하고 새롭게 자신을 코드화하는 것이며, 하루를 새로운 시작으로 다시 리셋하는 것이라 하겠다. 그렇다면 아침에 일어나서 담배로 시작해 멍때리며 TV로 아침잠을 깨는 것이 얼마나 끔찍한지 알 만하지 않겠는가! 시간에 맞춰 억지로 일어나서 허겁지겁 세

수만 하고, 정신없이 직장으로, 학교로 가는 것이 자신의 삶을 어떻게 만들어 나갈지 알 수 있지 않겠는가!

그럼, 일단 잠에서 깨는 법부터 시작하자. 먼저, 자명종은 안 된다. 원하는 시간에 알아서 눈을 떠야 한다. 물론 어렵다. 하지만 익숙해지면 그렇게 어려운 일만은 아니다. 자명종을 사용하면 안 좋은 이유는 간(肝)이 나빠지기 때문이다. 『동의보감』에서는 "건강한 사람은 간이 사기를 받지 않았으므로 누우면 혼이 간으로 돌아가고 신이 안정되어 잠들게 된다"고 말한다. 다시 말해 우리가 잠을 자는 동안 우리의 혼은 간에서 쉬고 있다는 얘기다. 그런데 이때 자명종 같은 금속성 소리가 잠을 깨우면 혼이 놀라고, 놀란 혼은 간을 해친다. 아침에 그 시끄러운 자명종 소리, 핸드폰 알람 소리에 깜짝깜짝 놀라서 일어나는 거 상식적으로 안 좋겠다라는 생각이 들지 않는가? 좀 전문적인 용어로 설명하자면 오행의 이치상 금극목(金克木; 쇠가 나무를 극한다는 것으로 쇠도끼가 나무를 베는 것을 상상하시라)의 원리다. 즉 목(木)의 기운은 오장육부(五臟六腑)의 간에 해당하므로, 자명종 같은 쇳소리는 간을 해친다는 말이다. 따라서 쇳소리 말고 다른 방법으로 간에 있는 혼을 깨워 줄 필요가 있다. 바로 다리를 주물러 주는 것이다. 왜냐하면 족궐음간경(足厥陰肝經)이라고 하는, 간에 해당하는 경혈이 다리[足]를 타고 분포되어 있기 때문이다. 그러므로 다리를 주무르면 간을 자극하게 되고, 또 간과 연결되어 있는 눈이 자극을 받아 눈을 뜨게 되는 것이다. 음, 혼자 사는 사람들에게는 무리이고, 그렇다고 어머니한테 "저 깨울 때는 소리 치지 마시고 다리를 주물러서 깨워 주세요"라고 말하면 귓방망이 한 대 맞을

듯……. 애인들을 사귀시라!

자, 이제 일어들 나셨는가? 침대에서 나오기 싫다고? 그래 다들 그럴 것이다. 특히 추운 겨울날에는 더욱더. 겨울날 이불 밖으로 나가기 싫다고 너무 자책하지 마시라. 겨울에 잠을 많이 자는 것은 당연한 이치다. 『동의보감』에도 여름에는 늦게 자고 일찍 일어나고, 겨울에는 일찍 자고 늦게 일어나는 게 몸에 좋다고 나와 있다. 겨울에 해가 일찍 지고 늦게 뜨듯이 자연의 리듬에 맞춰, 계절의 변화에 따라 사람의 몸도 그 변화에 맞게 일찍 잠자리에 들고 늦게 일어나야 한다는 말이다. 그러나 그렇다고 해가 뜬 후에 일어나서는 안 된다고 쓰여 있다. 좋다 말았다, 쩝.

일단 침대에서 할 수 있는 운동으로 시작하자. 이름하야 모관운동(毛管運動). 모관운동이 뭐냐 하면 누워서 등을 땅에 대고 손발을 하늘로 쳐들고 떨어 주는 것이다. 남들이 보면 흡사 파리 흉내 내는 것으로 오해하기 쉬우니 남들 앞에서는 쪽팔릴 각오를 하지 않는 한, 하지 않는 게 좋다. 약 2분 30초 정도 떨어 줘야 좀 떨어 줬다는 소리를 들을 수 있

다. 아침에 깨어나자마자 바로 일어나지 말고 누운 자리에서 하는 게 가장 좋다. 몸속의 혈액은 3분의 1 정도가 팔다리에 분포되어 있는데 모관운동으로 혈액이 몸통으로 모이게 되면, 정맥혈 순환은 물론이고 세포를 한층 더 건강하게 만들면서 심장과 신장이 좋아지는 원리이다.

이제 좀 정신이 들었는가. 그럼 침대에서 일어날 차례다. 침대에서 내려오는 첫걸음은 음양의 원리상 왼쪽부터이다. 침대가 아니라 그냥 바닥에서 잔다고? 침대냐 아니냐가 중요한 게 아니다. 첫걸음을 왼쪽부터 떼는 게 중요한 거다. 모든 운동은 왼쪽부터 시작한다. 계단을 오를 때도 왼쪽걸음부터. 자리에서 일어난 후에는 걸음을 최소화하고 음양탕을 마신다.

음양탕? 돈도 없는데 무슨 보약이냐고? 음양탕이라 하니 뭔가 거창한 거라고 생각하면 경기도 오산. 별것 아니다. 음양탕은 그냥 물이다. 근데 그냥 물과는 받는 법이 조금 다르다. 뜨거운 물을 적당량 넣은 다음 차가운 물을 보충한 것이 음양탕이다. 『동의보감』에도 끓인 물 반그릇과 새로 길어온 물 반그릇을 합한 것을 음양탕이라 한다고 나와 있다.

정수기에서 뜨거운 물과 찬물을 받자. 이때 순서가 중요하다. 뜨거운 물 먼저, 그리고 그 위에 찬물. 음의 기운과 양의 기운이 섞여 음양의 조화로운 이치가 몸 안으로 전달된다. 이 음양탕을 아침에 일어나자마자 마시는 것은 위와 장을 말끔히 청소하는 데도 도움을 준다. 아침에 마시는 물은 위에 고여 있던 위산을 희석시킬 뿐 아니라 소장과 대장의 연동운동을 촉진시키기 때문이다.

이때 주의할 사항은 물을 마실 때 자리에서 일어나 최소거리를 유지하는 것이다. 누워 있을 때와 발을 땅에 딛고 걸음을 걷기 시작한 후의 몸의 상태가 달라지기 때문이다. 옛날 어른들이 자리끼를 준비했던 것이 그냥 목마른데 멀리까지 물 뜨러 가기 귀찮아서 그런 것만은 아니다.

그깟 물이 뭐 그리 대수냐고 생각할지 모르지만 『동의보감』에서도 "물은 일상적으로 쓰이는 것이라고 하여 사람들이 홀시하는데 그것은 물이 하늘에서 생겼다는 것을 알지 못하기 때문이다. 사람은 물과 음식에 의해 영양된다. 그러니 물이 사람에게 중요한 것이 아니겠는가"라고 물의 중요성을 지적하며 정화수(새벽에 처음 길은 우물물), 국화수(국화 밑에서 나는 물), 춘우수(정월에 처음으로 내린 빗물) 등등 각종 물에 대해서 그 효능을 설명하고 있다. 국화수나 춘우수를 마실 정성까지는 안 되더라도 아침에 음양탕 한잔씩 어떤가?

음양탕을 마시고 나서는 입안의 침으로 이를 닦는다. 사람의 침은 진액의 일종으로 생명수와 같은 것이다. 『동의보감』에서도 침이 옥샘[玉泉]·금물[金漿]로 비유되고 있으며, 침을 뱉지 말고 항상 머금어 삼키면 얼굴이 빛나게 된다고 했다. 예부터 입안에 침을 고이게 한 후 단전(丹

田; 배꼽 아래 한 치 다섯 푼 되는 곳)까지 내려보내는 느낌으로 세 번에 나누어 삼키는 것을 양생의 기본으로 삼았다. 침이 더러운 분비액만은 아니라는 말! 『동의보감』에는 "새벽에 말하기 전에 이 침을 받아 피부병에 바르면 좋다. 또한 온갖 종기 위에다 발라도 낫는다"고 나와 있다. 상처에 침을 바르는 게 더러운 일이 아니었던 것이다! 그러니 길가에서 침을 찍찍 뱉는 이들에게 가서 말하자. "침 뱉는 거 더러운 것도 더럽지만 당신 건강에 안 좋아요. 침은 어쩌구 저쩌구……" 이상한 애 취급 당하려나?

하여튼 『동의보감』에는 "사람이 늘 옥천(玉泉)을 마시면 오래 살고 얼굴에서 빛이 나는데 옥천이란 입속에 있는 침이다"라고 설명하면서 아침에 일어나서 할 수 있는 수양법에 대해서 설명하고 있다. "이를 쪼아 침으로 양치하며 입안에 가득 차게 한다. 이것을 삼킨 다음 숨을 멈추고 오른손을 머리 위로 넘겨 왼쪽 귀를 14번 잡아당기고 또 왼손을 머리 위로 넘겨서 오른쪽 귀를 14번 잡아당긴다. 이렇게 하면 귀가 밝아지고 오래 산다." 그리고 이 침으로 눈을 닦아 주면 눈이 맑아진다고 하니 눈이 안 좋은 사람은 아침에 일어나 입을 헹군 후에 침으로 눈을 비벼주는 것도 생각해 보시라.

이제 본격적으로 씻을 차례다. 근데 여기서 씻는 방법이 중요하다. 맹물로 세수하고 맹물로 머리 감기가 그것이다. 물론 맹물로만 씻으면 피지가 남아 있지 않겠냐고 물을 거다. 하지만 피부의 기름은 피부를 보호하기 위해 자연적으로 몸에서 분비되는 것이지, 더러워서 씻어내 버려야만 하는 게 아니다. 억지로 피지를 제거하려고 하면 오히려 피부가 건조해져 피지가 더 많이 나오게 되는 악순환을 반복하게 될 뿐이다. 각질 역시 자연스러운 현상이므로 떨어져 나오는 만큼 물로 닦아내기만 하면 된다. 맹물로 세수하고 맹물로 머리 감기, 물론 어렵다. 맹물로만 머리 감는 것이 부담스러우면 일단 비누로 머리 감는 것에서 시작하는 것도 좋다. 그리고 도중에 가렵다면 양파즙을 사용해 두피마사지를 하는 것도 좋고.

그러나 좀 건강하게 살겠다고 남들이 기피하는 대상이 되면 안 된다. 건강하게 살아 보겠답시고 얼굴에 잔뜩 기름 껴서 돌아다니면 남들한테 동정받기 십상이다. 사회적 지위나 체면상 맹물로만 씻는 게 영 부담되는 분이라면 천연성분의 비누를 쓰고, 마지막에 찬물로 헹구자. 그리고 세수한 후에는 수건으로 물기를 닦아 내는 것이 아니라 손바닥으로 얼굴 전체를 물기가 없어질 때까지 구석구석 가볍게 두드려 준다. 마무

리는 양손으로 귀를 잡아당기면서 앞으로 아홉 번 뒤로 아홉 번 돌리기를 해주면 금상첨화!

이제 똥 쌀 차례인가? 얼굴 씻고 똥을 싸건, 똥 싸고 얼굴 씻건 순서는 상관없다. 배변 시 자세가 중요하다. 똥 누는 자세로는 쭈그려 앉는 자세가 좋다. 두 발을 벌리고 쭈그리고 앉는 자세를 취하려면 등과 허리 근육이 최대한 늘어나야만 한다. 한번들 해보시라. 그렇다고 좌변기가 일반화된 곳에서 쭈그려 앉아 똥 누겠다고 좌변기 위에 올라갈 수는 없는 일. 그렇다면 가능한 허리를 꼿꼿이 편 상태를 유지하라. 또한 좌변기에서는 신문, 책 등을 읽지 말아야 한다. 뒷사람이 기다려서가 아니라 허리를 의도적으로 곧게 펴야 한다는 의미이다.

그럼, 이제 밥 먹자. 바빠 죽겠는데 호사스럽게 뭔 아침식사냐고? 아니다. 점심, 저녁은 굶더라도 아침은 챙겨 먹자. 출근시간에 쫓겨, 등교 시간에 쫓겨 다들 아침 거르기가 일상다반사일 테지만 아침식사로 뭐라도 먹는 게 중요하다. 다만 콩 한 쪽이라도.

뭐, 그렇다고 아침부터 상다리 부러지도록 진수성찬 차려서 먹으라는 말은 아니다. 오히려 소화기능이 안 좋은 이라면 위에 부담이 될 수 있다. 소화에 무리가 가지 않도록 죽 종류를 추천한다. 이왕이면 검은콩, 검은깨, 검은팥, 검은쌀 뭐 이런 까만 걸로 만든 거면 좋다. 검은 색은 오행상 수(水)에 배속되어 있고, 이는 신체상 신장(腎臟)에 배속된다. 그리고 신장은 우리 몸의 정(精)을 만들어 내는 기관이다. 검은색 음식이 유행하는 게 다 이유가 있는 거다. 그러나 아침식사로 많이들 드시는 우유는 추천하지 않는다. 송아지의 성장속도는 사람의 20배에 달한다고 한다. 그렇기 때문에 일부 연구자들은 우유를 먹으면 노화속도도 20배나 빠르게 진행될 것이라고 예측하기도 한다. 그래서 개인적으로 우유 대신 두유를 추천한다. 물론 이도 GMO(유전자 변형 농산물) 때문에 걱정이긴 하지만. 쩝!

자, 이제 아침에 제대로 일어나기를 실천하는 일만 남았다. 읽고 잊어버리고 또 읽고 잊어버리고를 백날 해봐야 아무 소용없다. 21일간 직접 자신의 몸에 습관이 되도록 실천하는 것이 중요하다! 이때 '21'이라는 숫자가 중요한데, 삼칠일, 즉 3×7＝21일을 넘겨야 자신의 몸도 변하기 시작한다. 일단 이 기간만 넘겨라. 자신의 몸이 슬슬 변하기 시작함을 느끼실 테니 말이다. 습을 바꾼다는 것, 물론 그렇게 녹록하지만은 않다. 그리고 이는 앞에서도 말했듯이 단지 정보로서의 지식이 아니다. 차라리 그것은 존재다움을 찾아가는 과정이자, 자신과 우주를 이해하고 실천하는 과정이라고 말할 수 있다. 즉 자기의 몸과 우주의 원리를 아는 것, 그리고 그것을 실천하는 것이 중요하단 말이다. 사소한 것 하나를 바꾸는 것이 내 삶을 바꾸는 것이자, 사회를 바꾸는 것이다. 내 몸 하나 못 바꾸면서 세상을 바꾸겠네, 사회를 바꾸겠네라는 소리는 하나마나 한 소리다. 쿵!

반복해서 말하지만 건강은 자신의 몸을 아는 것이자, 몸을 바꾸는 것, 매일매일 새로운 삶을 살아 내는 것이고, 도를 실천하는 것이자, 우주와 '하나-되기'의 수양과정인 것이다. 자, 이제 내일 아침부터라도 자명종 없이 일어나고, 일어나기 전에 침대에서 팔다리 한번 떨어 주고, 일어나서 음양탕 한잔 마셔 주고, 침으로 이 한번 닦아 주면서 아침을 맞이해 보는 건 어떠실는지?

낮 동안 제대로 생활하기

자, 이제 아침까지 먹었다. 이제 출근이건 등교건 밖으로 나갈 준비들을 하시겠지? 일단 꽃단장부터 할 것이다. 요즘에는 남자들도 꼭 꽃미남이 되고 싶어서가 아니더라도 컬러로션은 기본으로 바르는 세상이니. 어떤 화장품 광고에서는 "먹지 마세요, 피부에 양보하세요"라고 하던데, 이 말 진리다. 피부는 겉으로 드러나 있을 뿐, 우리 몸 바깥이나 안이 모두 피부인 것은 마찬가지다. 그런데 몸에는 좋은 것들만 집어넣으려고 안달이면서 마찬가지로 피부(=몸)인 얼굴에는 독한 화장품을 바르는 게 얼마나 몸에 안 좋을지, 자기 십이지장에 화장품 바른다고 생각해 봐라. 생각만 해도 속이 쓰려오지 않는가? 피부에 바르는 것 역시 몸으로 흡수되기는 마찬가지다. 화장은 최소한으로, 해야 한다면 천연화장품을 이용하자. 그리고 화장을 했다면, '우리 인간적으로' 잘 때만이라도 꼭 지우고 자자.

자, 꽃단장 마쳤으면 이제 출근이다. 뭐 자가용 타고 출근하는 사람도 있겠지만 이 책을 읽는 이들은 지하철이나 버스 타고 다니는 사람들이 대부분이겠지? 이때 그냥 무가지에서 연예인 뒷이야기 보는 걸로, 핸드폰으로 게임이나 인터넷하는 걸로 소일거리 하지 말자. 이 출퇴근 시간만 제대로 활용해도 몸이 좋아지는 걸 금방 느낄 수 있다. 그래서 추천한다. 지하철이나 버스에서 기마 자세로 있기. 이거 꽤 효과 있다. 그러나 아무리 얼굴에 철판 깔고 있더라도 지하철에서 기마 자세로 서서 간다는 건 보통 철판 아니고서는 힘들다. 지하철 한복판에서 기마 자세로 서서 가고 남들이 다 쳐다보는 상황, 생각만 해도 손발이 오그라들지 않는가. 하지만 걱정 마시라. 그렇게 티 나게 안 해도 된다. 허리를 펴고 무릎을 약간만 구부리는 것만으로도 된다. 사람들 많은 출퇴근 시간에는 티 안 나서 더 좋다. 출퇴근 시간이나 통학 시간에 버스에서, 지하철에서 기마 자세로 서 있자. 단, 이때 발끝은 나란히 평행을 유지하는 것에 주의한다. 그리고 상체가 앞이나 뒤로 치우치지 않고 똑바르게 유지되어야 한다.

이는 하초(下焦)를 강화하는 데 상당히 좋은 운동이다. 몸의 기본은 하초, 즉 배꼽 아래 하체다. 중심이 붕 떠 있는 사람은 뭘 해도 붕붕 뜨기 마련이다. 모든 운동에서 하체강화운동을 강조하는 게 다 이유가 있는 거다. 요즘 식스팩, 초콜릿 복근이 유행이니 헬스클럽 가서 가슴 근육 만들고, 배에 '왕'(王) 자를 새기는 것도 좋지만, 오히려 중요한 것은 상체보단 하초다. 하초를 단련시키는 것은 신장을 건강하게 하는 것으로, 정력 감퇴·무기력증·치아 부실·탈모 등의 증상이 이 하초 단련으로 효과를 볼 수 있다. 단 이때 운동 효과를 높이려면 45분은 버텨야 한다

고 한다. 어허! 조금 힘들다고 어디에 기대거나 할 생각들 마시라. 물론 5분만 해도 허리가 뻣뻣해져 옴을 느낄 것이다. 하지만 세상에 절대 공짜 점심은 없다는 것, 그것은 진리! 짜투리 시간이 날 때마다 무릎을 약간 굽히시고 허리는 꼿꼿하게 펴고!

이제 차에서 내렸다. 이때 걷는 법 또한 중요하다. 만화나 소설 속의 신선들을 보면서 항상 궁금했던 점 한 가지. 술법을 이용해 날아다녀도 될 텐데 왜 군이 피곤하게 걸어 다닐까? 그게 다 이유가 있다. 걷는 행위 속에는 땅에 붙어 걸어 다니는, 물질적 존재인 사람의 본뜻이 담겨 있기 때문이다. 그만큼 걷기가 중요하다. 똑바로 걷는 법은 왼쪽 발부터 시작한다. 이는 앞에서 말했듯이 왼쪽이 음(陰)이기 때문이다. 음에서 시작해서 양(陽)으로. 왼발을 내딛으면서 숨을 들이쉬고 오른발 내딛으면서 또 숨을 들이쉬고 두번째 왼발을 다시 내딛으면서 숨을 내쉰다. 이어 오른발을 내딛으면서 숨을 들이쉬고 다음 왼발을 내딛으면서 숨을 들이

쉬고 다시 오른발을 내딛으면서 숨을 내쉰다. 이때 들이쉬고 내쉬는 숨의 양이 같아야 하고 입은 다물고 반드시 코로만 숨을 쉬어야 한다. 그리고 이때의 숨소리가 옆 사람에게는 들리지 않을 정도로 조용해야 한다. 내가 써놓고도 어렵긴 하다. 이것만 기억하자. 습습후 습습후.

이제 도착해서 일하고 공부하고 나면, 기다리던 점심 때다. 이때도 어떻게 먹느냐가 중요하다. 소위 음양식사법. 그게 뭐냐고? 식사를 할 때에도 음양의 원리를 이용하는 거다. 숟가락은 마시는 것, 즉 음에 해당하고, 젓가락은 씹는 것, 즉 양에 해당한다. 음양의 이치에 대해서는 나중에 자세히 설명하겠지만, 간단히 말하자면 음적인 것이 정(靜)적인 것이라면 양적인 것은 동(動)적인 것이다. 물론 이때 음양은 절대적으로 고정불변한 개념은 아니다. 오히려 상대적이고 가변적인 개념이다. 따라서 음양의 원리에 따라 국을 먹을 때는 국을 젓거나 위쪽의 국물을 떠먹는 게 아니라 맨 아래쪽의 국물을 한 번에 떠먹도록 한다. 이것이 음의 특징을 살리는 방법이다. 마찬가지로 젓가락으로 반찬을 집을 때는 속을 파헤치지 않고, 맨 위에 놓인 것을 한 번에 집어먹는 것이 양의 특징을 살리는 방법이다. 쉽게 말하면 국 먹을 때 위쪽에서만 깔짝깔짝 떠먹지 말고, 반찬 먹을 때 이것저것 다 뒤적거리면서 먹지 말라는 말이다. 단순히 보기 안 좋아서가 아니라, 그것이 음양의 이치에 맞는 일이기 때문이다. 그리고 하나 더. 비빔밥은 숟가락이 아니라 젓가락으로 비벼야 한다. 밥은 물론이고 무엇이든 서로 섞으려 할 때는 반드시 젓가락을 사용해서 양의 기운으로 비비는 것이 음양의 이치에 맞다. 오행의 이치에 맞는 음식으로 자신에게 부족한 기운을 보충해 주는 것도 좋고.

그리고 먹는 순서를 지켜라! 식사를 할 때 과일 - 곡물 - 생선 - 육류 - 채소 순이 되어야 한다. 흔히 과일은 디저트로 맨 나중에 먹는 것이 보통이지만 가장 먼저 먹는 것이 이치상 맞다. 이는, 소화되기 쉬운 순서로 음식을 먹어야 한다는 원리다. 소화란 어떻게 보자면 몸 안에서 음식물이 썩는 과정이다. 따라서 소화되기 쉬운 음식부터 먹는 것이 순서다. 씨앗인 곡류보다 과일이 먼저 부패하도록 되어 있는 것이 자연의 순리이다. 과일이 통째로 땅에 떨어지면 과육이 먼저 썩어 나중에 씨앗이 자라 싹이 트는 동안 그 영양분이 되어 주는 것에서도 알 수 있듯이.

소화가 된다는 것은 엄격하게 말하면 산화 과정이고, 발효 과정이며, 동시에 부패 과정이다. 우리 몸은 소화시키기 어려운 음식의 소화를 뒤로 미루고 소화시키기 쉬운 음식부터 처리하기 시작한다. 이때 소화시키기 어려운 음식은 계속 소화되지 않은 채 밀려 내려가는데, 그래서 채소의 섬유질처럼 끝까지 소화되지 않은 음식은 흡수가 안 되고 그대로

식사의 재구성~!

첫째! 과일
둘! 곡물
셋! 생선
넷! 육류
난 꼴찌~ 채소

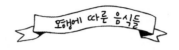

오행에 따른 음식들

木	시금치, 브로콜리, 녹즙, 쑥갓
火	토마토, 포도, 고추, 오미자
土	단호박, 오렌지, 카레, 당근
金	양배추, 양파, 도라지, 무
水	검은콩, 검은깨, 흑미, 블루베리

배설된다. 그리고 소화는 되었지만 흡수되지 못한 음식은 그대로 대장 벽에 달라붙어 숙변으로 남게 된다. '변비 비켜!' 약만 찾지 말고, 음식 먹는 순서에 주의하자. 과일 - 곡물 - 생선 - 육류 - 채소순!

그리고 냉장고에서 벗어나자. 냉동음식을 피하고 제철음식을 먹는 게 중요하다. 지구상에 냉장고가 발명되어 보급된 시점을 기준으로 전 세계적으로 위장병 발병률이 급격하게 늘어났다고 한다. 자연 상태의 모든 생물은 부패하는 데 걸리는 시간이 각각 다르다. 또 일정 시간이 지나면 부패하여 땅에 버려져야만 하는 이유가 다 있는 것이다. 강제로 세균번식을 억제하여 부패만 방지하면 언제든 먹을 수 있다는 생각은 단지 인간의 필요에서만 본 관점이다.

또한 제철이 아닌 음식을 먹을 때 음성(陰性) 먹을거리는 뜨겁게, 양 성(陽性) 먹을거리는 차갑게 먹어야 한다. 음에너지가 강한 날, 음의 성 질인 먹을거리를 음의 성질 그대로 먹으면 음의 과다 현상이 일어나기 때문이다. 비 오는 날 음의 기운이 강한 생선회는 피하는 것이 좋은 이유역시 이 때문이다.

자, 이제 실천이다. 백날 머리로 알아봤자 실천 안 하면 그건 독이 된다. 잉여 없는 삶, 그것은 자신의 앎과 행동을 일치시키는 삶이다. 아무리 훌륭하고 대단한 앎이라도 머릿속에 쌓아 두기만 하면 자신에게 오히려 독이 된다. 자신의 몸에 대한 앎도 마찬가지다. 오늘부터라도 하나라도 꾸준히 실천해 보자. 자, 일단 모니터 앞에서 허리 꼿꼿이 펴고! 그리고 계속 말하지만 이런 몸에 대한 앎과 실천은 이것이 어떻게 나와 우주가 연결되어 있는지를 공부하는 것이다. 하라는 공부는 안 하고, 그저 하면 좋겠거니에서 끝나면 결국 아무것도 아닌 거라는 말이다.

물론 계속해서 의식적으로 살아간다는 건 힘든 일이다. 그냥 사는 것도 피곤한데 그런 거 일일이 다 신경 쓰면서 어떻게 사느냐고 다들 투덜대고 있을지 모르겠다. 그러나 다시 한번 강조하지만("지겹다. 그만 강조해라"라는 목소리가 들리는 듯. 그러나……), 수련은 대단한 게 아니다.

공중부양하고, 장풍 쏘는 거 연마하는 것만이 수련은 아니다. 한 '순간'의 삶을 살더라도 제대로 살아가기 위해 노력하는 일, 그렇게 살아갈 수 있도록 앎과 삶을 만들어 가는 일이 수련이다. 그렇지 않다면 그건 삶을 '살고' 있는 게 아니라 그저 삶을 '견디는' 게 아닐까?

셋 밤에 제대로 잠자기

아침에 제대로 일어나기, 낮에 제대로 생활하기에 대해서 말했으니 이제 밤에 제대로 자는 법에 대해서 말해 보자. 앞에서도 말했듯이 아침에 일어나서 30분, 자기 전 30분 무엇을 하는지, 어떻게 사는지가 중요하다. 이는 삶의 연속성과도 관련 있다. 낮 동안 하루 종일 엉망진창으로 살더라도 아침에 일어나서 30분, 자기 전 30분만은 제대로 살자. 텔레비전과 함께 아침에 일어났다가, 집에 와서는 잠들기 전까지 리모콘을 쥐고 있는 이라면 더더욱 귀 기울여 들을 필요가 있다. 그런 이라면 낮에 뭘 어떻게 했는지는 몰라도 하루를 텔레비전으로 시작해 텔레비전으로 끝낸 것이나 마찬가지다. 하지만 아침에 일어나서 자신의 신체를 새롭게 단련하고, 저녁에 잠들면서 하루를 온전히 매듭 짓는 것만 잘해도 그 하루를 온전히 살아낸 것이자, 그 좋은 흐름을 다음 날까지 계속 이어 갈 수 있는 것이다. 연속성 있는 삶. 그것이야말로 삶의 리듬을 만들어 내는 것이고, 일관성을 창출해 내는 것이다. 명심하자!

잠을 자는 자세에 대해서 알아보는 것으로 시작해 보자.『동의보감』
에는 다음과 같이 나와 있다.

> 잠을 잘 때는 옆으로 누워서 무릎을 구부리고 자는 것이 좋은데, 이렇
> 게 하면 심기(心氣)를 도와준다. 깨어 있을 때는 몸을 펴고 있는 것이 좋
> 은데, 이렇게 하면 정신이 산만하지 않다. 대개 몸을 반듯하게 뻗고 잠
> 을 자면 헛것을 불러들이게 된다. 공자가 죽은 사람처럼 똑바로 누워서
> 자지 않았다는 것이 이것을 말하는 것이다. (「내경편」, '잠자는 법')

즉, 태아가 엄마 뱃속에 있는 것처럼 몸과 무릎을 구부리고 자는 것
이 심기를 보하는 방법이라는 말이다. 깨어 있을 때는 몸을 펴고, 잘
때는 몸을 구부릴 것! 이것이 음양의 이치이다. 이는 꼭 자세의 문제
만은 아닐 것이다. 깨어 있을 때도 그냥 움츠린 채 활동력 없이 살아가

고, 그러다 보니 잘 때도 충분히 음의 기운을 모으지 못하고, 자다 깨다, 일어났다 누웠다를 반복하며 밤잠을 못 이룬다. 그러고 나서 낮에는 또 피곤하다고 시체처럼 지낸다. 이 반복되는 악순환! 그것이 얼마나 자연의 이치에 거스르는 삶인지는 뻔하지 않은가. 원래 잠이란 인체를 외부로부터 보호하는 위기(衛氣)가 낮에는 양에 해당하는 몸의 부위(귀·눈·입·코)를 돌기 때문에 눈을 뜨고 깨어나며, 밤에는 음에 해당하는 몸 속 장부를 돌기 때문에 눈을 감고 자는 것이다.

잠을 잘 때 시체처럼 누워 자는 것은 귀신을 끌어들이는 일이다. 가위에 자주 눌리는 사람이라면 차려 자세로 자지 말아야 한다. 특히나 손을 가슴에 올려 놓으면 가위 눌리기가 더 쉽다. 보통 가위 눌리는 사람 대부분은 반듯하게 누워 있다 가위에 눌리지, 옆으로 자거나 엎어 자는데 가위 눌리는 경우는 별로 없다. 그리고 만약 주변에 가위에 눌린 이가 있다면 일단 불을 켜지 말아야 한다. 앞에 가까이 가서 급히 부르지

도 말고 가슴 위에 올려 놓은 손을 내려 준 다음 천천히 불러 깨우는 것이 좋다고『동의보감』에서도 말하고 있다. 입 벌린 채로 자는 것 역시 주의해야 하는데,『동의보감』에는 "저녁에 누울 때 항상 입을 다무는 습관을 가져야 하니 입을 열고 자면 시기하고, 사(邪)가 입으로 들어가서 병을 일으키게 된다"고 나와 있다. 입 벌리고 자는 거 침 흘릴까 봐, 보기 싫어서 안 되는 게 아니다. 옆에서 입 벌리고 자는 사람 있으면 친절하게 입을 닫아 주자.^^

그리고 핵심적인 것 하나. 잠잘 때 불을 밝히면 신(神)이 불안해진다. 신이란 무엇인지 좀 복잡하게 설명할 필요가 있기는 하지만 일단 정신이라고 해두자. 책 보다가 아니면 텔레비전 보다가 그대로 잠들어 불 환히 켜놓고 자고 나면 왠지 정신이 메롱한 상태로 깨곤 하는 경험들 있으실 거다. 잠잘 때 귀찮더라도 꼭 불은 끄고 잘 것! 더군다나 이성과 잠자리에 들 때 불을 켜 놓고 하는 성교는 절대 금물이다.『동의보감』에도 평생 지켜야 할 금기사항 중에 하나로 나와 있다. 그럼 말 나온 김에『동의보감』에서 말하는 네 가지 금기사항을 살펴보자.

섭생을 잘 하는 사람은 그날이나 그 달에 하지 말아야 할 것을 어기지 않고 그 해와 그 계절의 기운과 조화를 잃지 않는다. 하루의 금기는 저녁에 배부르게 먹지 않는 것이고, 한 달의 금기는 그믐에 술을 많이 마시지 않는 것이며, 한 해의 금기는 겨울에 멀리 가지 않는 것이고, 평생의 금기는 밤에 불을 켜고 성생활을 하지 않는 것임을 반드시 알아야 한다. (「내경편」, '양성養性의 금기')

야식 하실래예?~

저기…
하루의 금기는 저녁에…

　이거, 현대인들은 완전 정반대로 살고 있다. 아침, 점심은 시간이 없
으니 간단히 때우고, 그러고 나서 배고프다고 저녁은 거나하게 먹는
다. 여기서 그치면 다행. 라면, 치킨, 족발 야식의 유혹이 뒤따른다. 배
에 포만감이 좀 있어 줘야 이제 슬슬 눈이 감긴다, 이런……. 또『동의보
감』에서는 한 달에 조심할 것으로 그믐날 술에 취하지 말 것을 꼽고 있
다. 하지만 현대인들에게는 그믐날이건 보름날이건 상관없다. 그냥 마
셔 젖히는 거다. 니나노, 부어라 마셔라, 2차 3차로! 그래, 이 더러운 세
상, 다른 날은 술 푸는 거 이해한다고 치자. 그래도 그믐날만은 좀 자제
하자. 겨울에 먼 길을 떠나는 것은 또 어떤가. 크리스마스다 연말연초다
오히려 겨울이면 해외여행 가기 바쁘다. 마지막으로 평생 조심해야 할
것은 불 켜 놓고 잠자리를 하지 않는 것이다. 비주얼 세대들에게 '시각'
만큼 그들을 흥분시키는 것도 드물다. 모든 감각이 눈을 통한 시각적 정
보에 집중되어 있다. 섹스 역시도 마찬가지. 여기다 술 먹고 잠자리를

하는 것은 더 안 좋다. 그러니 대낮에 낮술 먹고 모텔 같은 데서 쉬었다 가는 게 얼마나 안 좋은지는 가히 알 만하지 않겠는가. 아무튼 이 네 가지는 양생의 기본 중의 기본이다. 반드시 명심하자.

다시 잠으로 돌아가자. 잠이란 무엇인가. 기본적으로 현대인들은 잠은 죄악이라고 생각한다. 잠을 오래 잔 날이면 '아, 최악이야. 오늘 또 잠을 많이 자 버렸어!' 죄책감에 시달린다. 1분 1초까지도 쪼개서 허투루 보내지 말아야 하는 이 시간에, 고작 잠이나 자면서 허송세월하다니. 그 시간에 자기계발을 해도 살아남기 모자랄 판에 말이다. 한참 자주 언급되던 새벽형 인간이 이런 칼같은 시간 관리의 좋은 예일 것이다. 물론 새벽형 인간, 좋다. 새벽에 일어나 양의 기운을 흠뻑 받으며 생활하고 어두워지면 활동을 접는 거 상식적으로 생각해도 좋지 않겠는가. 하지만 그렇다고 잠을 억지로 줄여 가면서까지 새벽형 인간이 될 필요는 없다. 될 수 있으면 좋기야 하겠지만 말이다.

왜냐하면 잠은 보약이기 때문이다. 미인은 잠꾸러기라는 말, 진리다. 잠을 통해 인간의 몸은 진액(津液), 즉 영양물질을 생성시키고, 그날 하루의 삶이 잠을 통해 갈무리된다. 무리하게 자는 시간을 줄이면서까지 공부하고, 일해야 하는 것이 자본주의 사회에서 살아남는 유일한 방법인 것처럼 말들 하지만 말이다. 하지만 단순하게 생각해도 잠을 힘겹게 줄이면서 깨어 있는 시간을 억지로 늘리는 건 몸을 망치는 길이다. 자연이 어디 그렇던가. 할 일 많다고 밤을 줄이면서 낮만 계속되는…….

그러니 잠을 제대로 못 자면서 피곤하다는 말을 입에 달고 다니는 것처럼 어불성설이 또 없다. 잠을 제대로 자지 못하는데 피곤한 건 당연하지 않겠는가. 오히려 안 피곤한 게 이상한 거다. 세상에 공짜는 없다. 공짜를 바라는 거, 그거 도둑놈 심보다. 잠을 충분히 자야 낮에 생기 있게 생활할 수 있다. 그거야말로 자연이 보여 주는 삶의 진리 아니겠는가. 물론 이는 사람의 건강 상태에 따라 다르다. 건강한 사람이라면 몇 시간 안 자도 컨디션을 회복할 수 있겠지만 건강하지 못한 사람이라면 충분한 수면시간을 확보하는 것이 필수다. 물론 그렇다고 늦게 자고 늦게 일어나는 생활을 권하는 건 절대 아니다. 그것이야말로 혈(血)을 소모하는 것이다. 혈은 밤에 눈을 감고 있음으로 해서 보충된다. 그런데 밤에는 모니터 앞에서 말똥말똥한 눈을 하고, 낮 시간에는 꾸벅꾸벅 자는 게 몸에 좋을 리 없다. 따라서 밤에 잠 자지 않고 눈 똥그랗게 뜨고 활동하는 것은 빨리 피 마르라고 고사 지내는 것과 다를 바 없다.

요즘 잠을 못 이루는 이들이 참 많다. 소위 불면증. 그렇다고 약을 먹고 자면 되느냐? 그건 '아니올시다'다. 약으로 수면을 유도하여 잠을 자는 게 몸에 얼마나 안 좋을지는 쉽게 짐작할 수 있을 터. 잠을 못 자는 이유에는 여러 가지가 있다. 큰 병을 앓고 난 뒤 허약해져서 잠을 자지 못하거나 나이가 많은 사람이 양기가 쇠하여 잠을 자지 못하는 것. 또, 너무 생각이 많아도 잠을 못 이룬다. '잠 못 드는 그대에게'라는 말이 괜히 나온 게 아니다. 『동의보감』에는 이와 관련해서 재미있는 치료법이 나온다.

어떤 부인이 생각을 지나치게 하여 몸을 상하여 2년 동안 잠을 자지 못하였다. …… 그 남편과 의논하여서 부인을 성내게 하기로 하여 돈을 많이 받고 며칠간 술만 먹다가 한 장의 처방도 내어 주지 않고 가 버렸다. 부인이 크게 화를 내고 땀을 흘리다가 그날 밤 곤하게 잠들었다. 이와 같이 8, 9일 동안 깨지 않고 잠을 잤다. 이후 밥을 잘 먹고 맥이 평맥(平脈)으로 돌아왔다. 이것은 담(膽)이 허해져서 비(脾)가 지나치게 생각하는 것을 억제하지 못하였기 때문에 잠을 자지 못한 것인데, 이제 화를 내어 감정을 격하게 하여 담이 다시 비를 억제하게 되었으므로 잠을 자게 된 것이다. (「내경편」, '생각이 맺혀서 잠을 자지 못하는 것')

너무 생각이 많아서 제대로 잠이 들지 못하는 분이라면 성을 좀 내시라. 좀 전문적인 용어를 사용하자면 목극토(木克土)의 원리이다. 감정 역시 다섯 가지의 기운, 즉 오행에 배속된다. 성냄은 목(木)의 기운, 기쁨은 화(火)의 기운, 생각은 토(土)의 기운, 슬픔은 금(金)의 기운, 두려움은 수(水)의 기운이다(더 자세한 이야기는 차차 하기로 하자). 이러한 기운들의 상생상극의 원리상 목은 토를 극한다. 목극토라고 해서 어렵게 느껴질 수도 있겠지만, 쉽게 설명하자면 나무가 땅을 뚫고 나오는 것이다. 지금 이 경우 생각이 너무 깊어 토의 기운이 막혀 있는 것을 화를 냄으로써 목의 기운을 써서 풀어 주는 것이다. 에이, 그런 게 어디 있냐고? 감정은 단순히 그걸 억누른다고 해서 해결되는 게 아니다. 그러면 오히려 속병만 깊어진다. 감정은 그 감정을 상극할 수 있는 감정을 냄으로써 풀 수 있다. 다른 예를 들어 보자. 슬프다. 그럼 어쩔 건가? 슬픔을 이기는 건 기쁨이다. 그리고 이건 오행의 원리로 살펴보면 화극금(火克金)의 원리인 거다. 너무 기쁠 경우에는 뭐가 필요하겠는가? 이게 무슨 원리

일지는 앞의 설명을 참고해서 맞춰들 보시라.

노인과 젊은이가 잠자는 것도 다르다. 『동의보감』에서는 이렇게 설명한다. "젊은이는 기혈이 왕성하고 기육(肌肉; 근육)이 매끄러우므로 기가 도는 길이 잘 통하여 영기(榮氣)와 위기(衛氣)가 도는 것이 정상 상태를 잃지 않으므로 낮에는 정신이 맑고 밤에는 잔다. 그러나 노인은 기혈이 쇠약하고 그 기육이 마르고 기가 도는 길이 막혀서 오장의 기운이 서로 충돌하게 되고 영기가 쇠약해져서 위기가 안으로 들어가 대신하게 되므로 낮에는 정신이 맑지 못하고 밤에는 자지 못한다." 연세 드신 분들이 잠이 적은 것도 원래 생리적으로 그렇게 되어 있는 거다.

그리고 잠을 잘 때 눕는 방향도 자신의 몸 상태와 상관이 있다. 벽을 향하여 자는 것은 음증(陰症)에 속하며 원기가 허한 것이고, 밖을 향하여 자는 것은 양증(陽症)에 속하며 원기가 실한 것이다. 그러니 자신이 계속 벽을 향해 자고 있다면 원기가 허하지 않은지 체크해 볼 일이다.

또한 잠이 많은 이 역시 자신의 몸을 한번 체크해 볼 필요가 있다. 성격이 게을러서가 아니다. 자기 몸이 그렇기 때문에 잠을 많이 잘 수밖에 없는 거다. 그러니 잠을 줄여야지 줄여야지 하는 말이나 의지만으로 결코 해결될 수 있는 문제가 아니다. 그렇게 말하고 다짐할 시간에 산을 다니는 것이, 자신의 몸이 어디가 안 좋은지 어떻게 고쳐야 할지를 공부하는 게 낫다. 그래야 고칠 수 있다. 건강한 육체에 건강한 정신, 이 말은 단순히 국민체육을 보급하고자 만들어 낸 게 아니다. 몸이 건강해야 자신의 생활이, 자신의 정신이 건강해질 수 있다. 그리고 이게 몸과 정신을 나누는 서양의학과는 다른, 한의학의 차이점이자 강점이다. 정신 역시 몸을 고침으로써 나을 수 있다는 것! 요즘 유행하는 우울증도 다 몸의 문제에서 시작한다. 이 얘기는 길어지니 나중에 하기로 하고. 하여튼 게으르고 눕기 좋아하는 것 역시 몸의 문제다. 이는 비위(脾胃)에 습(濕)이 있기 때문이다. 좀 쉽게 말하자면 비위가 물먹은 것처럼 눅눅해져서 그런 거다. 그러니 게으른 이들이라면 아, 나는 왜 이리 게으를까 자학할 시간에 비위의 습을 제거해 주는 운동을 하시라.

마지막으로 잠이 안 오는 이들을 위해 주위에서 구하기 쉬운 음식 추천한다. 무궁화를 달여서 먹거나 고사리, 순채도 좋다. 잠이 많은 이라면 '잔대뿌리'[沙參], 차, 씀바귀나 고들빼기 같은 쓴 나물[苦菜], 결명자가 좋다. 『동의보감』에는 말의 머리뼈로 베개로 만들어 베면 잠을 자지 않게 된다고 나와 있고, 박쥐의 피를 눈에 떨어뜨리면 잠을 자지 않게 된다고 나와 있으니 참고하시길. 물론 말의 머리뼈와 박쥐의 피를 구하는 게 잠을 참는 것보다 더 어렵겠지만 말이다.^^

◆2부◆

우리의 속 사정 : 내장에 대한 거의 모든 이야기

●

서로간의 소통은 존재 자체가 생을 유지하기 위한 조건이다.

그렇기 때문에 자연스레 그렇게 강조해 마지 않던 원리,

'통즉불통 불통즉통'(通則不痛 不通則痛),

즉 통하면 아프지 않고, 통하지 않으면 아프다는 논리가 나온다.

넷 오래 사는 법

아침, 점심, 저녁 이야기를 했으니 이번 장부터 좀더 본격적으로 생명이라는 주제에 들어가 보도록 하자. 생명 연장의 꿈은 비단 메치니코프 박사만의 꿈만은 아닐 것이다. 불로장생의 약을 구하겠다고 혈안이 되어 있는 진시황들이 주변에 넘쳐나고 있으니 말이다.

인간은 죽으면 어떻게 되는가? 예부터 죽으면 혼백(魂魄)이 된다고 할 때 양(陽)인 혼(魂)은 하늘로, 음(陰)인 백(魄)은 땅으로 돌아간다고 생각했다. 즉, 사람이 죽는다는 것은 혼이 날아가고 백이 떨어져서, 수(水)와 화(火)가 서로 헤쳐져 각각 자기 근본으로 돌아가는 것이다. 그리고 이는 자연의 법칙이다. 쉽게, 한 그루의 나무를 불에 태우면 연기는 하늘로 올라가고 재는 아래로 떨어지는 모습을 떠올리면 된다. 자연의 모든 것이 그렇듯이 생장수장(生長收藏)을 거치는 것, 그것뿐이다.

동양의 핵심 원리를 한 가지만 뽑자면 이 생장소멸의 이치라 하겠다. 나고, 자라고, 거두고, 죽고. 이것이 어찌 사람의 일생에만 해당할까? 모든 것들이 마찬가지다. 연애 역시도 처음에 조금씩 감정이 싹트다가, 불붙듯이 빠져들고, 열매를 맺고, 나중에 시들어 간다. 하물며 연애도 그럴진대 모든 만물의 활동이 마찬가지이리라. 인류 최고의 지적유산 가운데 하나라고 할 수 있는 동양의 고전『주역』의 처음이 어떻게 시작되는지 아시는지? 그렇다. "건(乾)은 원형이정(元亨利貞)"이 한마디다. 이 말이 동양사상 전체를 아우르는 한마디 되시겠다.

무슨 말인지 모르시겠다고? 알고 보면 그렇게 어려운 이야기만도 아니다. 한 자 한 자 찬찬히 들여다보자. 여기서 원(元)은 '으뜸 원' 자로, 봄을 의미한다. 이 글자의 윗부분인 '이'(二)는 위의 하늘과 아래의 땅을 의미하고, 좌우로 나뉜 아래의 '인'(儿)은 음양의 씨앗으로 땅속에서 뿌리가 움직여 밖으로 나오려는 모습을 그린 것이다. 그리고 형(亨)은 '형통할 형' 자로, 여름을 의미한다. '머리 두'(亠)는 줄기가 땅 위로 뻗은 상이며 중간의 '입 구'(口)는 호흡하고 먹고 배설하는 모든 생명활동이 입

을 통해 이루어지는 상을 그린 것이다. 아래의 '마칠 료'(了)는 잘 자라서 생장활동을 마치게 되는 것을 말한다. 이(利)는 '이로울 리' 자로, 가을을 의미한다. '벼 화'(禾)는 초목의 열매가 익어 고개 숙인 모습, 오른편의 '칼 도'(刂)는 낫으로 벼를 베어 거둔다는 뜻이다. 마지막으로 정(貞)은 '곧을 정' 자로 겨울을 의미한다. 위의 '점 복'(卜)은 음기[丨]가 극성한 가운데 양기[丶]가 조그맣게 달라붙은 것이고, 아래의 '조개 패'(貝)는 종자인 음양[八]의 씨눈[目]을 가리키므로 엄동설한에 땅 밑에 움츠려 씨눈을 간직함을 말한다. 무슨 말인지 하나도 모르겠다고? 쉽게 말하면, 원형이정은 봄, 여름, 가을, 겨울의 흐름처럼 나고 자라고 거두고 사라지는 이치를 말하는 것이다. 만물은 그 원형이정의 원리로 이루어져 있다는, 그 말이다. 별거 없다.

만물이 나고 죽는 원형이정의 원리를 생각했을 때 앞서 말한 생명 연장의 꿈이라는 것이 온갖 의료 기구를 동원해, 온몸을 기구로 얽어 삶을 지속 혹은 연장시킨다는 의미만은 아닐 것이다. 삶에 존엄성이 있다면 죽음에도 존엄성이 있다. 이 자연의 이치에 따라 살아 있는 동안 건강한 삶을 유지하는 것, 그리고 그 안에서 삶과 죽음을 받아들이는 것이야말로 자연이 우리에게 보여 주는 가르침, 즉 생과 사의 순환이라 할 수 있다. 그렇다면 인간은 왜 천지만물에 비해 일찍 죽을 수밖에 없을까?『동의보감』에서는 이렇게 말한다.

강과 바다의 조수는 천지의 호흡과 같은 것으로, 밤낮으로 다만 밀물과 썰물이 2번 있을 뿐이지만, 사람은 하루 밤낮에 1만 3천 5백번의 호흡

을 한다. 따라서 천지의 수명은 굉장히 길어서 끝이 없지만 사람의 수
명은 길어야 100세를 넘기지 못한다. (「내경편」, '형과 기가 제 수명을 다하
거나 못하는 것을 결정한다')

천지가 숨을 쉬듯 인간도 숨을 쉰다. 그리고 그 호흡으로 인해 살아
있는 것들은 수명이 있게 된다. 천지는 하루에 두 번씩 숨을 쉬니 그 수
명은 유구하지만, 인간은 하루에도 13,500번씩 숨을 쉬니 기껏해야 백
살을 못 채우는 것이다. 호흡을 느리게 하는 수련이 필요한 이유가 여기
에 있다. 따라서 맥이 느리면 오래 살고, 맥이 급하면 일찍 죽는다.

그러면 달리는 것 역시 호흡을 가쁘게 하니 나쁜 것 아니냐고 물어
볼 사람도 있을 것이다. 좋은 질문이다! 그러나 달리는 것은 당장의 호
흡을 빠르게 할지는 몰라도, 장기적으로 보면 호흡을 느리게 하는 운동
이다. 심폐기능을 강화시켜 적은 횟수로도 호흡이 가능하게 하기 때문
이다. 그렇기 때문에 운동이 몸에 좋다는 것이다. 물론 자기 몸집 불리
기 위한 근육 만들기나 몸에 무리가 가는 과도한 운동은 안 좋을 터.

하여튼 그렇게 해서 인간이 부여받은 수명은 원래 120살이다. 『동의
보감』에 나와 있는 대로 정확히 말하자면 4만 3천 2백여 일이다. 이는
현대의학에서도 인정하는 바다. 지구상에 존재하는 동물의 대부분이
성장기간의 6배 이상을 살지 못한다. 이를 근거로 20세까지 성장하는
인간의 한계수명은 120세라고 추측한다. 기네스북에 오른 세계 최장수
자인 프랑스의 잔 칼망(Jeanne Calment, 1875~2009) 역시 122세까지 살
았다. 물론 대부분의 사람들은 정(精)을 소모하고 절도 없이 살기 때문

에 원래 부여받은 수명대로 살지 못한다.

상고시대 사람들은 도를 알았기 때문에 음양을 따르고 술수에 잘 맞춰 음식에 절도가 있었고 생활에 법도가 있었으며, 함부로 힘을 쓰지 않았습니다. 그래서 형(形)과 신(神)을 온전히 보존하여 천수를 누리다가 100살이 되어서야 죽었습니다. 요즘 사람들은 술을 물처럼 마시고 멋대로 행동하며 술에 취한 채로 성교하여 정을 고갈시키고 진(眞)을 소모하여 정을 채워 둘 줄 모르고 아무 때나 신(神)을 써서 마음의 쾌락에만 힘을 씁니다. 이렇게 양생의 즐거움에 역행하여 생활에 절도가 없기 때문에 50살만 되어도 노쇠하는 것입니다. (『황제내경』, 「소문편」)

『황제내경』이 쓰여진 때가 지금으로부터 대략 2천 년 전인데, 그때도 허랑방탕하게 사는 건 지금이랑 별다를 바 없었나 보다. 술을 물처럼 마시고, 술에 취한 채로 성교하고. 쾌락에 빠져드는 불나비. 그런 점에서 양생이란 별 게 아니다. 양생이란 음양의 이치를 잘 알고 그에 순응하고, 일상생활을 절도 있게 꾸려 나가는 것이다. 삶의 균형을 지키는 것이자, 자기를 아끼는 것!

그리고 뭐든지 적당히 하는 게 좋다. 성내는 것도, 기뻐하는 것도, 슬퍼하는 것도. 너무 성내면 기(氣)를 상하고 생각이 많으면 정신이 상한다. 음식 역시 마찬가지다. 늘 적당히 먹고 취할 정도로 마시지 않아야 한다. 또 음식을 먹을 때 한 가지 맛에 치우치지 않는 것이 좋다. 신맛을 좋아하면 힘줄이 상하고, 쓴맛을 좋아하면 뼈를 상하며, 단맛을 좋아하면 몸에 이롭지 않으며, 매운 것을 많이 먹으면 정기가 소모되고, 짠 것을 많이 먹으면 수명이 단축된다. 그러니 뭐가 좋다더라 해서 한 가지만 치우치게 먹어서는 안 된다. 요즘 유행하는 원푸드(one food) 다이어트가 몸에 안 좋으리라는 것은 더 말해서 무엇하리오.

물론 다들 안다. 머리로는 다들 알고 있지만 제대로 살지 않을 뿐이다. 내 마음이 그걸 제어하지 못한다. 물론 어렵다. 다들 말한다. "지금은 곤란하다. 기다려 달라." 언젠가는 할 테지만 지금은 이러저런 핑계를 대며 할 수 없단다.

위(魏)나라 사람으로 죽림칠현(竹林七賢)의 한 사람이었던 혜강(嵇康) 역시 양생하는 방법의 다섯 가지 어려운 점을 말한다. "첫째는 공명주의와 이기주의를 버리지 못하는 것이고, 둘째는 기뻐하고 성내는 것을 억제하지 못하는 것이며, 셋째는 음악과 미색을 버리지 못하는 것이고, 넷째는 기름진 음식을 조절해 먹지 못하는 것이며, 다섯째는 정신이

허약하고 정기가 흩어지는 것이다. 이 다섯 가지가 가슴속에 없다면 마음이 편안해지고 도덕이 날로 높아져서 좋은 일을 하려고 애쓰지 않아도 복이 오고 오래 살 것을 바라지 않아도 자연히 오래 살게 되는데, 이것이 양생하는 큰 줄거리"다.

'양생'이라는 말 자체가 멀게 느껴질 수도 있지만, 못할 것만도 아니다. 음식을 먹은 뒤에 100보 가량 거닐고, 자주 손으로 배를 문지르기. 배부를 때에는 서서 오줌을 누고 배고플 때에는 앉아서 오줌 누기(『동의보감』에 이렇게 나오기는 하나 왜 그런지는 잘 모르겠다^^;). 밖으로 나다닐 때에는 찬바람을 쏘이지 말고, 방에 있을 때에는 작은 틈이라도 없게 하며, 매일 밤 발 씻고 자기. 코털을 뽑지 않고, 가래침 뱉지 않기. 아주 굶주린 뒤에는 바로 음식을 허겁지겁 먹지 말고, 급한 허기만 때울 정도로 먹을 것. 마찬가지로 너무 목마른 후에도 갑자기 물을 벌컥벌컥 마시는 게 아니라, 목마름만 어느 정도 해소할 만큼만 마실 것. 또 머리 자주 빗고 얼굴 자주 씻기. 어떤가? 다들 실천할 수 있는 것들 아닌가?

도를 배우는 데 빠르고 늦음은 없다(學道無早晩)! 지금부터 도를 실천할 의지만 있다면 건강하게 오래 사는 것, 어려운 일만은 아니다. 그렇다고 오래 살자고 건강에 좋은 음식 눈에 불을 켜고 찾아다니라는 말은 아니다. 건강이란 채우는 것이라기보다는 어떻게 지키느냐가 더 중요하기 때문이다.

정력강화법

'정력강화? 오호라. 요즘 가뜩이나 기력이 달리는데 잘 됐군!' 눈이 번쩍 뜨이셨을 게다. 그런데 죄송하다. 낚이셨다.^^ 파닥파닥.

그렇다고 실망하실 필요까지는 없다. 한번 속는 셈 치고 읽어 보시라. 현대인들의 잘못된 믿음 중 하나. 무언가 몸에 좋은 것, 희귀한 것, 비싼 것을 먹어야 정력이 강화될 것이라는 환상. 그래서 개구리며, 지렁이며 몸에 좋다는 건 어떻게든 챙겨 먹어야 직성이 풀린다. 그러나 어떻게 정(精)을 채울 것이냐보다는 어떻게 하면 있는 정을 보호할 것인가로 생각을 바꿔야 한다. 어떻게 벌 것인가가 아니라, 어떻게 지킬 것인가의 문제랄까? 정은 선천적으로 타고 태어나는 선천지정과 후천적으로 먹고 활동함으로써 생성되는 후천지정이 있다. 그리고 여기서 절대적인 것은 타고 태어난 선천의 정이니 가지고 있는 선천지정을 어떻게 지킬 것인가가 무엇보다 중요하다.

『동의보감』의 첫 장이 무언지 아시는지? 그렇다. '신형'(身形)이다.

몸의 전체에 대해서 말하는 장이다. 그리고 그 다음 장이 '정'에 관한 부분이다. 정이 얼마나 중요한지는 더 말 안 해도 아시리라. 육체보다 먼저 생기는 것이 정이다. 정은 몸의 근본이 된다는 말이다.

> 도를 닦는 데는 정이 보배이니, 보배를 지닐 때는 마땅히 비밀스럽게 하여야 한다. 정이란 다른 사람에게 베풀면 사람을 낳고 나에게 머무르게 되면 나를 살아가게 한다. 아기를 만들기 위한 것도 마땅하지 않은데 하물며 헛되이 버리겠는가? 정을 버려 손상됨을 알지 못하는 경우가 많으니, 그러면 빨리 노쇠하여 수명이 줄어들게 된다. 사람에게 있어 보배롭게 여길 만한 것은 목숨이고, 아낄 만한 것은 몸이며, 가장 중하게 여길 만한 것은 정이다. (「내경편」, '정은 지극히 보배로운 것이다')

아이를 가질 때조차도 쓰는 것을 권하지 않을 정도로 도가(道家)에서 정은 자기 몸을 기르는 데 가장 소중한 것이다. 다시 한번 강조하지만 양생의 기본은 정을 잘 지키는 것이다. 정을 지키기 위해서 해야 할 것들에 대해서 알아보자.

우선 말을 적게 하는 것이 좋다. 특히나 말하면서 걷는 거, 안 좋다. 노래하면서 걷는 게 안 좋은 건 두말하면 잔소리. 그러나 말 안 하고 살 수는 없는 법. 이를 달리 보자면 이렇게 해석할 수도 있으리라. 말을 많이 할 수 있을 정도의 정을 키워야 한다고. 말이 없는 사람은 자신의 정이 부족한 사람이다. 자신의 정이 부족하기 때문에 그 정을 지키기 위해 자연스레 말이 없어지는 거다. 그냥 성격이 내성적이어서, 말하는 걸 부

끄러워서 말이 없는 게 아니라, 말하는 게 정이 소모되는 것을 몸이 스스로 알기에 몸이 말을 줄여 가는 것이다. 그러니 말을 적게 하는 것도 중요하지만, 자신이 말을 많이 할 수 있을 만큼의 정을 보충하는 것이 필요하다.

물론 성생활을 조절하는 것 역시 필요하다. 오죽하면 『동의보감』에 양생에는 뜸을 뜨는 것보다 오히려 혼자 자는 게 더 효과가 있다고까지 나와 있겠나. 동양에서는 사람의 몸에 총 1되 6홉의 정이 있다고 본다. 보통 한 번 성교를 하면 반 홉 가량을 잃는데, 잃기만 하고 보태 주지 않으면 정(액)이 줄어들고 몸이 피곤해진다. 서양에서는 정을 쓸수록 계속 보충되는 것으로 보지만, 동양에서는 선천적으로 받고 태어난 정의 양은 정해져 있다고 보는 것이다. 정은 물론 후천적으로 만들어지기도 하지만, 자동적으로 생성되지는 않는다. 지하철 역사 공중화장실에서 자주 볼 수 있는 문구. 남자가 흘리지 말아야 할 것은 눈물만은 아니라는 말, 이 말을 깊이 생각해 볼 필요가 있다.

정은 오장에 배속해 보자면 신(腎)과 관련되어 있다. 그러나 한 가지 주의할 점은 한의학에서 이야기하는 간·심·비·폐·신(肝心脾肺腎)은 단지 현대의학에서 말하는 간장, 심장, 비장, 폐장, 신장과 꼭 일대일로 매치되는 것은 아니라는 점이다. 그렇게 신체의 눈에 보이는 장기라기보다, 오히려 그 작용을 포괄하는 것이라고 보는 편이 타당하다. 따라서 신을 보호해야 한다고 할 때, 여기서 신은 단순히 신장만이 아니라, 신이 정을 만들어 내고 몸 속에서 수승화강(水昇火降)시키는, 즉 아래에 있는 물의 기운을 위로 올리고 위에 있는 불의 기운을 아래로 내리는 원리까지도 포함한다.

그리고 이러한 신은 얼굴에서 보자면 귀에 해당한다. 요즘 지하철이나 버스를 타 보면 귀에 이어폰을 끼고 큰 소리로 음악을 듣고 있는 사람들이 많다. 옆자리에 있는 사람한테까지 들리도록 쿵쿵 울리는 비트 소리를 듣다 보면 그렇게 크게 음악을 듣고도 귀가 버티는 게 용할 정

호옷!!   알듯말듯?

남자가 흘리지 말아야 할 것은
눈물만은 아니죠!
□ 화장실 백!

잠궈!

도다. 이어폰으로 크게 음악을 듣는 것이 일종의 스트레스를 푸는 방식이라고 생각하는 듯하다. 눈치 채셨겠지만 이는 귀를, 정을 손상시키는 지름길이다. 요즘 학생들 중에 이어폰 끼고 음악을 들으면서 책 보고 공부하는 이들이 많던데, 집중력의 문제도 있거니와 무엇보다 이는 정을 해치는 일이다.

그럼 정력에 가장 좋은 것은 무엇일까? 해구신? 웅담? 산삼? 다 틀렸다. 이런 것보다 더더더 좋은 것이 있으니…… 짜잔, 밥물 되시겠다. '애개~, 고작 밥물이라고?' 그렇다. 죽이나 밥이 거의 끓어 갈 무렵에 가운데 걸쭉하니 고인 밥물. 이것이 정의 농축액이다. 그러니 밥이 보약이라는 말은 그냥 하는 말이 아니다. 매일 먹는 음식이 '정'이 되기 때문에 '쌀 미'(米) 자에 '푸를 청'(靑) 자를 합해서 '정'(精) 자를 만든 것이다. 달고 향기로운 음식에서는 정이 잘 생기지 않는다. 오직 보통맛을 가진 음식이라야 정을 보충할 수 있는 법! 명심하시길.

호흡하는 법

이번에는 호흡하는 법에 대해서 알아보자. 『동의보감』 '신형'(身形), '정'(精) 다음 편이 무슨 편인지 아시는가? 그렇다. '기'(氣)다. 기란 무엇인가? 음, 애매~합니다. 그만큼 기는 무엇이다라고 한마디로 정의하기 힘든 개념이다. 기를 영어로 번역할 때, 흔히 에너지(energy), 공기(air), 숨결(breath), 에테르(ether), 물질적 힘(material force), 살아 있는 힘(vital force) 등등을 쓰곤 했다. 그만큼 번역하기 힘든 용어임을 반증하는 것이기도 하지만 어떤 단일한 개념으로도 기의 특성을 제대로, 온전히 설명해 주지 못함을 의미하는 것이기도 하다. 그래서 이제는 대부분 중국 발음 그대로 가져간 'chi'나 한국 발음을 빌린 'ki'를 사용한다.

이는 동양적 사유체계에서 보면 당연한 것이기도 하다. '인'(仁)이라고 하는 개념을 한마디로 정의할 수 있겠는가? 공자 역시 인을 설명할 때 묻는 제자들마다 다르게, 그리고 어떤 상황에서 묻는지에 따라 각각 다르게 설명한다. 하물며 인이나 예와 같은 것도 그러한데 만물을 이루고 있는 기라는 개념은 오죽하겠는가?

그러나 기가 그렇게 멀리 있는 것만도 아니다. 우리의 일상생활 속에서도 우리가 알게 모르게 자주 쓰고 있다. 일상적이고 당연하게 쓰면서도 잘 알지 못할 뿐이다. "기분도 꿀꿀해서 찬 공기를 쐬었더니 감기에 걸려서 기운도 없고 기력도 달리는데, 인기 좀 있다고 기고만장한 녀를 보고 있노라니 정말 기가 막힐 노릇이다."(이런 글짓기 실력이라서 미안하다.) 이 문장에서만 '기'라는 글자가 몇 번이나 들어갔을까? 기분(氣分), 공기(空氣), 감기(感氣), 기운(氣運), 기력(氣力), 인기(人氣), 기고만장(氣高萬丈), 기(氣) 막히다까지 자그만치 여덟 번이다. 정말 기절초풍할 정도로 기가 찰 일 아닌가?

그럼 이처럼 의식하지 못하고 사용하는 기의 특징은 무엇일까? 일단 기는 형(形)과 대비되어 일반적으로 형태를 갖지 않는다고 말해진다. 주자(朱子)가 "하늘은 형이 없이 단지 기일 뿐이며 회전하는 바람"이라고 말한 것 역시 이러한 기의 특징을 반영한 것이다. 우리가 흔히 사용하는 공기라는 단어 역시 비어 있는 기를 의미한다. 이 비어 있는 기가 응집의 과정을 거쳐 형을 갖는 것이다. 기의 글자를 봐도 알 수 있는데, 기(氣)라는 글자의 옛 형태는 '기'(气)였다. 이 모양에서도 알 수 있듯이 기란 수증기(水蒸氣) 같이 눈에는 보이지 않는 어떠한 기류(氣流), 기의 흐름이 굴곡을 그리면서 위로 올라가는 모양을 이미지화한 것이다.

그런 점에서 기란 움직이는 것이다. 기가 이리저리 움직여 사람과 사람 사이에서 인기를 만들고, 하늘에서는 기상(氣象)현상을 만들어 낸다. 그러나 이 사방팔방으로 움직여야 할 기가 움직이지 못하고 막힐 때 기

가 막혀, '기절'(氣絶)하는 것이다. 기절이란 다른 게 아니라 움직여야 할 기의 흐름이 끊긴 것을 의미한다. 또한 소화가 안 될 때 체기(滯氣)가 있다고 말하는 것 역시 기가 내려가지 않고 정체된 기체(氣滯)현상이 있음을 말한다. 그리고 흔히 사용하는 '기가 죽는다', '기 좀 펴라'는 말 역시 살아 움직여야 할 것으로서의 기를 표현하고 있는 말이다.

기는 생명의 근원이다. 기의 움직임이 인간과 만물을 형성한다. 우리 몸은 혈기(血氣)로 이루어져 있고 곡기(穀氣)가 없으면 죽는다. 기골이 장대하다고 할 때의 기골(氣骨)이란 이 혈기와 근골로 이루어진 것이 사람임을 말해 준다. 따라서 혈기왕성한 사람이라도 이 기력(氣力)이 다하면 활기(活氣) 없는 상태, 기진맥진(氣盡脈盡)한 상태가 되는 것이다. 인간뿐 아니라 다른 생명도 마찬가지다. 대기(大氣)라고 하는 것은 크나큰 기로 지구 전체를 감싸고 생명을 떠받쳐 주고 있는 기체다. 이처럼 기는 세계의 모든 사물의 물질적 기초이자 생명을 포함한 비물리적이고 비물질적인 속성들의 원천이다.

따라서 우리는 기의 흐름을 느낄 수 있다. 감기란 기(氣)를 감(感)하다, 즉 기를 느낀다는 것이다. 이는 나쁜 기[邪氣]가 우리 몸 안에 들어오는 것을 느끼는 것인데, 우리 몸의 자연스러운 기의 흐름이 교란됨으로써 기의 흐름을 느끼게 된다는 것이다. 살기(殺氣)를 느낀다고 할 때 역시 마찬가지이다. 그렇기 때문에 기의 움직임이라 할 수 있는 기운(氣運)이 없음을 알아차리고, 기가 나뉘어져 있는 상태인 기분(氣分)이 안 좋아짐을 느끼고, 심기(心氣)가 불편함을 느끼게 된다.

이처럼 한마디로 정의하기는 어렵지만, 기란 만물의 근원이자 움직임, 흐름과 같은 것이다. 기는 어디에나 편재하며, 보편적인 것이다. 그렇다고 추상적인 거라는 말은 아니고 우리가 일상적으로 느끼고 마주하는 대상인 것이다. 뭔 말인지 모르겠다고? 하긴, 기를 쓰고 공부해도 알까 말까 할 것이긴 하다. 그러나 이것이 단지 말장난만은 아니다. 하

몸에서 기와 맥이
빠져나가면?

'기진맥진'

여튼 기란 만물의 근원이라는 점. 그리고 이 기로 말미암아 모든 병이 생긴다는 점. 이 두 가지만 명심하자!

중국의 금나라·원나라 시대의 유명한 의학자를 칭하는 금원사대가 (金元四大家) 중 한 명인 주진형(朱震亨)의 『격치여론』(格致餘論)에 보면 "사람은 천지의 기를 받아서 태어난다. 하늘의 양기는 기가 되고, 땅의 음기는 혈(血)이 된다. 따라서 기는 항상 남음이 있고, 혈은 항상 부족하다"고 나와 있다. 양기는 항상 남고, 음기가 항상 부족하다는 말은 다음에 혈을 다룰 때 하기로 하고, 일단 이것만 알아 두자. 하늘의 양기는 기가 되고, 땅의 음기는 혈이 된다는 것. 이때 기는 우리 몸에서 폐(肺)가 주관한다. 그렇기 때문에 기는 호흡의 근원이 된다. 하늘의 양기를 호흡함으로써 기가 형성되고, 땅의 음기를 먹음으로써 그것이 혈이 되는 것이다. 그만큼 호흡을 하는 것은 중요하다.

땅의 기를 음식을 통해 보충한다면, 하늘의 기는 호흡으로 보충한다. 즉 음식과 호흡이 건강에 있어서 핵심인 것이다. 무농약 채소, 유기농 음식들로만 밥상을 차린다고 해서 건강한 삶을 살고 있다고 자부할 일이 아니다. 호흡도 음식만큼 신경 써야 한다. 우리가 매일 호흡하며 살아가고 있으면서도 쉽게 잊어버리는 것이 바로 호흡의 중요성이다. 하늘과 땅, 인간 즉, 천지인(天地人)은 호흡으로 인해 하나로 연결된다. 하늘의 양기가 호흡을 통해 인간의 기를 만들고, 땅의 음기가 음식을 통해 인간의 혈을 만든다. 요즘 단전호흡이 유행하는 이유도 아마 여기에 있으리라. 기수련이라든지, 호흡수련만으로 건강을 되찾고 심신이 안정되었다는 사람이 많은 것도. 그렇다면, 어떻게 호흡을 해야 하는가?

장자(莊子)는 "수양이 높은 사람은 숨을 발꿈치까지 가게 깊이 쉬고, 보통 사람의 숨은 목구멍에서 나온다"고 하였다. 이는 기가 하초에 있으면 숨결이 길고, 기가 상초에 있으면 숨결이 빠르다는 뜻이다. 전에도 말했듯이 인간의 호흡이 하루에 13,500번이다. 그렇기 때문에 인간의 수명이 짧은 것이다. 수명을 늘리고 싶다면 호흡을 길게 하는 수련이 필요하다. 고래, 거북이, 코끼리 등 장수하는 동물은 모두 느리고 깊게 호흡을 한다.

그렇다면 어떻게 호흡을 길게 할 수 있을까? 『동의보감』에서는 태식법(胎息法)을 소개하고 있다.

> 사람이 태중에 있을 때는 입과 코로 호흡하지 않고, 탯줄이 어머니의 임맥에 연결되어 있어 그 임맥이 폐와 통하고 폐는 코와 통하므로 어머니가 숨을 내쉬면 태아도 내쉬며, 어머니가 들이마시면 태아도 따라서 들이마시게 되는데, 그 기는 모두 배꼽으로 드나드는 것이다. …… 입과 코를 사용하지 않고 뱃속의 태아처럼 배꼽으로만 호흡하기 때문에 이것을 태식이라 한다. (「내경편」, '태식법')

태아가 모체와 배꼽으로 연결되어 있는 것이 그냥 이유 없이 그런 것이 아니다. 세상에 이유 없는 것은 없다. 단지 우리가 그 이유를 모르는 것일 뿐.^^ 아이는 코가 아니라 배꼽을 통해 숨을 쉰다. 따라서 호흡 수련은 배꼽으로 호흡하는 법을 배우는 것이다. 그렇다면 태식법은 어떻게 해야 하는 것인가? 『동의보감』을 다시 살펴보자.

조식(調息; 호흡조절)을 처음 배울 때는 모름지기 그 기가 배꼽에서 나오고 배꼽으로 들어가 없어진다는 것을 생각하여 극히 세밀히 조정하여야 한다. …… 처음에 태식은 숨을 한 모금 마시고 배꼽으로 호흡을 하면서 81 혹은 120까지 숫자를 센 다음 입으로 숨을 토하는데, 극히 가늘게 하여 기러기 털을 입과 코 위에 붙이고 숨을 내쉬어도 털이 움직이지 않을 정도가 되어야 한다. 이것을 더욱더 연습하여 헤아리는 숫자를 늘려서 천이 되면 노인이 다시 젊어지고 하루가 지나면 하루만큼 더 젊어진다. 갈선옹은 매년 한여름철에 깊은 물밑에 들어가 열흘이 되면 다시 나왔다 하니 이는 숨을 막아 태식을 할 수 있었기 때문이다. (「내경편」, '태식법')

호흡을 깊게 한다는 것은 한참 숨을 참다가 헥헥 대면서 내뱉는 게 아니다. 숨을 내쉴 때 기러기 털을 붙여 놓고도 털이 움직이지 않게 할 정도로 고른 숨이어야 한다. 이런 호흡을 연습하면 심지어 물에 들어갔다 10일 만에 나올 수도 있다고 하는데, 하루아침에 이런 태식법이 가능하지는 않을 터. 하지만 『동의보감』이 어떤 책인가? 숨쉬기를 조절하는 비결까지 친절히 알려 주고 있다.

> 침상을 두텁고 부드럽게 하여 똑바로 위를 보고 눕고, 베개의 높이는 낮게 하여 몸과 수평이 되도록 하며, 팔은 펴고 다리는 쭉 뻗고, 양손은 주먹을 꼭 쥐되 몸으로부터 4, 5촌 떨어지게 하고, 양 다리 사이는 거리가 4, 5촌이 되도록 벌린다. 이렇게 한 후 이를 여러 번 부딪치고, 고인 침을 삼키고 코로 공기를 들이마시어 배로 들어가게 한다. 충분하면 멈추고 남은 힘이 있으면 다시 이 방법을 쓰는데, 기를 마시고 오래 머물러 가슴이 답답하면 입으로 아주 조금씩 가늘게 숨을 다 토해 내며, 한참 있다가 코로 가늘게 서서히 공기를 마시고 앞의 방법대로 기를 내보낸다. 입을 다물고 마음속으로 숫자를 세는데 귀에 아무 소리도 들리지 않게 하고 천까지 셀 수 있다면 신선에 가까워진 것이다. (「내경편」, '조기결')

숨을 쉴 때는 끊어지듯 이어지듯 하게 하며, 고르고 부드러워야 한다. 일단 바른 자세를 잡고 앉아서 나의 호흡을 느껴 보는 것으로 시작하자. 그리고 배꼽으로 호흡을 한다고 생각하고, 하늘의 기를 깊숙이 내 몸 안에 느껴 보도록!

정신병은 몸의 문제다

'동양의학은 서양과학을 뒤엎을 것인가?'——하야시 하지메의 책 제목
이다. 이미 끝난 게임인데 웬 뚱딴지 같은 소리냐고 물을지도 모르겠
다. 한의원은 병 고치러 가는 곳이 아니라 그냥 보약이나 지어 먹으려
고 가는 곳으로 치부되는 상황에서, 동양의학이 서양과학을 뒤엎는다
고? 한의원도 이제 최신식 설비들로 치료과정을 직접 눈으로 확인할
수 있게 보여 주어야 환자들이 '아, 그래도 이 병원은 좀 과학적이라 믿
음이 가는군' 하고 생각하는 마당에 동양의학이 서양과학의 대안이 될
수 있다고? 물론 책 제목이 너무 자극적이긴 하지만, 여기서 하나 생각
해 보아야 할 점이 있다. 동양의학이 서양'의학'을 뒤엎는 게 아니라 서
양'과학'을 뒤엎을 수 있느냐고 질문한다는 점!

　서양과학이 만들어 낸 소위 '과학적' 세계관이 지금의 질서를 만들
어 왔다면, 그와는 다른 세계관 역시 존재해 왔다. 풍수(風水)나 천문(天
文), 역법(曆法) 등에서 보이는 동양의 전통적인 세계관이 그것이다. 지

금 우리가 가지고 있는 세계관으로는 이런 동양의 사유가 기껏해야 미신이나 비합리적 신비주의로 여겨지지만, 이러한 우주론은 수천 년 동안 동양인들의 사고를 지배해 왔다. 반면 지금의 소위 '과학적' 세계관은 단지 근대 서양이라는 시공간하에서 탄생한 것으로, 이러한 사유체계가 우리를 규정하게 된 지는 얼마 지나지 않았다. 물론, 이를 동양과 서양의 차이로 간단히 구별지을 수는 없다. 그런 점에서 고대 서양의학의 세계관에서 동양적 사유와의 유사성을 발견하는 것이 놀라운 일만은 아니리라.

동양적 세계관이 그나마 가장 잘 보존되어 있는 것이 동양의학이다. 이제 풍수나 천문·역법·연단술(煉丹術; 불로장생이나 신선이 되기 위해 도가에서 수련하는 방법 중 하나)·점복술 등이 서구 과학적 시선에서 밀려나게 된 것에 비해, 그래도 한의학은 명맥을 잇고 있기는 하다. 그게 언제까지가 될지는 잘 모르겠지만 말이다. 그러나 이 역시 조만

간 동일한 위기에 처하게 되지 않겠느냐는 말들이 한의학계 안팎에서 많이 들려 오는 상황에서, 이를 어찌해야 할까? 그런 점에서 하지메 교수의 책 제목이 주장하는 바는 단순히 동양의학이 서양의학의 대체나 보완이 아니라는 점이다. 더더욱 동양의학이 서양의학을 따라잡는 식의 문제도 아니다. 그것은 차라리 세계관의 문제이며, 인식론 차원의 문제다. 그런 점에서 한의학의 과학화만이 살 길이라는 해답은 '잘못된 질문'에 '잘못된 답'일 수밖에 없지 않을까? 쉽게 예를 한번 들어 보자. 가령 풍수를 좀더 과학화해서 배산임수의 지리적 조건을 햇빛이 드는 일조량과 땅 속에 어떤 화학 성분이 더 들어 있기 때문에 좋다고 수치화해서 보여 주며 설득하는 것이 과연 해답이 될 수 있을까?

동양에서 몸을 바라보는 시선은 지하철 노선도를 떠올리면 되겠다. 사람들은 지하철 노선도를 보며 왜 정확한 지도를 그리지 않았냐고 묻지 않는다. 마찬가지로 동양의학에서 몸을 볼 때 해부학적으로 정확하게 따지기보다는 기운의 배치를 본다. 해부학적 정밀도와 기운의 배치, 이 둘 중 어떤 것이 진실에 가까운가는 문제가 아니다. 보기에 따라 다르다. 앞의 것이 눈에 보이는 정확성, 가시성의 세계라면 뒤의 것은 유용성의 차원에서 몸을 바라보기 때문이다.

그럼, 동양의학과 서양과학과의 인식론적 차이는 무엇일까? 일단 동양에서는 우주와 인간을 감응관계로 본다는 점일 것이다. 이에 대해서는 줄곧, 누차 강조했던 바다. 또 다른 하나로 몸과 정신의 관계를 들 수 있는데, 데카르트의 이원론을 시작으로 한 육체와 정신의 분리야말로 서구의 사유체계와 동양적 의학과의 큰 차이점이다. 그런 점

에서 동양의학에서 정신병 역시도 몸의 문제로 바라보고 있음은 시사하는 점이 많다. 요즘 많은 이들이 정신병으로 고생한다. 다들 뭔가 좀 메롱한 상태들이다. '정신줄을 놓고 있다'는 표현이 그냥 유행하는 게 아닐 것이다. 이를 뇌에 있는 어떤 신경 혹은 신경전달 물질의 이상으로 보는 것이 서양과학의 관점이라 한다면, 이 역시 몸의, 장부의 이상으로 파악하는 것이 동양의학이다.

예를 하나 들어 보자. 흔히 정신병은 뇌세포의 어떤 유전자가 잘못된 것이라는 견해가 있다. 정확한 원인은 알 수 없지만, 현대의학으로도 명확히 이해하기 힘든 작용의 결과라는 것이다. 그리고 이를 정신과에서 상담해서 고쳐야 한다고 생각들 할 것이다. 약물치료라고 하더라도 그것은 몸을 치료하는 게 아니라 신경을 치료하는 데 목적을 두고 있다. 하지만 동양의학에서는 이를 철저하게 몸의 문제로 본다. 『동의보감』

에서는 광기(狂氣)를 양기(陽氣)가 갑자기 꺾여서 통하지 못하기 때문이라고 해석한다. 그리고 이는 음식을 먹지 않게 하면 낫는다고 말한다. 음식으로 양기가 보충되는 것을 막는다는 논리이다.

『내경』에서 "황제가 '노광(怒狂)이란 병을 앓는 사람이 있으니 이 병은 어디에서 생기는가?' 하고 묻자 기백이 '양(陽)에서 생긴다'고 대답하였다. 황제가 '양이 어떻게 하여 사람을 미치게 하는가?' 하고 묻자 기백이 '양기가 갑자기 막혀서 잘 통하지 않기 때문에 자주 화를 내게 된다. 이런 병을 양궐(陽厥)이라 한다'고 대답하였다. 황제가 '치료는 어떻게 하는가?' 하고 묻자 기백이 '먹이지 않으면 낫는다. 먹는 음식은 음(陰)으로 들어가 양에서 기를 기르기 때문에 먹이지 않으면 낫는 것이다' ……." 또 "너무 자주 기뻐하는 것을 전(癲)이라 하고, 너무 자주 화내는 것을 광(狂)이라 한다"고 하였으며, "음이 양을 누르지 못하면 맥이 얇고 빠르게 흐르는데 그러면 미치게 된다"고 하였다. 또 "옷을 추스르지 않고 말을 함부로 하며 피붙이와 남을 가리지 못하는 것은 신명이 어지럽기 때문이다"라고 하였다. (「내경편」, '전광'癲狂)

음이 양에 눌리면 맥의 흐름이 급박해지고 음이 양에 합쳐지면 미치게 된다. 그래서 이 양기가 뻗치기 때문에 옷을 제대로 입지 않고 이상한 말을 자주 하며 가까운 사람과 먼 사람을 가리지 않고 덤비게 된다. 이를 그저 우스운 에피소드로만 받아들일 수 있을까? 여기서 우리는 몸과 정신에 대한 하나의 새로운 시각을 볼 수 있는 게 아닐까? 동양의학에서는 건망증도 신체의 문제로 보는데, 이 역시 몸과 정신에 대한 새로운 시각이라 할 수 있겠다. 건망 역시 위와 장은 실한데, 심 폐가 허하여 기가 아래에서 오래 머무르면 때가 되어도 올라가지 못해 잘 잊어버리게 된다고 보는 것이다.

칠정(七情) 역시 마찬가지다. 기쁨[喜], 분노[怒], 생각[思], 근심[憂], 슬픔[悲], 놀람[驚], 두려움[恐] 이 일곱 가지 감정이 정상적인 생리활동을 넘어 오랫동안 지속되면 몸의 기운이 문란해지고 음양이 실조(失調) 되어 병이 생긴다. 기본적으로 동양에서 병이란 이 칠정과 관련된 문제라고 본다. 가령 갑자기 기뻐하면 심장이 상하고, 갑자기 성내면 간이 상한다. 기뻐하면 얼굴이 붉어지는 것은 심의 붉은 불 기운이 올라와서 그렇고, 화를 내면 얼굴이 붉으락푸르락하는 것은 간의 목(木) 기운이 올라와서 그런 것이다. 또한 걱정이 많고, 슬퍼하면 폐가 상한다. 소설

선생님! 제가요...
툭하면 화가 나거든요?

지금도 화나네!

간땡이가 부어서 그러니...
자 여기 민들레를 드심이~

속 비련의 주인공들이 폐렴에 걸린 스토리는 단지 설정만이 아니다. 그리고 생각을 많이 하면 비가 상한다. 비위가 소화를 담당하는 장부라 할 때 생각이 많으면 소화가 안 되는 것을 봐도 알 수 있다. 무서워하면 신이 상하고, 정(精)이 상한다. 무서울 때 오줌을 찔끔 지리는 것도 이 때문이다. 특히 칠정 중에서 주의할 점은 '노'(怒)다. 화를 자주 내면 간에 무리가 온다는 것! 그러나 이를 뒤집어 생각한다면 화를 자주 혹은 쉽게 내는 사람이라면 간담에 병이 있는 것으로 보아도 좋을 것이다. 주변에 자주 화내는 이가 있다면 성질 좀 그만 내라고 말하는 것보다 간에 좋은 음식들을 추천하시는 게 더 나을지도.

그리고 이는 전에도 설명했듯이 상생과 상극의 원리를 이용해서 치료할 수 있다. 가령 성내어 간이 상하면[木] 근심으로 꺾고[金] 두려움으로 풀어 준다[水]. 기뻐하여 심이 상하면[火] 두려움으로 꺾고 성냄으로 풀어 준다. 생각을 많이 하여 비가 상하면[土] 성냄으로 꺾고 기쁨으로 풀어 준다. 근심하여 폐가 상하면 기쁨으로 꺾고 생각을 많이 하여 풀어 준다. 두려움으로 신이 상하면 생각으로 꺾고 근심으로 풀어 준다. 놀라서 담(膽)을 상하면 근심으로 꺾고 두려움으로 풀어 준다. 슬픔으로 심포가 상하면 두려움으로 꺾고 성냄으로 풀어 준다. 이것이 상생상극의 원리를 이용해 정(情)으로써 정(情)을 다스리는 방법이다.

요즘 자신이 어떤 상태에 있는지 점검하고, 어떤 감정을 이용해서 자신의 몸을 다스릴지는 각자 숙제!

피가 모자라

공포영화도 아닌데 이게 뭔 소리여? 피가 모자라다니? 드라큐라여 뭐여? 놀라지들 마시라. 이 말 내가 한 말이 아니다. 헌혈 아주머니의 말도 아니다. 원대의 이름난 의학자였던 주진형 선생이 한 말이다.

　앞에서도 나왔지만 『격치여론』에서 그는 "사람은 천지의 기를 받아서 태어난다. 하늘의 양기는 기가 되고, 땅의 음기는 혈이 된다. 따라서 기는 항상 남음이 있고, 혈은 항상 부족하다"고 주장했다. 양은 항상 남고 음은 부족하다는, 소위 '양유여음부족론'(陽有餘陰不足論). 전에도 말했듯이 양은 호흡으로 기를 형성하고, 음은 음식으로 혈을 만든다. 그런데 양은 항상 남으나 음은 항상 부족하니 음을 보충하는 것을 위주로 해야 한다는 것이 주진형 선생의 주장이다. 왜냐? 해가 양이고, 달이 음이라 할 때 해는 항상 충만하지만, 달은 차고 기우는 것이 있듯이 음 역시 사그라들고 자라남이 있다는 것. 따라서 음은 부족하게 된다는 것이다. 그렇기 때문에, 양기를 북돋으려고 노력하지 말라는 것이다. 오히려 몸에 좋은 음식들이 음허화동(陰虛火動;음이 허약하여 열이 위로 상승함)을 일으키기 때문에 식욕과 색욕을 경계해야 한다고 말한다. 그래서 '담담'한 음식들을 먹으라는 것이다. 현대인들 특히 명심할 바이다. 몸에 좋은 고량진미라면 뭐든지 먹을 기세, 이거 문제다!

물론 이를 반박하는 이들도 많다. 음을 강조한 나머지 너무 한쪽으로 과도하게 치우치게 되었다는 것이다. 기와 혈을 양과 음으로 나눈다고 해도, 기 역시 영기(營氣)와 위기(衛氣)로 나눠지고 이것이 또 양과 음을 구성한다. 다른 모든 동양적 사유 개념들이 그렇지만 양과 음은 어떤 고정된 무언가가 아니라 상대적인 것이다. 그러므로 양이라고 다 양이 아니고 그것이 어떤 배치 속에 있느냐에 따라 음이 되기도, 양이 되기도 한다. 음, 그런 복잡한 얘기는 일단 생략하고……, 다시 컴백. 하여튼 주진형 선생 왈 "피가 모자라……", 기와 혈을 사람의 몸을

이루는 기본이라 할 때 기는 항상 남으나 혈은 항상 부족하다는 것이 단계 선생의 주요 논지였다. 여성 분들 경우에 특히 이런 혈허(血虛)로 고생하는 분들 많다.

여성들의 경우 손발이 차갑거나 생리불순을 호소하는 이들이 많다. 이럴 때 혈허를 의심해 볼 수 있는데, 실제로 혈허가 그 원인이라면 사물탕(四物蕩)이 대표적인 처방이다. 숙지황, 작약, 천궁, 당귀가 들어간다. 약탕기도 없고, 보약 지으러 한의원 가기도 귀찮다고? 그럼 집에서 천궁, 당귀만이라도 끓여 드시라. 이를 궁귀탕이라고 하는데 원래 산전, 산후의 여성질환을 다스리기 위한 약이다. 천궁과 당귀는 보혈·조혈에 뛰어난 작용을 하므로 사다가 집에서 차로 엷게 끓여 드시라. 물론 이 때 주의할 것이 있다. 유통 과정에서 잔류농약이나 중금속 검사를 받지 않는 경우 약도 오히려 독이 될 수도 있다는 사실. 한약이 간에 안 좋다는 세간의 속설 역시 이렇게 잔류농약이나 중금속이 간에 무리를 주기 때문인 경우가 많다. 따라서 약재를 사실 때는 품질검사를 확실히 거친 것인지 확인을 해주시라. 맨날 몸 안 좋다고 말만 하면서 왜 조그만 노력 하나 안 들이려 하는데? 응? 응?

물론 피가 부족하지 않은 경우도 있다. 특히나 요즘같이 잘 먹는 세대들에서는. 오히려 문제는 부족이 아니라 돌지 않는 것이다. 통하지 않는다는 것. 한의학에서 유명한 말이 있다. "통즉불통 불통즉통"(通卽不痛 不通卽痛)! 즉 통하지 않으면 아프고, 통하면 아프지 않다는 것. 이 말 꼭꼭 명심하자. 이 책 전체에서 이 한마디만 건져도 대박이다. 자세한 이야기는 다음에 하기로 하고…… 하여튼 통하지 않고 고여 있으면 썩는다는 것. 이거 만고불변의 이치이다. 사람의 몸 역시 마찬가지다. 생리적 기능을 상실한 혈액이 응결되어 형성된 어혈(瘀血)이 대표적이다. 요즘 한의학에서 가장 많은 처방 중 하나가 어혈을 풀어 주는 것이다. '한의원에서는 뭐 잘 모르면 다 어혈이래, 엉터리 아냐?' 하고 생각하는 사람도 있을지 모르겠다. 하지만 열 가지 병 중에 아홉 가지가 담(痰; 기혈의 운행이 순조롭지 않아 장부의 진액이 일정 부위에 몰려 걸쭉하고 탁하게 된 것)으로 생긴다는 '십병구담'(十病九痰)이라는 말이 있다. 이처럼 대개 병의 기본은 피가 막히거나 기가 막히거나 무언가가 막히고 순환이 되지 않아서 생겨나는 병이다. 아! '기' 막히고 '피' 막힌 세상이여! 이는 그만큼 현대인들이 막혀 있다는 것을 반증하는 것이리라. 아! 소통하지 못하는 현대인들이여!

따라서 이는 혈만의 문제는 아니다. 혈과 기를 따로 분리해서 생각해

우리 몸이란 자고로,
통하지 않으면 아프고,
통하면 아프지 않다는 것

通即不痛
(통즉불통)

不通即痛
(불통즉통)

그게 제 건강의
비결이에요!!

서는 안 되는데, 혈은 기의 짝이기 때문이다. 학교에서도 공부건 놀이건 짝꿍이 있어야 하는 것처럼 혈도 그 짝꿍인 기가 흘러야 움직인다. 그러니 피가 잘 안 돌아 문제라면 혈을 보하는 것만큼이나 기를 보하는 것이 중요하다.

> 혈은 이를테면 물과 같고, 기는 바람과 같다. 바람이 물 위로 스쳐 부는 것은 혈과 기의 관계와 같다. 기는 혈을 이끄는 것으로, 기가 돌면 혈도 따라 돌고 기가 멈추면 혈도 멈춘다. 기가 따뜻하면 혈은 매끄럽게 돌고 기가 차가우면 혈은 잘 돌지 못한다. 기가 잠시라도 돌지 않으면 혈도 그 순간 돌지 못한다. …… 그러므로 사람의 몸은 기를 고르는 것이 먼저이고 혈을 고르는 것은 그 다음인데, 이는 또한 양을 우선하고, 음을 그 다음으로 한다(先陽後陰)는 의미이다. (「내경편」, '혈은 기의 배필이 된다')

신체의 모든 부분은 혈의 영양과 자윤(滋潤)에 의해 유지된다. 혈액이 충만하면 얼굴색이 붉고 윤기가 나며 피부와 모발이 윤택하고 근골, 기육, 장부가 튼튼하지만, 혈액이 부족하면 얼굴이 누렇게 되고 피부와 모발이 거칠어지며, 근골이 연약해지거나 사지가 땅기며 뻣뻣해지는 구급(拘急) 증상이 발생하고 기육이 수척해지며 장부가 쇠약해진다. 눈은 혈이 있어야 볼 수 있고, 발은 혈이 있어야 걸을 수 있으며, 손은 혈이 있어야 쥘 수 있고, 손가락은 혈이 있어야 물건을 집을 수 있다. 감각과 운동기능 모두가 이 혈액의 영양작용에 의존한다.

그럼, 이러한 혈을 상하게 하는 것은 무엇일까? 열(熱)! 모든 출혈은 다 열증이다. 혈은 열을 만나면 흐르고, 한(寒)을 만나면 엉긴다. 코와 입에 출혈이 있는 것은 양이 성하고, 음이 허하기 때문이다. 올라가기만 하고 내려오지 않으니 혈이 기를 따라 올라가 상부의 구멍으로 넘쳐흐르는 것이다. 그러니 치료할 때는 음을 보하고 양을 억눌러야 한다. 소변에서 피가 섞여 나오는 것도 양이 성한 탓인데, 하초의 열이 방광으로 옮겨지면 혈뇨가 되는 것이다. 그러니 바짝바짝 피가 마른다는 표현이 얼마나 심각한 상황이겠는가? 그러니 주위 사람들 애간장 좀 그만 태우시라.^^

또 중요한 것 중 하나. 혈이 모자란 분들이라면 오랫동안 모니터 화면을 쳐다보거나 책을 보는 일은 피하시라. 눈을 오래 쓰는 것만큼 피를 마르게 하는 것도 없다. 또한 낮 동안의 활동으로 소모된 혈을 수면 중에 보충하는 것이 필요하다. 그러니 밤새 모니터 화면 앞에서 눈을 혹사시키는 것이 얼마나 안 좋을지는 뻔하지 않은가! 보이는 대상의 움직임

이 심하거나 빛 자극이 강할수록 눈은 피로해지고, 더 많은 피가 샌다. 그러니 자주 의식적으로 눈을 감아 주자. 특별한 이유 없이 피곤한 분이라면 더더욱. 눈을 지키는 것이 곧 혈을 지키는 것이다. 특히나 게임에 중독되어 하루종일 모니터 앞에 앉아 있는 아이들의 혈을 지키기 위해 눈을 쉴 수 있게끔 해주시라.

마지막으로 『동의보감』에 소개되고 있는 코피를 멎게 하는 비법 하나. "어떤 약으로 치료하여도 그치지 않을 때는 실로 가운뎃손가락의 가운데 마디를 꽉 묶는다. 콧구멍 왼쪽에서 피가 나오면 오른손 가운데 마디를 묶고, 오른쪽에서 피가 나오면 왼손 가운데 마디를 묶는다."

꿈에 대하여

꿈에 대해서 어떻게들 생각하시는지? 저마다 꿈해몽 이야기 한둘은 알고 있으리라. 돼지꿈을 꾸었으니 로또를 산다거나, 높은 곳에서 떨어지는 꿈을 꾸면 키가 큰다거나, 태몽에 뭐가 나오면 귀인이라는 둥. 그렇다면 꿈이란 미래를 예지하는 기능을 하는 것일까?

서양에서는 꿈이 무의식을 이해하는 데 사용된다. 프로이트의 유명한 말인 "꿈은 무의식을 이해하는 왕도"만 보더라도 그렇다. 꿈을 해석할 수 있다면 인간 정신의 무의식적 활동을 완전히 이해하게 될 것이라고 그는 말한다. 꿈을 통해 무의식적 기제의 표출을 보고, 그 안에 잠재해 있는 욕망을 본다는 것이 프로이트가 꿈을 해석하고자 했던 이유였다. 프로이트에게 꿈이란 낮 동안 무의식 세계에 쌓인 과도한 정신적 자극을 해소하는 출구인 동시에, 쾌락 원리(pleasure principle)에 따라 이 해소 활동이 수면을 방해하지 않고 조용히 수면을 취할 수 있도록 돕는 장치이다.

그렇다면 동양의학에서는 꿈을 어찌 볼까? 그렇다. 지금까지 앞의
글들을 읽었다면 눈치챘겠지만, 꿈 역시 몸의 문제로 보고 있다. 꿈이
단순히 낮 동안 활동의 잔상의 재현이나 구성이 아니라, 몸의 문제와 연
결되어 있다고 보는 점. 이것이 동양의학에서 꿈을 바라보는 시선이다.
어떤가? 별것 아니라고 할 수 있겠지만 서양과 대비하며 보면 꽤 흥미
롭다.

『동의보감』「내경편」목차를 보면, '신형'-'정'-'기'-'신'-'혈'의 순서
로 되어 있다. 그리고 '혈' 다음에 나오는 것이 '몽'(夢) 편이다. 그럼, 왜
혈 편 다음에 몽 편이 나왔을까? 어느 책이든 마찬가지이지만, 목차가
중요하다. 목차의 순서가 저자가 생각나는 대로, 아니면 저자의 편의로
정한 게 아니란 말이다. 텍스트를 읽는 방법 중 하나. 먼저 목차를 충분
히 살펴보시라! 외우면 금상첨화인 건 말할 것도 없고. 목차를 외우고
그 텍스트가 의도하는 바를 충분히 생각하고, 텍스트에 접근해 보시라!

책을 읽는 새로운 눈을 뜨이게 해줄 테니.

하여튼 다시 『동의보감』으로 돌아오면, '혈' 다음에 꿈이 나오는 것은 꿈이 혈과 관련이 있기 때문이다. 간단히 말하면, 혈이 충실한 이라면 꿈을 꾸지 않는다. 자는 것이 깨어 있는 것과 동일한 상태인 것이다. 자면서도 화두를 놓지 않는 '몽매일여'(夢寐一如)는 이런 상태를 말하는 것이리라. 이는 단지 비유적인 표현이 아니다. 잠에 들기 전까지 한 생각을 골똘히 하면 깨어날 때도 그 생각이 이어질 것이다. 그렇게 화두를 꿈속까지 들고 가는 것, 이것이 수련을 하는 자세이다. 이와 반대로 혈기가 부족하면 깨어 있어도 자는 상태와 비슷하다. 깨어 있으면서도 꿈과 같은 상태인 비몽사몽(非夢似夢)인 상태! 깨어서도 꿈에 취해 이것이 현실인지 꿈인지 헷갈리는 사람들, 사이버 세계에서 헤어나오지 못하고 현실과 구별 못하는 이들은 혈기를 보충하시라.

그럼, 『동의보감』에서는 꿈을 어떻게 설명하고 있는가? 꿈이란 모두 혼백(魂魄)이 사물에 작용하여 꾸는 것으로, 몸이 사물과 접하면 일이 생기고, 신(神)이 사물과 마주치게 되면 꿈을 꾼다고 말한다. 이때 사기가 침범하여 혼백이 불안해져 꿈을 꾸는데, 이는 혈기가 적기 때문이다. 그리고 혈기가 적은 것은 심(心)의 증상에 속한다. 또한 신(神)을 저장하는 곳은 심(心)이다. 옛날 진인(眞人)은 잠을 자면서도 꿈을 꾸지 않았는데, 이는 신이 온전하게 보존되어 있었기 때문이다. 따라서 혈기를 보해 신을 보전해야 한다.

또한 어떤 꿈을 꾸는지 역시도 몸의 상태와 관련되어 있다. 날아다니는 꿈은 나쁜 기운이 상초에 들어가서 그런 것이고, 반대로 떨어지는 꿈은 나쁜 기운이 하초에 성한 것이다. 꿈에 불이 나는 것이 보이면 심(心)에, 날아다니는 것은 폐(肺)에, 큰 나무가 보이는 것은 간(肝)에, 무너진 집, 비바람 치는 꿈이면 비(脾)에, 물에 빠져 가라앉는 꿈은 신(腎)에 나쁜 기운이 침입한 것이다. 마찬가지로 놀러 다니는 꿈은 방광(膀胱)에, 음식을 먹고 마시는 꿈은 위(胃)에, 성교하는 꿈은 생식기에, 달아나려 해도 앞으로 나아가지 못하는 꿈은 종아리에 사기가 침입한 것이다. 에이. 말도 안 된다고? 그런 게 어딨냐고? 그러나 생각해 보자. 정신이 몸과 하나라면, 꿈 역시 자신의 몸의 기운에 따라서 달라진다는 말이 그렇게 이상한 이야기인가? 오히려 꿈을 자신의 몸과는 전혀 상관 없는 것으로 분리시켜 사고하는 것이 이상한 거 아닐까?

오장의 허와 실에 따라서도 꿈이 달라진다. 간이 허하면 꿈에 버섯이나 싱싱한 풀이 보이며, 실하면 나무 아래에 엎드려서 일어나지 못하는 꿈을 꾼다. 간이 목(木) 기운이라 할 때 간의 허실에 따라 나무와 연관되

어 허하면 목기를 원하는 꿈을, 실하면 목기 아래에서 일어나지 못하는 꿈을 꾸는 것이다. 심이 허하면 꿈에서 불을 끄거나 양(陽)에 속하는 사물이 보이고, 실하면 불타는 꿈을 꾸게 되는 것 역시 심이 화(火) 기운과 연결되기 때문이다.

마찬가지로, 토(土) 기운이자 소화를 담당하는 비가 허하면 음식이 부족한 꿈을 꾸고, 실하면 담장을 쌓고 지붕을 덮는 꿈을 꾼다. 색으로 보자면 흰색인 금(金) 기운, 폐가 허하면 꿈에 흰 것이 보이거나 사람이 베어져 피가 홍건한 것이 보이고, 실하면 병사들이 싸우는 것이 보인다. 물과 연관된 수 기운인 신이 허하면 꿈에 배가 보이거나 물에 빠진 사람이 보이고, 실하면 물에 빠져 두렵고 무서워하는 꿈을 꾼다.

어떤가? 재밌지 않은가? 꿈을 통해서 자신의 신체를 사유하는 발상이 말이다. 그럼, 오늘밤부터 자신이 어떤 꿈을 꾸었는지 보고 자신의 건강의 상태를 체크해 보자. 어디에 나쁜 기운이 들어갔는지, 그리고 자

나쁜 꿈이 초목에 붙은 예

목기를 원하는 예

신의 오장 중 어디가 허하고 실한지. 물론 그보다는 혈기를 보충해 꿈을 안 꾸는 것이 가장 좋을 터이지만.

아, 그리고 하나 더. 『동의보감』에는 꿈을 꾼 것을 남에게 말하지 않는 것이 좋다고 나와 있다. 그것이 좋은 꿈이건 나쁜 꿈이건. 그리고 나쁜 꿈을 꾸었을 때는 얼굴을 동쪽으로 향하고 칼을 들고 입에 물을 머금었다가 칼에 내뿜으면서 "악몽착초목, 호몽성주옥(惡夢着草木, 好夢成珠玉; 나쁜 꿈은 초목에 붙고, 좋은 꿈은 주옥이 되어라)"이라고 주문을 외우면 재앙이 없어진다고 나와 있다. 간밤에 안 좋은 꿈을 꾸셨다면 속는 셈치고 한번 외쳐 보시길!

"악몽착초목, 호몽성주옥! 나쁜 꿈이여 물러가라!"

열 말을 줄여라

요즘 들어 나를 몹시 괴롭히는 것이 한 가지 있다. 버스를 타거나 지하철을 타거나 주위에서 들려오는 소리들! 책을 읽으려 해도 도저히 집중할 수가 없고, 무언가 생각할라치면 그네들의 말소리에 이끌려 어느새 그 대화에 끼고 있는 자신을 발견한다. '아, 그랬구나. 그런 일이 있었구나. 그래서 싸우는구나.'

지하철은 그나마 양반이다. 내가 다른 칸으로 자리를 옮기거나, 대부분 몇 정거장 안 가서 사람들이 내리니 말이다. 그러나 버스를 타게 되면 정말 곤욕이다. 광역버스를 타고 한 시간씩 걸려 집에 갈 때, 자리를 잡기 전 주위에 앉은 사람들의 배치를 유심히 살펴본다. 일단 커플들끼리 앉은 자리는 멀찌감치 떨어져 앉는 게 상책. 그래도 불안하다. '이 사람은 조용한 사람일 듯하군' 하고 옆에 앉았다가 혹시 핸드폰이라도 드는 날이면. 아뿔싸! 무언가 말을 하지 않으면 불안해 못 견디는 현대인들! 입은 잠시도 쉬지를 않는다. 무언가를 먹거나 말하거나!

앞서 정력강화법을 다룰 때에도 말했듯이 말은 적게 하여 속에 있는 기를 기르는 것이 중요하다. 특히 음식을 먹을 때는 말을 하지 말아야 한다. 또한 자려고 누워서 말을 많이 하거나 웃어서는 안 된다. 『논어』 「향당」(鄕黨) 편에서 공자의 생활을 묘사하며 "밥 먹을 때는 말이 없었 고 잠잘 때도 말이 없었다"(食不語, 寢不言)라고 말하는 것 역시 이 때문 이다. 이때, 어(語)란 다른 사람에게 대답하는 것이고, 언(言)은 스스로 하는 말을 뜻한다. 뭐 어쨌든 밥 먹을 때, 잠 잘 때 말하지 말라는 것!

보통 밥을 먹을 때 움직이면서 먹지는 않는다. 왜냐? 기를 저장하기 위해서는 소화를 시켜야 하는데 운동을 하게 될 경우 소화기능을 중지 시키고 기를 발산하게 되니 기의 음양이 흐트러지기 때문이다. 이와 같 은 이치로 말하는 것도 마찬가지. 옛날 어른들이 밥상머리에서는 말하 지 말라고 한 게 그냥 밥알이 음식에 튈까 봐 그런 게 아니다.^^ 서양 사람들은 밥 먹으면서 대화도 많이 하고 하는데, 동양에서는 가부장적 전통 때문에 대화도 없이 밥만 먹는다는 비난은 그야말로 뭘 모르시는 말씀이다. 밥을 먹을 때 말을 하는 것은 기를 소모하고, 음양의 이치에 어긋나는 것이기 때문에 밥을 먹을 때 말을 하지 말라고 한 것이지, 아무 이유 없이 밥 먹으면서 말하는 걸 금기시한 게 아니다. 이런 원리로 누워서 큰 소리로 말하거나 걸으면서 말을 하게 되면 기의 음양이 흐트러져 좋지 않다는 것. 만일 정 말을 하고 싶으면 잠깐 걸음을 멈추고 말을 하자.

목소리는 곧 그 사람의 기운을 대표한다. 사람의 몸에서 가장 안 변하는 것이 목소리인 것 역시 그러한 이유이다. 신장의 수(水) 기운, 즉 사람이 태어나면서부터 받은 선천의 정이 목소리에 담기기 때문이다. 요즘 과학에서도 신장병을 앓은 이들이 치료 후 성대진동과 목소리의 에너지 크기가 월등히 향상된 것이 입증된 바 있는데, 이는 목소리가 신장과 연결되어 있음을 보여 준다. 그렇기 때문에 목소리는 그 사람의 기운을 말해 주는 동시에, 그 사람의 건강, 성격, 습관 등을 알려 준다. 『동의보감』에서도 목소리를 듣고 병을 분별할 수 있다고 나온다.

간이 병들면 목소리가 슬프고, 폐가 병들면 목소리가 급하고, 심이 병들면 목소리가 웅장하고, 비가 병들면 목소리가 느리고, 신이 병들면 목소리가 가라앉고, 대장이 병들면 목소리가 길고, 소장이 병들면 목소리가 짧고, 위가 병들면 목소리가 빠르고, 담이 병들면 목소리가 맑고, 방광이 병들면 목소리가 약하다. (「내경편」, '목소리를 듣고 병증을 분별함')

이처럼 오장이 병든 상태에 따라 목소리가 달라진다. 이는 기의 상태와도 연관이 있다. 속삭이듯이 희미하게 말하는 사람은 기가 허해서이고, 공격하듯이 날카롭게 언성을 높이는 사람은 기가 실하기 때문이며, 혼잣말하듯이 웅얼거리는 사람은 기가 울체되어 있어서 그렇다. 따라서 기가 허한 사람은 말을 최대한 아끼고, 기가 충실한 사람은 말을 느리게 하도록 해야 하며, 기가 울체된 사람은 대화를 자주 하도록 노력해야 한다.

목소리에는 흔히 알려져 있듯 달걀이 좋다. 『동의보감』에는 날달걀이 아니라 삶은 달걀을 추천하는데, 달걀을 삶을 때 물이 두 번 끓어오르게 하여 그 물과 함께 먹으면 목소리가 잘 나온다고 나와 있다.

이번 장에서는 나도 이쯤에서 말을 줄여야겠다. 쓰기 귀찮아서 그런 거 절대 아니다. 흐흠. 오해들 마시라. 쓸데없는 말을 줄이는 모습을 실천하기 위해서이다.

진 빠지는 세상, 진액이 새고 있다!

흔히 '진 빠진다'는 말을 많이 한다. 여기서 '진'(津)이 빠진다는 것은 몸의 주리(腠理; 땀구멍)가 열려서 땀이 많이 난다는 것이다. 땀이 많이 나는 게 뭐 문제될 게 있냐고? 사람들은 보통 땀 흘리는 것에 대해서 대수롭게 생각하지 않는다. 그러나 『동의보감』에도 땀은 피의 다른 이름이라고 나와 있다. 피와 진액(津液)은 모두 수곡의 정미로운 기운에서 나온 것이어서 옛말에도 진혈동원(津血同原)이라고 하여, 진액과 피가 같은 근원에서 나온 것임을 밝히고 있다. 진액을 우습게 보다가는 큰코다친다는 말이다.

우리 몸의 3분의 2를 차지하고 있는 게 진액이다. 진액은 몸에 있는 정상적인 수액의 총칭으로, 간(肝)에 들어가면 눈물이, 심(心)에 들어가면 땀이, 비(脾)에 들어가면 연[涎; 맑은 침]이, 폐(肺)에 들어가면 콧물이, 신(腎)에 들어가면 타[唾; 침]가 된다. 즉, 진액은 각 장부 조직 기관에 있는 체액 및 눈물, 콧물, 타액 등의 분비물을 포괄하는 것이다.

만물이 처음 생길 때 그 형태는 모두 수(水)이다. 수는 만물의 동일한 근원이다. …… 어떤 사람이 "천일(天一; 태극)에서 수가 처음으로 생겼다는 것을 증험할 수 있는가"라고 묻자, "사람의 몸으로 증험할 수 있다. 탐내는 마음이 움직이면 침[津]이 나오고, 슬픈 마음이 움직이면 눈물이 나오고, 부끄러운 마음이 움직이면 땀이 나오고, 성욕이 움직이면 정(精)이 나온다. 바야흐로 사람의 마음이 고요히 움직이지 않을 때가 태극이다. 마음이 움직이면 태극이 움직여 양(陽)을 낳는다. 그러므로 마음이 한번 움직여 수를 낳는 것이 천일이 수를 처음으로 낳는 증거가 되는 것이다"라고 하였다. (「내경편」, '기가 쌓여서 액이 생긴다')

만물이 시작하는 것이 수에서 비롯됨은 몸이 증명한다. 탐내는 마음이 움직이면 무엇보다 먼저 몸이 반응한다. 마음에 드는 이성이나 물건 앞에서 자기도 모르게 침을 질질 흘리는 것, 맛있는 음식만 보면 앞뒤

안 가리고 입에 침부터 잔뜩 고이는 것이 이를 말해 준다.^^ 마찬가지로 슬픈 마음이 움직이면 눈에 눈물이 먼저 핑 돈다. 몸이 먼저 반응한다. 성욕이 동하면 정이 나오는 것 역시 동일한 이치이다. 모든 만물이 움직이면 물[水]이 먼저 형성된다. 진액은 그렇게 몸의 기본을 이루는 것이다. 그럼 진액은 무슨 일을 하나?

> 음식을 먹으면 기가 가득 차고 젖어 윤택해져서 뼈에 스며들어 관절을 구부렸다 폈다 하게 하고, 그 윤택함을 퍼뜨려 뇌수를 더해주고 피부를 윤택하게 해주는데, 이것을 '액'(液)이라고 한다. 액이 많이 빠지면 관절을 구부렸다 폈다 하는 것이 매끄럽지 않고, 얼굴색이 거칠며 윤기가 없고 뇌수가 없어지고 정강이가 시리며 귀가 자주 울린다. (「내경편」, '몸 안에 있는 진액')

진액은 영양물질로서 윤택하게 하는 생리작용을 한다. 즉, 진액은 피부와 모발 등에 영양을 공급하여 윤택하게 한다. 따라서 진액이 부족하면 피부와 모발이 건조해지고 심하면 피부가 나무껍질처럼 거칠어지기도 한다. 피부가 마르고 주름이 생기며 탄력이 없어지는 것 역시 이 진액이 부족하기 때문이다. 심하면 입술이 갈라지고 치아가 건조해지며, 코가 건조해져 콧물이 마르고 코피가 나기도 하며, 눈이 깔깔하고 침침해진다. 따라서 피부가 점점 건조해지고 하루가 다르게 주름이 느는 게 느껴지는 분들이라면 몇 십만 원 하는 비싼 화장품 사서 바른다고 될 일이 아니다. 안에 문제가 있는데 계속 밖에서만 문제를 해결하려고 하니 될 턱이 있나! 이는 마치 안이 말라 비틀어져 쩍쩍 갈라진 논 바닥에 물을 공급한답시고 바깥에다만 물을 적시는 꼴밖에 되지 않는다. 따라서 얼굴에 수분이 부족해서 걱정하는 분들에게 중요한 것은 미스트를 뿌리는 것보다, 하유미팩을 붙이고 자는 것보다 어떻게 하면 진액을 보충할 것인가이다.

요즘 아토피가 유행하는 것 역시 이 진액과 상관이 있다. 대부분의 가려움증은 이 진액이 모자라 건조하기 때문에 긁어서라도 피부의 진액을 생성코자 몸이 보내는 신호다. 건조한 피부를 긁어 주면 피부 안에 진액이, 즉 물기가 형성되어 시원함을 느끼는 것이다. 피부 가려움증은 체질적으로 몸이 건조하고 열하거나 생활 부주의로 인해 몸의 진액이 고갈된 사람에게서 생기는 경우가 많다. 따라서 피부의 염증과 가려움증에서 벗어나려면 고갈된 진액을 보충하여 몸이 건조하지 않도록 하는 것이 우선이다.

그럴진대 진액이 새는 것을 막기도 모자란 판에 일부러 줄줄 흘리는 것이 가당키나 한가! 찜질방이나 사우나에서 땀을 과도하게 빼는 것이 그렇다. 사우나에서 땀을 빼는 일은 피를 철철 흘리는 것과 같다. 사우나에서 피를 흘리고 있다고 생각해 보시라. 물론 사우나나 반신욕이 혈액순환을 돕는 것은 맞다. 그러나 지나치게 땀을 많이 흘리게 되면 진액이 손실되어 얻는 것보다 잃는 것이 많을 수도 있다는 말이다. 물론, 운동을 할 때 자연적으로 노폐물을 밖으로 배출시키는 땀은 이렇게 억지로 빼는 땀과는 다르다.

또 하나의 문제, 도한(盜汗)! 도한이란 도둑과 같이 몰래 빠져나가

는 땀을 말한다. 잠잘 때만 땀이 나고 깨어나면 그치는 것이 바로 도한이다. 잠자는 동안 온몸에 목욕한 것같이 땀이 나는데, 깨어나서야 땀이 난 것을 안다. 특히나 요즘 애들을 보면 자면서 땀을 많이 흘리는 애들 많다. 이게 그저 더워서 그런 게 아니다. 우리 아기 덥다고 손부채질이나 해주는 것이 능사가 아니란 말이다. 어린아이의 도한은 아이의 활발한 성장, 즉 양(陽)의 기운을 체력[陰]이 따라가지 못하는 것이다. 어른보다 양기가 왕성한 성장기의 어린이들에게 도한이 잘 나타나는 것은 이 때문이다. 음이 허해 양기를 잡아 주지 못하니 땀을 흘리게 되는 것이다. 전문용어로 말하자면, 기가 고섭(固攝)작용을 하지 못해서 그런 거다. 고섭작용이란 쉽게 말하면 움켜쥐는 작용을 말한다. 그러니 도한이란 기가 허해 진액을 움켜쥐지 못해 줄줄 새나가는 꼴이다. 기가 약하면 고섭력이 약해지는데, 산후(産後)에 소변량이 많아지는 것이나 소변불금(小便不禁; 소변이 저절로 나와도 이를 깨닫지 못하거나 자주 마려워 스스로 조절하지 못하는 병증) 증상이 나타나는 것 역시 기가 허하기 때문이다.

진액을 지키는 것이 얼마나 중요한지 알 만하지 않은가. 그렇기 때문에 겨울에는 병이 들어도 땀을 많이 내는 것이 좋지 않다. 또한 누차 강조했듯이 침을 뱉지 않는 것도 중요하다.

진인은 '항상 침을 뱉지 않도록 습관을 들여야 한다'고 하였다. 입안의 진액은 아주 귀한 액이기 때문에 종일토록 침을 뱉지 않고 머금고 있다가 삼키면 정기가 항상 머무르게 되고, 얼굴과 눈에 광채가 있게 된다. 사람의 몸은 진액을 근본으로 하는데 진액은 피부에서는 땀이 되고, 육(肉)에서는 혈이 되고, 신에서는 정이 되고, 입에서는 진이 되고, 비에 잠복해서는 담(痰)이 되고, 눈에서는 눈물이 된다. 땀, 혈, 눈물, 정이라는 것은 모두 한번 나오면 다시 거둘 수 없으니 오직 침만은 다시 거둘

수 있다. 다시 거둔다는 것은 삶을 살린다는 것이며 또한 생명을 잇는 다는 것이다. 어떤 사람이 자주 침을 뱉어 진액이 말라 몸이 마르게 되었는데 지인(至人)을 만나 진을 거두어들이는 방법을 배웠다. 이를 오랫동안 계속하였더니 몸이 다시 윤택해졌다. (「내경편」, '진을 다시 거두어들이는 법')

먹을 것으로는 신맛 나는 것들이 기운을 수렴하면서 진액을 형성하는 데 도움을 준다. 요즘 신맛 나는 음식을 잘 못 먹는 애들이 있다. 신맛을 안 먹어 버릇하다 보니 진액은 보충되지 못하고 몸은 자꾸 건조해진다. 과일 역시 신맛이 줄어들고 있다. 흔히 과일은 단맛이 나야 최고인 줄 아는데, 과일 본연의 신맛 역시 중요하다. 요즘에는 주로 과일을 비닐하우스에서 키우다 보니 신맛보다는 단맛만 늘어나게 된다. 하지만 과일의 제대로 된 신맛을 통해 진액을 형성시켜 주어야 한다. 그리고 또하나 주의할 것은 매운맛은 발산의 기운이라 장의 수렴을 막고, 몸의 진액을 말리므로 지나치게 매운 음식은 피해야 한다는 점!

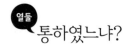

통하였느냐?

옛날이야기 하나 하면서 시작하자. 옛날 옛날 중국에 곤(鯀)이라는 사람이 있었다. 그 사람은 물을 다스리는 일을 맡고 있었다. 당시는 계속되는 홍수로 이 물을 어떻게 하면 다스릴 수 있을지가, 즉 치수(治水)를 어떻게 할 것인가가 나라를 다스리는 데 가장 큰 문제였다. 곤은 피해가 막심한 홍수를 막을 방법으로 제방을 쌓고, 둑을 쌓았다. 그러나 이는 한계가 있었다. 결국 이 일에 실패한 곤은 귀양을 가 죽게 되고, 그의 아들 우(禹)가 물길을 막는 방식이 아니라 물길을 터 줌으로써 홍수를 막게 된다. 『서경』(書經)에 나오는 이야기이다. 『산해경』에는 이 일화에 대해 약간 다른 관점에서 다음과 같이 기술하고 있다.

홍수가 나서 하늘까지 넘쳐흘렀다. 곤이 천제(天帝)의 저절로 불어나는 흙 식양(息壤)을 훔쳐다 홍수를 막았는데 천제의 명령을 기다리지도 않고 그렇게 했다. 천제가 축융(祝融)에게 명하여 우산(羽山)의 들판에서

곤을 죽이게 했다. 곤의 배에서 우가 태어났다. 천제가 우에게 명하여 땅을 구획하여 구주(九州)를 정하는 일을 끝마치게 했다.

곤은 저절로 불어나는 흙을 가져다 홍수를 막았다. 그러나 몰래 흙을 훔친 죄로 곤은 죽게 되고, 그렇게 해서 죽은 곤은 삼 년 동안이나 썩지 않았다고 한다. 그리고 그 뱃속에서(?) 우가 태어난다. 후에 우 임금이 되는 인물이다. 흔히 중국의 성인 '요순우탕문무주공'(堯舜禹蕩文武周公)을 이야기할 때의 그 우 임금이다. 우는 아버지 곤과는 달리 물길을 터 줌으로써 홍수를 막는다. 두 버전 모두 둘 다 곤이 물의 성질을 거슬러 홍수를 막으려 했던 반면, 우는 물의 성질을 순하게 따라 물길을 터 주는 방식, 즉 통하게 함으로써 치수를 하는 데 성공했다는 메시지를 전하고 있다. 몸도 마찬가지다. 『여씨춘추』에서는 다음과 같이 말한다.

무릇 사람은 삼백육십 개의 마디와 아홉 개의 구멍과 오장과 육부가 있다. 피부는 조밀하기를 바라고, 혈맥은 통하기를 바라며, 정기는 운행하기를 바란다. 이렇게 하면 병이 머물 곳이 없고, 추한 것이 생겨날 근거가 없게 된다. 병이 머물고 추한 것이 생겨나는 것은 정기가 막혔기 때문이다. 그래서 물이 막히면 더러워지고 나무가 막히면 굼벵이가 생긴다. 나라도 막히는 것이 있다. 군주의 덕이 베풀어지지 않고 백성이 바라는 바가 펼쳐지지 않는 것이 나라가 막힌 것이다. 나라가 막힌 채 오래 지속되면 온갖 추한 것들이 한꺼번에 일어나고 모든 재앙이 무더기로 발생한다.

즉 물이 막히면 더러워지는 것처럼, 나무가 막히면 굼벵이가 생기는 것처럼, 나라 역시 막혀서 재앙이 생기는 것이다. 우리가 병을 치료(治療)한다고 할 때의 '치'(治)는 본래 물길을 다스린다는 '치수'라는 말에서 왔다. 수돌(水突), 수분(水分), 수도(水道) 등 물[水]이 직접 들어간 혈자리뿐 아니라 곡지(曲池), 용천(涌泉) 등 물과 관련되어 있는 혈자리 이름들이 많은 것도 그런 이유 때문이다. 그런 점에서 물의 본성을 거슬러 막거나 메우는 방법을 사용한 곤은 실패하여 쫓겨나고, 소통 혹은 통하게 하는 방법을 사용한 우는 성공했다는 이 신화는 다른 눈으로 보면 생명체의 생과 사, 혹은 병과 건강을 상징한다. 즉 생명에는 흐름이 있고, 이 흐름에 변화가 생겼을 때가 병이고 흐름이 막혔을 때가 죽음이라는 것! 흐름의 사상, 소통과 막힘의 논리는 단순히 의학에서뿐만 아니라 나라를 다스리는 데에서도 동양사상의 기본이 되었던 것이다.

이렇게 병을 흐르지 못하는 데서 비롯한 문제로 보는 것은 동양의 의서(醫書)에서 반복해 나타나고 있다. 『동의보감』에서도 "몸의 기와 혈이 위와 아래로 오르내리면서 순환하고, 밤낮으로 쉬지 않는 것이 마치 강물이 동쪽으로 흘러 바다에 이르기까지 마르지 않는 것과 같다. 그런데 이름난 산과 큰 냇물의 구멍이 모두 서로 통함을 모르는 것은 물이 땅속으로 흘러 순환하며 오가기 때문이다"라고 지적한다.

기일원론적 세계에서 서로간의 소통은 존재 자체가 생을 유지하기 위한 조건이다. 그렇기 때문에 자연스레 앞에서 그렇게 강조해 마지 않던 원리 ——통즉불통 불통즉통(通則不痛 不通則痛), 즉 통하면 아프지 않고, 통하지 않으면 아프다는 논리가 나오는 것이다. 열 가지 병 중에

아홉은 담이라는 십병구담(十病九痰)의 논리도 거기서 비롯된다. 혈액도 그렇고, 진액도 그렇고, 기도 그렇고 동양의학에서의 핵심은 순환이라고 할 수 있다. 그리고 이는 세계에서도 역시 마찬가지이다. 하나의 소우주인 신체도 그러한데 하물며 대우주에서랴!

꽉 막혀 답답한 세상이다. 숨이 턱턱 막힐 만큼 숨쉬기조차 갑갑한 세상이다. 왜일까? 다들 소통, 소통 이야기하는데 들리는 건 소통이 아니라 소음뿐이다. 이 갑갑함은 도대체 어디서부터 깨야 할까? 물론 쉽게 답 내리기 힘들다.

문제를 돌려서 생각해 보자. 몸 역시 마찬가지다. 엄청 막혀 있다. 몸 안의 진액이 막혀 있는 것이 담이다. 『동의보감』에서 '담음' 편이 '진액' 다음에 나오는 이유도 이 때문이리라. 몸 안의 기본적인 물이 진액이라 할 때 이 진액이 막혀서 응체(凝滯)되고 있는 것이 담(痰)과 음(飮)이다. 이 '담음'에서 걸쭉하고 탁한 것을 담, 맑은 것을 음이라 하는데 실제로는 한 가지라고 볼 수 있다.

　우리가 흔히 담이 결렸다라고 말할 때의 그 담이 이 담이다. '담' 자를 살펴보면 병을 의미하는 '병질 엄'(疒) 부수 안에 '불 화'(火)가 두 개 겹쳐 있음을 알 수 있다. 즉, 체내의 진액이 불의 작용에 의해 졸아붙은 병증이 담이다. 순환해야 하는 진액이 염증이나 발열 혹은 다양한 어떤 이유로 졸아붙어 한곳에 정체되어 생긴 것이란 말이다. 이때, 이렇게 순환이 막혀서 오는 통증을 '담이 결렸다'고 말하는 것이다. 따라서 담은 기침을 통해 나오는 담액인 가래뿐만 아니라, 장부경락 등의 조직에 정체되어 있는 담액을 포괄하는 것이고, 음은 수액 혹은 담액이 인체의 국소에 정체된 것이라 할 수 있다. 그리고 『동의보감』에도 나오듯이 온갖 병은 대부분 담을 빌미로 일어나고, '담은 만병의 근원이다'라는 말이 있을 만큼 담은 순환의 적이다. 기혈이 제대로 돌게 하기 위해서는 이 담음과 어혈(瘀血)의 제거가 무엇보다도 중요하다는 점! 한의원에 가면 담음이나 어혈이란 말을 제일 많이 들을 수밖에 없는 이유가 바로 이 때문이다.

　이와 같이 담음으로 인해 안팎으로 생기는 병이 백 가지도 넘는데, 진액이 이미 엉켜서 담이 되고 음이 되어 상초에 몰리기 때문에 입과 목이 마르게 되고, 하초로 내려가면 대소변이 막히고 얼굴빛도 윤기가 없어져 마른 뼈같이 되며 머리털이 푸석푸석해진다. 부인은 월경이 막혀서 나오지 않고, 어린아이는 경련이 생긴다. 그중에 특히 담이 있으면 눈꺼풀과 눈 아래에 반드시 재나 그을음같이 거무스름한 빛이 나타난다고 『동의보감』에서는 지적하고 있다. 이게 무엇이냐? 요즘말

로 하면 다크서클! 아무리 스모키 화장이 남녀를 불문하고 대세라지만, 다크서클이 턱까지 내려온 채 퀭한 사람이라면 반드시 몸 안에 담음을 의심해 봐야 한다.

담음은 주로 음식이 소화기관을 거쳐 영양물질로 변해 혈액과 체액이 되는 일련의 과정에서 생성되는데, 체액대사를 담당하는 비장의 기능 저하와 신장의 양기 저하가 원인이다. 특히나 요즘같이 기름지고 진한 음식들을 먹는 시대에 이로 인한 노폐물의 과다한 생성이 문제가 된다. 또한 차고 습한 곳에서의 생활과 과다한 스트레스도 체액의 순환장애를 일으켜 담음이 생기게 한다.

그렇다면, 담음을 치료하는 법에는 무엇이 있을까. 『동의보감』에는 비토(脾土)를 실하게 하고 비습(脾濕)을 마르게 하는 것이 근본을 치료하는 것이라 나와 있다. 토의 기운인 비장이 습하게 되면 몸 역시 습하게 된다. 비위에 습기가 가득한 사람은 비오는 날 빨래가 축축 처지듯이 모든 일에 무기력하다. 그리고 이는 몸 안에 기운들을, 진액을 돌리지 못하고 울체시키게 된다. 물론 어혈과 담음이 없는 순수무결 백퍼센트 깨끗한 몸은 있을 수 없다. 하지만, 평소 '담담'한 음식들을 '적당'히 먹고, 몸을 따뜻이하고, 부지런히 움직여서 습을 없애 주는 것이 담음을 줄이는 길이다. 특히 팔다리를 부지런히 움직이는 것이 비토의 습을 제거하는 가장 좋은 방법이다. 맨날 책상 앞에만 앉아 있고, 침대에만 가만히 누워 있으면서 '아, 왜 나는 맨날 피곤하고, 몸이 찌뿌듯할까' 하는 타령만 하시는 분들이라면 특히 명심하시길! 몸을 움직여라. 움직이지 않으면 정체된다. 그것은 몸뿐만 아니라 행동에서도 마찬가지다. 맨날 어떤 일을 하겠다는 생각만 하고 결단을 못하는 이들, 이 생각과 결단(행동) 사이에서 그만큼 담이 생겨난다. 자기의 생활이 자기의 병을 만드는 것, 그것은 진리이다.

담을 없애는 데 좋은 음식 중 대표적인 것이 생강과 모과다. 『동의보감』에는 "생강은 담을 없애고 기를 내린다. 또 냉담(冷痰)을 없애면서 위기(胃氣)를 조화롭게 한다"고 나와 있고, 모과는 "담을 삭이고 가래침을 멎게 한다. 모과 달인 물은 담을 다스리고 비위를 좋게 한다"고 소개하고 있다. 모과는 문드러지게 푹 쪄서 살만 골라 짙어 체에 걸러 찌꺼기는 버리고, 여기에 졸인 꿀과 생강즙, 죽력(淡竹; 대나무를 불에 구워 받아낸 진액)을 적당히 넣고 저으면서 달여 하루에 서너 차례 큰 숟가락으로 하나씩 먹는 것이 좋다. 물론 귀찮아서 이렇게 안 해드시겠지만, 설탕에 절인 모과는 오히려 몸 안의 습을 더 늘리게 되니, 생강차와 모과차를 마실 때는 설탕 없이 드시라. 매일 몇 잔씩 마시는 커피 한 잔만이라도 줄이고 그 시간에 생강차와 모과차를 드시길 추천한다.

그리고 담을 토하게 할 때는 참외꼭지가 좋다고 한다. 『동의보감』에 담이 가슴을 막아 곧 죽을 것 같을 때 참외꼭지를 먹어 토하게 하면 바로 살아난다고 나와 있다. 무언가를 잘못 먹어 토해야 할 때, 참외꼭지가 있다면 한번 이용들 해보시라.

요즘 현대인들에게 담음과 관련된 병이 많은 것은 사람들의 삶의 모습과 무관하지 않다. 소통할 줄도 모르고, 흐를 줄도 모르는 고정되고 정체되어 있는 사람들. 따라서 담음은 몸의 '병'이라고만 볼 수는 없다. 그것은 존재 자체의 문제이다. 그런 점에서 정치인들만 소통의 부재라 욕할 수는 없다. 담음에 걸린 우리 모두 소통이 안 되는 건 마찬가지니. 흐르지 못하는 신체, 흐르지 못하는 사고! 순환장애! 소통장애! 내 안의 흐름을, 그리고 어떻게 이 흐름을 내가 살고 있는 동선들 속에서 이어나갈 것인지 곰곰이 생각한 후에 실천하고 행동할 때에만 여의도나 청와대에 있는 사람들처럼 안 될 수 있을 것이다.

피로야 물러가라

이제까지의 글들로 대충 한의학의 기초라 할 이론적 베이스는 끝났다.
무협지로 치자면 기초 초식 정도는 배운 셈이다. 그렇다면 이제 좀더
들어가서 각각의 장부에 대해서 알아보자. 그 첫번째 시간으로 오장육
부(五臟六腑) 중 간(肝)에 대해서!

『동의보감』에 "옛 선비들은 세상 사람들이 천지만물의 이치를 연구
하는 데는 힘을 쓰고 있으나 자기의 몸에 있는 오장육부와 모발, 힘줄,
뼈가 어떻게 되어 있는지를 알지 못한다고 한탄"하였다고 나온다. 따라
서 의사라면 이 오장육부를 알아야 한다고 말이다.

그러나 『동의보감』에서 말한 의사를 단순히 병원에 있는 의사로 한
정하지는 말자. 의사가 그렇게 치료의 주체로 자리잡게 되고, 의학 정보
들을 의사만이 독점한 것이 근대 의료체계의 가장 큰 문제라면 문제다.
치료의 주체가 자신이 아닌 의사나 병원이 되다 보니 몸에 조그만 이상
이 있어도 약국으로, 병원으로 무조건 달려간다. 상식적으로 생각해 보

자. 30년을 넘게 살아온 내 몸에 대해서 누구보다도 나 자신이 제일 잘 알 텐데 병이 나면 자신이 스스로 알아볼 생각은 전혀 하지 않고 나를 처음 보는 이들에게 내 몸을 내맡기는 거, 이상하지 않은가? 물론 의학의 전문성을 무시하는 것은 아니다. 그러나 몸은 그냥 의사'님'들에게 맡겨 둔 채, 다른 건 나몰라라 하는 식의 태도는 자신의 몸에 대한, 결국에는 세계에 대한 방기이자 극도의 게으름이다. 세상을 아는 것과 자기 몸을 아는 것은 다르지 않다. 자기 몸 알기를 포기하는 것은 세상의 이치 알기를 포기하는 것과 같다. 다시 한번 강조하지만 우리 공부 좀 하면서 살자. ^^

또 잔소리가 되었는데, 다시 돌아가자. "오장육부 뒤집어지는 소리 한다"고 할 때의 오장육부가 무엇인지 다들 아시는지? 오장(五臟)은 간(肝)·심(心)·비(脾)·폐(肺)·신(腎), 육부(六腑)는 대장(大腸)·소장(小腸)·담(膽)·위(胃)·삼초(三焦)·방광(膀胱)이다. 그러나 이때 주의할 것은 앞에서도 말했듯이 한의학에서 간이라고 했을 때는 해부학적 기관인 간장과 일대일로 대응되지 않는다는 점이다. 오히려 간이 작용하는 기운의 측면에서 접근하는 편이 좀더 이해하기 쉬울 것이다.

그럼, 여기서 장(臟)과 부(腑)의 구별은 뭐냐고? 장은 '저장한다'고 할 때의 장(藏)의 의미로, 정기를 저장하는 곳이다. 또한 부는 '모으다'라는 뜻이며 창고라는 의미로 비어 있는 기관이다. 둘 다 저장하는 곳이지만, 오장은 정기를 간직하기만 하고 내보내지는 않기 때문에 그득 차도 실해지지 않는 반면, 육부는 음식물을 소화시켜 내보내기만 하고 간직하지는 않기 때문에 실해져도 그득해지지 않는다.

하늘에서는 바람이고, 땅에서는 나무이며, 몸에서는 힘줄이고, 오장에
서는 간이며, 색에서는 푸른빛이고, 음(音)에서는 각(角)이며, 소리에서
는 크게 부르짖는 것이고, 변동(병적 변화)에서는 쥐는 것이며, 구멍[五
官]에서는 눈이고, 맛에서는 신맛이며, 뜻[志]에서는 성내는 것이고, 액
(液)은 눈물이며, 그 상태가 드러나는 것은 손톱이고, 냄새는 누린내이
며, 괘에서는 진괘(震卦)이고, 곡식에서는 참깨이며, 가축은 개이고, 동
물은 털이 난 것들이며, 숫자는 8이고, 과실은 오얏이며, 채소는 부추다.
(「내경편」, '간에 속한 사물들')

『동의보감』에 나와 있는 간에 속한 것들이다. 동양학에서 가장 큰 특
징을 꼽으라면 이 '상관론적 사유'를 들 수 있다. 잘 모르겠다고? 잘 모
르는 게 당연할 수 있다. 하여튼 왠지 비슷한 느낌일 것 같은 생각은? 그
것도 안 든다고? 그럼 일단 이미지들을 떠올려 보시라. 그러면 좀더 쉽
게 다가올 수도 있으니.

동쪽에서 바람[風]이 분다. 그리고 이 바람은 나무[木]를 생기게 하
며, 이는 푸른 빛을 띤다. 그리고 이 나무의 기운이 몸에서 간을 만들고
나무의 줄기들이 뻗듯이 힘줄과 근육을 만든다. 그리고 이를 성질로서
보자면 나무의 가지가 쭉 뻗듯 성내는 것이고, 얼굴로 보자면 빛을 발산
하는 눈과 연결되어 있다. 그래도 안 떠오른다고? 그럼, 일단 그러려니
하고 마음을 열고 받아들여 보시길. 믿는 자에게 복이 있나니.^^

『황제내경』「소문」편에는 "간은 장군의 기관으로, 모려가 나오는
곳"(肝者 將軍之官, 謀慮出焉)이라고 나와 있다. 하나의 나라 역시 몸의

오장육부에 비유된다. 여기서 조금 길지만 나라의 기관과 신체기관의 비유를 좀더 살펴보자.

> 심(心)은 군주의 기관이니 신묘한 지혜(神明)가 거기로부터 나옵니다. 폐(肺)는 재상의 기관이니 다스려 절제함이 거기서 나옵니다. 간(肝)은 장군의 기관이니 도모하여 생각함이 거기서 나옵니다. 담(膽)은 신하들의 과실을 감찰하는 기관이니 결단이 거기로부터 나옵니다. 전중(膻中)은 신하를 부리는 기관이니 기쁨과 즐거움이 거기서 나옵니다.

간은 장군지관으로 '모려'(謀慮)가 나오는 곳이다. 모려는 어떤 일을 꾀하는 계략이라 할 수 있다. 장군이 나라를 지키기 위해 어떤 일을 꾀하듯이 간은 몸을 움직여서 외부의 적으로부터 몸을 지킨다. 앞에서 힘

줄, 근육의 활동이 간에 배속된 것 역시 이 비유와 관련되어 있고, 간이 해독하는 작용을 주로 하는 것도 외부의 적으로부터 몸을 지킨다는 것과 연관되어 있다. 그리고 이는 정신적으로는 결단과도 연결된다. 간과 직접적으로 관계 있는 장부가 담부인데, 우리가 담력 있다고 할 때의 그 담이다. 간이 배 밖으로 나왔네, 간땡이가 부었네, 간 떨어질 뻔했네라고 할 때 우리가 무의식적으로 사용하고 있는 말들이 담력과 관계되어 쓰이는 말들이다.

간이 봄의 기운, 나무의 기운과 연관된다고 할 때 오장 중에 간이 가장 먼저 『동의보감』에서 설명되는 이유가 있는 것이다. 사람의 일생으로 보자면 아이의 뻗어 나가는 기운, 운동하는 기운은 간의 기운이 왕성한 시기에 따른 것이라고 할 수 있다. 그래서 그렇게 맨날 죽어라고 뛰어다니는 거다. 그러니 애들 보고 뛰어다니지 말고 가만히 있으라는 건 자연의 순리에 어긋나는 거다. 얘는 왜 이렇게 뛰어다니냐고 혼내기만 할 것이 아니라 아이들이 뛰어다닐 수 있는 공간을 만들어 주어야 한다.

간의 주된 생리기능은 몸 안의 소통과 발산을 주관하고 혈을 저장하는 것이다. 나무의 기운처럼 기를 골고루 퍼지게 하는 것이다. 그리고 간은 피를 저장한다. 사람이 누워 휴식할 때에는 혈액이 간으로 돌아간다. 그리고 이 혈 안에 혼이 깃든다. 따라서 간이 건강한 사람은 잠자리가 편안하다. 잠자리에 들어서도 편하지 않고 잠꼬대나 몽유병 등의 증상이 있는 분은 간에 이상이 있는지 한번 알아보는 것이 좋다.

간의 이상은 손발톱에 나타난다. 손발톱은 단순한 껍데기가 아니라 근(筋)의 여분이다. 따라서 간혈(肝血)이 넉넉하면 손발톱이 견고하고 불그스레하며 광택이 흐르고, 간혈이 부족하면 손발톱이 거칠고 얇아지며 건조하여 색깔이 없고 심하면 형태가 변하고 부러지며 갈라진다. 특히 손톱에 세로줄이 있는 것은 간기능 저하를 나타내니 주의하시길. 또한 간기는 눈으로 통하므로, 간에 무리가 오면 눈이 먼저 침침해진다. 야맹증이 생기고 눈이 쉬이 충혈되고 눈곱이 많이 생기는 것은 간에 이상이 있는 것이다. 이럴 때는 충분한 휴식과 간을 보하는 음식을 먹어주는 것이 필요하다. 또 하나 자주 분노를 표출하는 이라면 간에 이상이 있을 가능성이 높으니 내 성격은 원래 더럽다고 말하기 전에 먼저 간에 이상이 있는지 체크하시길.

좀 오래전이기는 하지만 곰이랑 백일섭 아저씨랑 나와서 선전했던 간장약 중에 '우루×', 다들 아시지 않나? '피로야 물러가라!' 하는 광고 멘트가 인상적이었는데, 하여튼 그 말은 만성피로가 간과 이어져 있음을 보여 주는 거다. 그래서 한의학에서는 간을 파극지본(罷極之本), 피

피로에 좋다는 토끼 간은 어찌 됐는고?

요즘은 토끼보다 캡슐이 대세…

로를 이기는 능력의 근본이라고 하였다. 항상 피곤하다면 간 기운을 보충하는 편이 좋다. 용왕님이 괜히 토끼간을 구하러 거북이를 보낸 게 아니었던 것이다!

그럼 어떻게 하냐고? 『동의보감』에는 쉽게 구할 수 있는 것으로는 복분자, 결명자, 산수유, 부추, 모과 등이 간에 좋다고 나와 있다. 그리고 간에 해당하는 경맥들이 하지 쪽에 있으므로 간의 기운이 가장 왕성한 아침에 발목운동을 해주는 것이 좋다. 간장도인법도 소개하고 있으니 아침에 일어나서 따라들 해보시라.

똑바로 앉아서 양손을 겹쳐 허벅다리를 누른 다음 천천히 몸을 좌우로 늘어지게 돌리기를 15번씩 한다. 다시 똑바로 앉아서 양손을 서로 깍지 끼고 뒤집어 손등이 가슴을 향하게 하여 잡아당기기를 15번 하면 간에 생긴 적취, 풍사, 독기를 없앨 수 있다. (「내경편」, '간장의 도인법')

열넷 심장이 고장났어요

요 몇 년 사이 불의 기운이 왕성하게 타올랐다. 날씨가 부쩍 더워진 것도 그렇거니와 남대문 화재(2008년)나 광우병촛불시위(2008년), 용산 참사(2009년의 일이지만 입춘 전이므로 명리학상 무자년이다)도 이 무자년(2008년)의 불의 기운이 왕성해서 그런 것이라고 보는 명리학자들도 있으니. 하여튼, 불의 기운이 이렇게 뻗치는 거 좋지 않다. 불의 기운이 망동하는 것이 나라가 망할 징조이듯, 개인으로 보아도 안 좋은 징조다. 요즘 시쳇말로 '열이 뻗치는' 사람들이 많다. 스트레스를 받아서 그렇기도 하고, 몸 안의 순환이 제대로 이루어지지 않아서 그렇기도 하다. 이는 심장의 불 기운이 제대로 잡히지 않고 위로만 위로만 뻗치기 때문이다. 그럼, 이번 장에서는 간장(肝臟)에 이어, 심장(心臟)에 속한 것들에 대해서 이미지들을 꿰어 나가 보자.

하늘에서는 열(熱)이고, 땅에서는 불이며, 괘에서는 리괘(离卦)이고, 몸에서는 맥이며, 오장에서는 심(心)이고, 빛깔에서는 붉은빛이며, 음(音)에서는 치(徵)이고, 소리에서는 웃음이며, 변동(병적 변화)에서는 근심이고, 구멍에서는 혀이며, 맛에서는 쓴맛이고, 뜻에서는 기쁨이며, 액은 땀이고, 그 상태가 드러나는 것은 빛깔이며, 냄새는 타는 냄새이고, 숫자는 7이며, 곡식은 보리이고, 가축은 양이며, 동물은 날개가 있는 것들이고, 과실은 살구이며, 채소는 염교[薤; 락교]이다. (「내경편」, '심에 속한 사물들')

하늘의 해가 열을 만들어 내고, 이는 땅에서의 불이 된다. 그리고 이 붉은 기운은 사람의 신체에서는 심장을 만든다. 심장은 팔딱팔딱 맥을 뛰게 하고, 심장의 기운이 강하면 웃음이 나오며, 뜻으로서는 기쁨이 불처럼 타오르는 형상이고, 재를 맛볼 때 쓴 것처럼 맛으로는 쓴 것이고, 진액상으로는 땀이 되어 흐르고, 얼굴에서는 붉디 붉은 혀가 된다.

혓바닥이 긴 사람이 장수한다는 말이 있다. 어린아이들은 어른에 비해 혀를 길게 내밀 수 있는 반면, 나이가 들수록 혀를 길게 내뽑지 못하게 되는 것도 이런 이유이다. 노화가 진행될수록 혀가 수축되어 자유롭게 뻗어나가지 못하기 때문이다. 그렇다면 여기서 잠깐. 건강한 혀는 어떤 혀인가? 일단 색깔은 분홍색을 띠어야 하고, 입안은 촉촉하게 젖어 있어야 한다. 노인이 되면 목이 잘 마르는 것 역시 건강하지 않다는 증거이다. 그리고 혀의 표면에 나있는 돌기가 많으면 많을수록 좋다.

잠깐 혀 이야기로 빠졌는데 다시 심장으로 돌아가자. 심장은 혈관을 통해 열과 영양, 산소, 면역소 등을 혈액이 수송하게끔 펌프 기능을 한

와.....
혀 길이하며 상태가 짱!
심장도 튼튼 하네요!

특수 상대성 심장!

$E = mc^2$

다. 따라서 심장의 기운이 왕성한 유형은 그만큼 화의 기운이 활발한 것이므로 더위를 잘 탄다. 자신이 땀을 잘 흘리고 더위를 많이 느끼는 타입이라면 심장의 기운이 왕성하다고 보면 된다. 그리고 위에서 보듯이 심장의 기운이 강한 사람은 웃음이 많다. 10대 여중생들이 굴러가는 낙엽만 봐도 꺄르르 하고 자지러지게 웃어 대는 것 역시 청소년기가 심장의 기운이 왕성해지는 시기이기 때문이다. 이때는 몸이 뜨거우며, 이 열기가 머리 쪽으로 올라가 냉정하게 생각하고 사물을 객관적으로 보는 일에 서툴다. '냉혈한'(冷血漢)이란 말이 괜히 나온 것이 아니다. 피가 차가운 사람은 그렇게 웃음이 많지 않은 법! 자지러지게 웃는 냉혈한, 상상하기 어렵지 않은가?

웃음이 건강에 좋다는 말이 있는데, 역시 맞는 말이다. 심장이 약한 사람은 웃을 수 있는 데까지 필요한 심장의 힘이 없기 때문에 잘 웃지 못한다. 이러한 사람이야말로 웃음이 필요하다. 웃음은 심장의 힘이 약한 사람에게 심장의 펌프질을 추동하기 때문이다. 크게 웃으면 더워지는 것도 이 때문이다. 웃으면 심장의 기운이 활발하게 움직이니, 웃음이 만병통치약이라는 말은 개그맨들이 먹고살자고 하는 소리가 아니다. 물론, 웃음도 지나치면 심장의 순환이 망가져 버리기는 하지만 말이다.

겉으로 드러나는 심병(心病)의 증상은 얼굴이 벌겋고 입이 마르며 필요 이상으로 잘 웃는 것이다. 잘 잊어버리고 기억해 두지 못하며, 놀라면서 가슴이 두근거리고 불안하며, 가슴속이 몹시 답답한 것은 심혈이 부족하기 때문이다. 이러한 심병은 너무 근심하고 걱정하거나 생각하고 염려가 많아서 생긴다. 그리고 혈기가 부족한 이들에게 사기(邪氣)가 침범하여 혼백을 불안하게 하여 생기는 경우도 많다. 따라서 심기가 허한 사람은 두려워하는 바가 많고 잠이 들면 멀리 가는 꿈을 꾸고, 정신이 산만하다. 이런 심병에는 신 것을 먹어야 하는데, 팥, 개고기, 자두, 부추 등 여러 가지 신맛의 기운인 음식을 먹는 게 좋다. 이는 신맛이 거두어들이는 역할을 하기 때문이다.

심장에 '빵꾸'가 났다는 말들을 한다. 「총 맞은 것처럼」이란 노래나 「심장이 없어」 같은 제목을 가진 노래도 있던데, 옛날에는 심장에 구멍과 털이 있고, 그 수가 많을수록 지혜가 많다고 했다. 사랑으로 상처를 입어서 심장에 구멍이 나면 지혜가 늘어난다는 의미인가? 하여튼 심장에 털이 난 모습, 웃기긴 하다.

가장 지혜로운 사람은 심장에 구멍이 7개 있고 털이 3개 있으며, 지혜가 보통인 사람은 심장에 구멍이 5개 털이 2개 있으며, 지혜가 적은 사람은 심장에 구멍이 3개 털이 1개 있다. 보통 사람은 심장에 구멍이 2개 있고 털이 없다. 우둔한 사람은 심장에 구멍이 1개 있다. 몹시 우둔한 사람은 심장에 구멍이 1개 있지만 아주 작은데, 구멍이 없으면 신명(神明)이 드나들 문이 없다. 심장에는 구멍 7개와 털 3개가 있는데, 일곱 구멍은 북두칠성과 상응하고, 세 개의 털은 삼태성과 상응하기 때문에 지극히 정성스러우면 하늘이 감응하지 않음이 없다. (「내경편」, '심장의 형상')

심장에 구멍이 적게 있다는 것은 무엇을 의미할까? 『동의보감』에도 나오듯 그것은 심장에 깃든 정신[神明]이 드나드는 문이 없다는 것, 그렇기 때문에 하늘, 천지와 통하지 못함을 말하는 것이 아닐까? 소통부재를 살아가는 우리, 이는 우리가 몹시 우둔해져서 어느새 하늘과 통하지 못하는, 상응하지 못하는 상태가 되어 심장에 구멍이 없어졌음을 말해 주고 있는 것은 아닐까?

마지막으로 심장을 건강하게 하는 간단한 팁 하나. 아침에 일어나서 온몸 떨어 주기. 1부에서 소개드렸듯이('아침에 제대로 일어나기', 22쪽) 아침에 침대에서 내려오기 전에 누운 자리에서 두 팔과 두 다리를 하늘로 향해 올리고 사지를 사시나무 떨듯 떨어 주시라. 좀 방정맞아 보일 수도 있지만, 자는 동안 사지에 퍼져 있던 피를 다시 심장으로 모아 준다. 2분 30초는 넘어야 하니 조금 힘들다고 포기하지 말고 아침에 일어나서 신나게 떨어들 보시길!

오늘부터 운동수련이다!
나 말리지마!
말라구~

비위 좋은 놈이 되자

질문 하나 하고 시작하자. 오행, 오행 이야기하는데 그럼 오행(五行)이 뭘까? 목화토금수. 딩동댕! 하지만 이렇게 세상을 다섯 가지의 기운으로 나누는 것, 어떻게 생각하면 너무 작위적인 것일 수 있다. 세상의 모든 사물들을 다섯 개의 틀에 억지로 끼워 맞추는 듯한 것이라고 생각될 수도 있다. 게다가 왜 꼭 다섯 개여야 하는가? 나무이면서 불의 기운을 가지고 있는 것도 있을 수 있고, 그 다섯 개로는 포괄 안 되는 그 무엇도 있을 수 있는 것 아닌가?

오행은 어디에서 나온 걸까 알아보는 것부터 시작해 보자. 해와 달을 비롯하여 목성·화성·금성·수성·토성 다섯 행성을 관찰하는 과정에서 나왔다는 견해도 있긴 하나 나무·불·흙·물·땅이라는 농업의 실제적·생산적 활동물이라고 보는 견해도 있다. 그러나 이를 위에서처럼 단순히 다섯 가지 실체들로 모든 만물을 끼워 맞추었다고 생각하지는 말자. 기존에는 오행을 영어로 'five elements'(다섯 가지 요소들)로 번역하였다. 그러나 요즘은 'five phases'(다섯 가지 위상들) 혹은 'five processes' (다섯 가지 과정들)로 번역한다. 이는 오행이 갖는 의미가 단순히 다섯 가지 물질 그 자체만을 강조하는 것을 피하고, 그것들이 만드는 변화의 과정과 그 특성을 더 잘 보여 주기 위해서이다.

서구 역시 아리스토텔레스의 4원소설이 중세까지 지배적인 이론이 었다. 공기·물·불·흙이 그 네 가지 원소로, 이 4원소는 습함과 건조함, 차가움과 뜨거움의 네 가지 성질 중 두 가지씩의 성질이 있다고 생각했 다. 물은 차고 습하지만, 불은 건조하고 뜨겁다. 공기는 습하고 뜨거우 며, 흙은 건조하고 차다는 식으로. 그리고 그 네 가지 원소는 인간의 네 가지 체액을 구성한다. 혈액, 점액, 황담즙, 흑담즙이 그것이다. 그리고 이 체액이 균형을 잃고 어느 하나가 많거나 적을 때 다혈질, 점액질, 담 즙질, 우울질이라는 병에 걸린다고 생각되었다. 세상의 기운이 사람의 몸을 이루고, 그 기운이 건강과 연결되어 있다는 사고는 단지 동양적인 사고만은 아니었던 것이다. 그러나 굳이 차이를 찾자면, 서구에서의 4 원소설이 세상의 근원적 물질이 무엇이냐라는 질문에 대한 답이라면, 동양에서의 오행은 이 다섯 가지 물질이 어떻게 상호 구성하면서 세상 을 이루는지를 보여 주는 것이다.

> 내가 들으니 옛날에 곤(鯀)이 둑을 막아서 홍수를 다스리려고 하여 오 행을 어지럽혔다고 한다. …… 첫번째는 수(水)이고, 두번째는 화(火) 이고, 세번째는 목(木)이고, 네번째는 금(金)이고, 다섯번째는 토(土)이 다. 수는 아래로 젖어들고, 화는 위로 타오르며, 목은 휘어지거나 곧은

것이고, 금은 마음대로 구부릴 수 있고, 토는 곡식을 생산할 수 있다. 아래로 젖어드는 수는 짠맛을 띠고, 위로 타오르는 불은 쓴맛을 띠며, 휘어지거나 곧은 목은 신맛을 띠고, 마음대로 구부러지는 금은 매운맛을 띠고, 곡식을 생산해 내는 토는 단맛을 낸다. (『서경』)

이 다섯 가지의 성질을 살펴보자면, 나무는 뚫고 나가려 하고, 불은 위로 퍼져 나가려 하며, 이렇게 흩어진 불을 거두어 수렴시키는 것은 쇠(금)이고, 이를 단단히 응고시켜 아래로 젖어들게 하는 것이 물의 기운이다. 이를 다른 말로 하면 나고 자라고 거두고 저장하는 생장수장(生長收藏)의 원리인 것이다. 사람의 일생 역시 마찬가지이다.

그리고 이런 목화금수를 부드럽게 달래 주며 중재하는 것이 바로 땅의 기운인데, 토는 목화금수 변화 과정의 각 마디에 존재하면서 자기의 주장은 전혀 내세우지 않고 원운동이 순조롭게 일어나도록 도와주는 역할을 한다. 나무와 불과 쇠와 물이 그 특성을 발현하는 기본이 흙인 것처럼 말이다. "머리 아프다. 어려운 이야기는 그만해라"라고 말할지도 모르겠다. 하지만 음양오행 이야기는 그리 어려운 이야기는 아니다. 기본 원리만 알면 그 이후는 식은 죽 먹기다.

그럼 하던 이야기 계속 하자. 앞에서 본 오행의 순서대로라면 이번에 무슨 장부가 나올지 아시리라. 그렇다. 목화토금수의 순서니까 토의 차례다. 목기(木氣)인 간(肝), 화기(火氣)인 심(心)을 다루었으니 이번엔 토기(土氣)인 비장(脾臟)을 할 차례다. '비장' 하면 뭔지 잘 안 떠오르는 분 있을 거다. 어디 붙어있는 거지? 우리에게 익숙한 서양식 해부학으로 보자면 왼쪽 횡격막 아래에 있고, 달걀을 편평하게 놓은 듯한 적자색을 띤 기관인데, 지라(spleen)라고도 한다. 흔히 동양에서 비장이라 할 때는 지라와 이자(pancreas), 즉 비장과 췌장(膵臟)을 함께 일컫는다.

그러나 동양의 오장도(五臟圖)에서 가장 애매하고 불명확하게 그려지고 있는 것이 바로 비장이다. 그만큼 하나의 장기로 추상하기에 어려움이 있다는 말이다. 앞에서 살펴보았듯이, 토가 목화금수의 기본이 되는 것처럼 토의 기운인 비장도 그러하다. 비는 특정한 장기만을 의미하는 것이 아니라, 눈에 보이는 형태가 있는 모든 것을 뜻한다. 예를 들어 비의 기능이 저하되기 시작하면 전신이 점점 나른해지는데, 이는 비가 전신을 담당하기 때문이다. 그렇기 때문에 비위에 병이 들면 가장 치료하기 힘들다고 본다.

따라서 누차 이야기하듯 비장이라 해도 단순히 해부학적인 비장 하나만 딸랑 떼어 내서 이야기하는 것은 아니다. 비장의 토 기운이 몸

에 작용하는 바로 접근해야 한다. 비는 크게는 사람의 몸에서 토의 기운으로 작용을 하는데, 영양소를 소화·흡수·저장·배분하여 오장의 기를 비롯해 전신을 부양하는 역할을 한다. 즉, 입에 들어간 음식물이 타액과 섞이면서 인후, 식도의 연동운동으로 위로 보내지고, 이때 위액과 섞이면서 소화된 음식물과 위기로 나누어진다. 그리고 이때 맑은 위기(胃氣)는 올라가서 비로 들어가고, 소화된 음식물은 소장으로 내려간다. 이 비에 들어간 위기가 비기가 되고 이것이 원기로서 각 장기로 흘러 들어가서 각 장기의 원기가 된다. 이것이 몸의 원동력이 되는 것이다. 우리가 흔히 '비위가 약하다'라고 말할 때 그 비위가 이 비위인 것은 이러한 소화하는 작용을 말한다.

그럼 이번에도 비장에 대해서 이미지를 한번 떠올려 보자.

> 비는 하늘에서는 습(濕)이고, 땅에서는 토(土)이며, 괘에서는 곤괘(坤卦)이고, 몸에서는 육(肉)이며, 오장에서는 비(脾)이고, 빛깔에서는 누런빛이며, 음(音)에서는 궁(宮)이고, 소리에서는 노래이며, 변동(병적 변화)에서는 딸꾹질이고, 구멍에서는 입이며, 맛에서는 단맛이고, 뜻에서는 생각하는 것[思]이며, 액은 침[涎]이고, 그 상태가 드러나는 것은 입술이며, 냄새는 향기로운 냄새이고, 숫자는 5이며, 곡식은 기장이고, 가축은 소이며, 동물은 털 없는 동물이고, 과실은 대추이며, 채소는 아욱이다. (「내경편」, '비에 속한 사물들')

땅의 기운이 빚어져 사람의 몸을 만들고, 이는 장부로서는 비장이 되고, 땅의 색깔처럼 황색을 띠며, 구멍으로는 입이고, 땅에서 나는 곡식과 같이 단맛을 내며, 소화를 시키는 비장은 침과 관련된다. 그리고 그 상태는 입술로 드러난다.

어린아이가 침을 많이 흘리는 건 그만큼 비의 기능, 소화력이 강하다는 것을 뜻한다. 과식성이 강한 이들이 침이 많은 것도 같은 이치이다. 따라서 소화가 안 된다고 죽을 먹는 것은 그다지 좋지 않다. 죽은 잘 씹을 수 없고, 잘 씹지 않아도 되기 때문에 소화 과정에서 침이 나오지 않는다. 침이 나와야 소화작용을 돕는데, 이 효소가 나오지 않으니 위에 오히려 부담을 줄 수 있다. 물론 신체가 쇠약해져 있는 경우에는 죽을 먹는 것도 괜찮지만, 소화 차원에서만 본다면 죽은 오히려 몸에 더 부담을 줄 수 있다. 이렇듯, 씹는 행위 자체는 단지 음식물을 잘게 부수는 것만이 아니다. 이가 맞물리는 동작에 의해 몸의 에너지의 일부가 되며 입과 연결되어 있는 식도와 위장의 준비운동이 되는 것이다.

비의 이상은 입술로 나타난다. 우리 몸에서 근육이 외형으로 드러난 곳이 두 가지가 있다. 어디일지 책 읽는 걸 멈추고 잠깐 생각들 해보시라. 우리 몸에서 색깔이 약간 다른 곳이 있지 않나? 그렇다. 입술과 젖꼭지이다. 우리 몸의 소화기관을 하나의 관으로 보자. 그럼 구강에서 항문까지를 하나의 관으로 생각해 볼 수 있을 것이다. 입술은 소화관의 문에 해당하기 때문에 그 색이 나쁘면 소화관의 기능이, 비의 기능이 좋지 않음을 나타낸다. 입술이 마르거나 바싹 타들어 가는 것은 비위에 열이 있기 때문이다. 목이 마르는 경우 위염의 징조가 있고, 입술색이 검은 것은 비위가 나쁜 것이다. 비위가 건전하면 입은 크고 야무지며 혈색이 좋다. 반대로 작은 입은 비위의 힘이 작은 것을 나타내고 식욕도 없는 경우가 많다.

그렇다면 비장은 어느 경우에 안 좋아지는가? 『동의보감』에는 타박을 받거나 넘어지거나 술과 음식을 지나치게 먹은 다음 성생활을 하거나 땀을 내고 바람을 쏘이면 비가 상한다고 나와 있다. 또한 음식을 절도 없이 먹고 힘겹게 일하면 비가 상한다고도 나온다. 과식·과음으로 몸이 무거워지는 분들은 새겨 들으시길.

그럼 이렇게 비위가 약해져서 급체에 걸린 경우라면? 합곡(合谷)을 눌러 주시라. 손을 들어 보면 엄지와 둘째 손가락이 연결된 부분에 움푹 들어간 데가 있다. 여기가 계곡[谷]처럼 움푹 패였다고 해서 '합곡'이라고 불리는 혈자리이다. 그리고 족삼리(足三里)는 무릎 중앙에서 바깥 아래쪽으로 2cm 정도 위치에 움푹 패인 곳으로, 비위를 좋게 하는 것은 물론이고 무병장수혈로 불리는 혈자리이다. 이 혈자리의 한가운데를 날카로운 것으로 꾹 눌러 주시라. 꼭 침을 사용할 필요는 없다. 볼펜 같이 뾰족한 걸로 조금 아프다 싶을 때까지 눌러 주면 비위 관계의 체기를 내려 준다.

비기가 왕성하면 수액이 몸 안에 비정상적으로 고이는 것을 방지할 수 있다. 앞에서 이야기한 열 가지 병의 아홉은 담에서 비롯한다는 십병구담(十病九痰)을 기억들 하실는지. 습(濕), 담(痰), 음(飮)이 많은 요즘 병증들은 비기가 부족해 생기는 경우가 많다. 이는 사지를 움직여 주지 않기 때문이라고 볼 수 있다. 하지만, 이를 한 번 더 생각하면 이렇게도 말할 수 있을 것이다. 아는 것이 행해지지 않아서 그렇다고. 지(知)와 행

(行)의 문제로, 지와 행 사이의 간극만큼이 잉여가 되어 습이나 담으로 몸에 쌓이는 거라 할 수 있다. 그런 점에서 지혜와 행동은 따로 떨어져서 생각할 수 없다.

부모들의 단골 레퍼토리 중 하나. "우리 애가 똑똑하기는 한데, 공부를 안 해……." 하지만 그건 똑똑한 게 아니다. 똑똑하면 공부를 해야지, 머리는 좋은데 공부를 안 하는 거 그건 말이 안 된다. 지행합일은 지와 행을 의식적으로 합일시키는 문제가 아니다. 제대로 알면 하기 싫어도 할 수밖에 없다. 즉 앎이란 것은 그것을 해야 한다라는 '당위'의 차원이 아니라, 알면 할 수밖에 없는 '필연'의 차원인 것이다.

그런 점에서 비가 생각[思]과 연결된다는 점을 기억하자. 생각이 깊으면 소화가 잘 안 되는 것은 생각과 비장의 기운이 이어져 있음을 보여 준다. 즉, 생각에 빠져들고, 걱정을 하면 몸 안 깊숙한 곳에 흐르는 기의 흐름이 한곳에 멈추어서 움직임이 둔해지게 된다. 생각과 실천의 괴리, 즉 생각만 하고 행동하지 않는 문제점을 몸이 직접 말해 주고 있는 것이다.

마지막으로 비장이 좋아지는 운동을 소개한다.

대좌하여 한쪽 다리는 펴고 한쪽 다리는 구부린 다음, 양손을 뒤로 젖혔다가 앞으로 끌어당기기를 각각 15번씩 한다. 또 꿇어앉아서 양손으로 땅을 짚고 뒤를 돌아보는데, 힘을 주어 호시(虎視; 범처럼 보기)를 각각 15번씩 하면 비장에 있던 적취와 풍사가 없어지고 음식을 잘 먹게 된다. (「내경편」, '비장의 도인법')

열여섯 패기 있게 살자

하늘에서는 조(燥)이고, 땅에서는 금(金)이며, 괘에서는 태괘(兌卦)이고, 몸에서는 피부와 털이며, 오장에서는 폐이고, 빛깔에서는 흰빛이며, 음(音)에서는 상(商)이고, 소리에서는 울음이며, 변동(병적 변화)에서는 기침이고, 구멍에서는 코이고, 맛에서는 매운맛이며, 뜻에서는 근심이다. 경맥에서는 수태음이며, 액은 콧물이고, 그 상태가 드러나는 것은 털이며, 냄새는 비린 냄새이고, 숫자는 9이고, 곡식은 벼이고, 가축은 닭이며, 동물은 딱지가 있는 동물이고, 과실은 복숭아이며, 채소는 파이다. (「내경편」, '폐에 속한 사물들')

폐(肺)가 호흡을 담당하는 기관임은 다들 알고 계실 터. 폐는 기(氣)를 담당하는 기관으로, 하늘의 기는 호흡을 통해 우리 몸 안의 기의 근원이 된다. 즉 하늘의 기가 폐를 통해 우리의 체내에 들어와 신기(神氣), 혼기(魂氣), 패기(覇氣)가 되는 등 모든 기의 작용을 이루는 것이다. 따라서 폐기가 부족하면 패기가 없다는 것은 그냥 말장난만은 아니다. 무슨 일을 하든 매가리 없이 비실비실대는 이라면 폐의 기운을 키울 필요가 있다. 폐는 오장육부 중 가장 위쪽에 위치한다. 따라서 폐는 몸통의 지붕 역할을 하며, 천지의 기운을 호흡해 온몸에 기를 보내 주는 역할을 한다.

그러나 이 '호흡'을 단지 폐로만 하는 것은 아니다. 폐가 호흡을 주관한다고 할 때 누차 말하지만 이는 장부상의 폐만을 의미하지 않는다. 폐가 호흡을 주관하고, 피부와 털을 주관한다고 할 때, 피부로 하는 호흡 역시 폐의 기운이 담당한다는 것이다. 우리가 잘 의식하지 못하고 있을 뿐이지, 호흡은 폐와 피부가 같이 하고 있는 것이다.

특히 밤보다는 낮 동안에 피부호흡이 주가 된다. 아침에 마른 수건으로 온몸을 마사지를 하는 것이 좋은 것도 그 때문이다. 모공을 열어 피부를 통하게 하여 산소가 혈중으로 흡입될 수 있도록 도와주는 운동이

기 때문이다. 이때 땀구멍은 외기의 상태를 관찰하여 모공의 개폐를 담당하며 기의 출입을 조절한다. 즉 털의 모근이 폐의 역할을 하여 기를 받아들이는 거라 할 수 있다.

슬픔이 과도하면 폐를 상한다. 폐가 담당하는 액체가 눈물인 것도 이런 까닭에서다. 따라서 나이가 들어 금(金) 기운이 성하면 눈물을 잘 흘린다. 노인이 되면 비관적이고 의기소침해지는 것 역시 금의 기운이 작용해서이다. 노인이 아니더라도 가을과 저녁 무렵이면 자기도 모르게 쓸쓸해짐을 느껴 봤을 것이다. 이는 금기(金氣)가 강하게 활동하는 시기이기 때문이다. 옛날 드라마 속 비련의 여주인공을 떠올려 보면 쉬이 알 수 있다. 그들 중 대개가 그 전형적인 우수에 찬 얼굴로 시종일관 눈물만 흘리다 폐결핵에 걸려 애인의 품 안에서 죽는 걸로 설정됐던 것만 봐도 슬픔과 폐의 기운이 연결되어 있음을 알 수 있지 않은가! 이는 단순히 뻔하디 뻔한 아침드라마에서만이 아니라 모든 동서고금의 슬픈 이야기에서 공통적으로 해당하는 스토리다.

폐의 건강 상태는 코를 통해 알 수 있다. 폐는 얼굴의 구멍 가운데 콧구멍에 해당하기 때문이다. 호흡과 콧구멍이 바로 연결되는 것에서도 알 수 있듯이, 코끝의 좌우 양쪽 끝부분인 비익(鼻翼)이 폐의 힘을 나타낸다. 관상학에서는 이 부분의 생김새로 물질적인 면을 보는데, 이 부분이 양쪽으로 쭉 뻗어 있는 사람은 재물이 풍족하다고 본다. 이는 폐의 기운이 강하다는 것, 즉 패기가 있어 적극적이기 때문에 밖으로 발산하는 힘을 갖고 있으므로 재물이 풍족한 상이라는 것이다. 그러니 콧구멍이 작은 사람들은 인색한 행동을 하고 있지 않은지 자신을 돌아볼 일이다. 이런 사람은 돈을 쓰는 일뿐만 아니라 남에 대한 칭찬이 인색하거나 나눔이 부족한 사람인 경우가 많다. 그러니 콧구멍이 비교적 작은 사람이라면 의식적으로 주변 사람들에게 무언가 나누어 주자. 그리고 주변에 콧구멍이 작은 이들에게는 좀 '쏘라'고 하시라.

색으로 보자면 살갗이 지나치게 흰 사람은 폐기가 지나치게 강하거나 다른 곳이 약하기 때문에 도리어 폐에 강한 부담이 되고 있다는 증거임을 알 수 있다. 요즘은 얼굴이 희여멀건한 게 미의 기준이라지만, 흰 피부는 폐의 기운이 이상이 있다는 것을 보여 주는 것이다.

금의 기운은 백색이고, 방위로는 서쪽이다. 흔히 '동청룡 서백호'라고 할 때의 서백호가 여기서 나온다. 색깔 역시 동서남북과 오행의 배속이 있는 거다. 동쪽에는 푸른 용, 서쪽에는 흰 호랑이, 남쪽에는 붉은 주작, 북쪽에는 검은 현무, 그래서 동청룡(東靑龍), 서백호(西白虎), 남주작(南朱雀), 북현무(北玄武)라고 하는 것이다. 절이나 고궁에 갈 기회가 있으면 한번 잘들 보시라. 어느 방향에 어떤 동물이 그려져 있는지. 그리고 색깔은 무슨 색으로 되어 있는지. 이는 오행의 이치를 그려 놓은 것이다. 그냥 "아~ 뭐 이렇게 희한하게 그려 놨어"라고 끝날 게 아니라, 같이 간 사람에게 여기에는 이래서 흰색 호랑이가 서쪽 벽면에 있는 거야라고 설명해 주면 별것도 아닌 것 가지고 존경스러운 눈빛을 받을 수 있다.^^; 각각의 동물들이 왜 그 방위에 배속되었는지 그 이유에 대해서는 직접 생각들 해보시라.

또한 폐기는 인의예지신(仁義禮智信)에서 의(義)의 덕을 가리킨다. 단순히 낡아 빠진 인륜도덕을 말하는 것이 아니고, 여기서 '의'는 몸과 사고방식을 단단히하고 인도(人道)를 바르게 하는 것을 뜻하므로, 금의 기운에 속한다. 따라서 폐기가 바르지 못하면, 정복하고자 하는 마음이 강해진다. 약한 자를 괴롭히면서 자신은 강하다고 느끼는 것이다. 폐기가 약한 사람이 혼자 아무 말 없이 구석에 쪼그려 있는 모습이라면, 폐기가 지나친 사람은 사람 위에 서서 지배하려는 욕구가 세고 힘이 강한 경우가 많다.

그럼, 이번에는 소리와 오행의 관계를 좀 알아보자. 자연에 목화토금수, 오행의 기운이 있다는 것, 오행은 신체의 장부로 보자면 간심비폐신에 해당하는 것쯤은 이제 다들 아실 텐데 이 오행은 소리에도 마찬가지로 해당된다. 초등학교 때 서양의 음계와 달리 동양에서의 음계는 궁상각치우(宮商角徵羽)로 이루어졌다고 들으신 게 얼핏 기억나실 게다. 그때의 궁상각치우를 오행에 배속하면 각치궁상우의 순서가 된다. 이는 발성위치에 따른 건데, 순서대로 보자면 어금니, 혀, 목구멍, 이, 입술에서 나오는 소리이다. 이걸 우리말에서 자음으로 보자면 ㄱ·ㄲ·ㅋ이 목(木)에, ㄴ·ㄷ·ㄸ·ㅌ·ㄹ이 화(火)에, ㅇ·ㅎ이 토(土)에, ㅅ·ㅆ·ㅈ·ㅉ·ㅊ이 금(金)에, ㅁ·ㅂ·ㅃ·ㅍ이 수(水)에 해당한다. 따라서 이름을 어떻게 짓느냐에 따라 그 불러 주는 힘이 달라지기 때문에 오행의 기운이 다르게 전달되는 것이다. 자신의 이름에는 어떤 기운이 많은지 살펴들 보시라!

좀더 자세히 보자면, 목음은 각음(角音)으로 '가'를 발음할 때 어금니에 힘이 들어가는 걸 느낄 수 있다. 아마 내쉬는 힘을 강하게 불어내어 소리내지 않으면 안 되므로 이 작용이 뻗어 나가는 목 기운과 연관이 되는 이치일 것이다. 심장은 치음(徵音), 즉 혓소리다. 치음에 의

해 화 기운인 심장은 영향을 받고 자극된다. 토는 궁음(宮音)이다. '아' 나 '하'를 발음해 보면 목 깊숙이 힘이 들어가는 것을 느낄 수 있다. 이 것은 비장과 같이 몸의 중앙에 있는 토의 기운을 쓰는 것이다. 우음(羽 音)은 입술소리다. '마'나 '바'와 같은 입술소리는 입술이 부딪쳐서 나 는 소리다. 관상학에서는 입술이 생식기·항문을 의미한다고 하는데, 이 음을 발음할 때 신장의 기운을 쓰는 것임을 말한다.

그렇다면 금 기운을 쓰는 상음(商音)은 어떨까. 상음은 잇소리이다. '사'나 '자'를 발음하면 알 수 있듯이 이 음은 앞니에 걸린다. 앞니가 빠 지거나 틈새가 벌어져 있거나 하면 매끄럽게 발음할 수 없다. 그리고 잇 소리는 비교적 호흡이 목 깊은 곳에서 퍼져 나오는 느낌이다. 힘이 기관 지 쪽에서 나와야 하는 소리인 것. 그러니 이 음이 잘 나오지 않는 사람 은 폐가 약해져 있다는 것을 알 수 있다.

각각의 발음을 할 때 어떤 발음이 특히 힘들다면 그 장부에 해당하 는 힘이 부족함을 알 수 있는 것이다. 모든 단어를 똑같이 발음하고 있다고 생각해도 사람마다 각자 내뱉는 음과 악센트는 다르다. 이것은 각 개인의 오장육부의 균형이 모두 다르기 때문이다. 본인 스스로는 제대로 발음을 하고 있다고 생각해도 자기도 모르는 어딘가에 특이한 강약이 있다. 독송, 암송이 중요한 이유가 여기에 있다. 소리 내어 또박또박 읽다 보면 그 오행의 기운이 내 몸 안의 불균형을 바로잡아 줄 수 있는 것이다. 수행을 할 때 유불선에서 각각 외우는 문장은 다르지만, 그 문장들을 소리 내어 외는 것은 이러한 이유에서이다. 매일 아침 일어나서 책을 또박또박 소리 내어 읽어 보시라. 몸이 달라짐을 느끼실 수 있을 게다.

마지막으로 폐를 건강하게 하는 수양법을 소개한다.

> 정좌하고 앉아서 양손으로 땅을 짚고 몸을 움츠려 등을 구부린 다음 위를 향하여 몸을 5번 떠받쳐 들면, 폐의 풍사와 쌓인 허로를 없앤다. 또한 손등으로 등뼈의 왼쪽과 오른쪽을 각각 15번씩 치는데, 이렇게 하면 가슴 사이에 있던 풍독(風毒)이 없어진다. 그 다음 숨을 멈추고 눈을 감고 한참 동안 있다가 침을 삼키고 이를 3번 부딪치고 그친다. (「내경편」, '폐의 도인법')

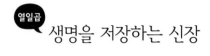

생명을 저장하는 신장

신장(腎臟) 하면 흔히 단순히 오줌을 내보내는 배설기관으로만 생각하기 쉽다. 하지만 동양에서 신장은 서양보다 꽤, 엄청, 무지 중요한 위상을 차지한다. 오장육부 중 가장 중요한 장기를 하나만 꼽으라고 하는 것이 말이 안 되기는 하지만, 그래도 굳이 생명의 시작을 따지자면 신장을 꼽을 수 있다. 『황제내경』「소문」편을 보자. 황제가 묻는다. "사람이 연로하여 자식이 없는 것은 힘이 다함인가, 하늘의 뜻이 그러함인가?" 이에 기백이 대답하기를,

여자는 7세가 되면 신(腎)의 기운이 성하여 이를 갈고 머리털이 자랍니다. 14세에는 천계(天癸)가 이르러 임맥이 통하고 태충맥이 충만해져 월경이 오므로 자식을 둘 수 있게 됩니다. 21세에는 신의 기운이 균일해지고 사랑니가 나며 성장이 극에 달합니다. 28세에는 뼈와 근육이 튼튼해지고 머리카락이 풍성하게 자라며 신체가 장대해집니다. 35세에

는 양명경이 쇠하므로 얼굴이 거칠어지고 머리카락이 빠지기 시작합니다. 42세가 되면 삼양경이 쇠하므로 얼굴이 초췌해지고 흰머리가 자랍니다. 49세가 되면 임맥이 허해지고 태충맥이 쇠약해지므로 천계(天癸)가 고갈되어 월경이 멎고 형체가 노쇠해져서 자식을 가질 수 없게 됩니다.

남자 역시 이와 비슷한 루트를 밟는데, 남자는 여자가 7의 배수로 나아가는 것과 달리, 8의 배수로 나아간다. 8살에 머리털이 자라고 이를 갈며, 16살에 자식을 둘 수 있으며, 24살에 근골이 단단해지고 사랑니가 나며, 32살이 되면 근육과 뼈가 융성해지고, 40살이 되면 머리털이 빠지고 치아가 건조해지고, 48살이 되면 양기가 쇠약해져 얼굴이 거칠고 머리카락이 희어지며, 56살이 되면 근육이 마음대로 움직이지 않고 천계가 고갈되며, 64살이 되면 치아와 머리카락이 빠진다. 그리고 이역시 신기(腎氣)의 성쇠에 의한 것이다.

여기서 보듯이, 여자·남자 마찬가지로 모두 태어나서 자라고 늙는 것이 신의 기운, 신기에 달려 있음을 알 수 있다. 인체의 치아, 뼈, 모발의 생장 상태는 신기의 성쇠에 의해 좌우되며, 인체 생리활동의 근본을 이룬다. 신장은 수분대사를 관장하고, 뼈·골수·치아 등을 주관하고, 허리를 관장하고, 털을 관장하며, 대소변을 주관하고, 목소리를 관장한다. 인체의 성장, 생식, 노화가 신장의 기운인 신기로 결정되는 것은 신이 정(精)을 저장하는 역할을 하기 때문이다. 정이 인체의 근본이라 할 때이 정과 관련된 기관이 신이다. 그럼 이번에도 신에 대한 이미지를 떠올려 보자.

신(腎)은 하늘에서는 한(寒)이고, 땅에서는 수(水)이며, 괘에서는 감괘(坎卦)이고, 몸에서는 뼈이며, 오장에서는 신(腎)이고, 빛깔에서는 검은 빛이며, 음에서는 우(羽)이고, 소리에서는 신음이며, 변동(병적 변화)에서는 떨림이고, 구멍에서는 귀이며, 맛에서는 짠맛이고, 뜻에서는 두려움이다. 경맥에서는 족소음이고, 액은 침이며, 그 상태가 드러나는 것은 머리카락이며, 냄새는 썩은 냄새이고, 숫자는 6이며, 곡식은 콩이고, 가축은 돼지이며, 동물은 비늘이 있는 것들이고, 과실은 밤이며, 채소는 미역[藿]이다. (「내경편」, '신에 속한 사물들')

하늘에서의 차가운 기운이 땅에서는 물이 된다. 앞에서도 말했듯이 물은 만물의 근원이다. 모든 것이 처음 생길 때 물의 형태로 생겨난다. 탐내는 마음이 움직이면 침이 나오고, 슬픈 마음이 움직이면 눈물이 나고, 부끄러운 마음이 움직이면 땀이 나오고, 성욕이 움직이면 정이 나오는 것처럼 말이다. 이렇게 물의 차갑고 응집하는 기운은 오장에서 신이 되고, 뼈가 된다. 그래서 신 기능이 저하되면 뼈기 쉽고, 골절상을 당하기 쉽다. 요즘 어린이들이 뼈가 약한 것도 과자와 주스 등을 지나치게 섭취하여 신 기능이 저하되서 그런 거다. 단 것이 토의 기운이라 할 때, 토극수(土克水)의 원리로 신장[水]이 극을 당하여 기능이 저하된다. 또한 '북'(北)이 수의 방위에 해당하는데, 북쪽 지방의 사람일수록 뼈의 골격이 큰 것도 이와 관련 있을 것이다.

비유하자면 신장은 몸에서 뿌리이고, 뼈는 몸의 줄기에 해당한다고 표현할 수 있다. 그렇다면, 치아는 몸의 잎 혹은 꽃이라고 볼 수 있다. 그렇기에 앞에서 보았듯이 신장 기운의 성쇠에 따라 치아가 나고 빠지고 하는 것이다. 개도 마찬가지로 나이가 들면 이가 먼저 빠진다. 이가 아프다든지, 잇몸이 떴다든지 하는 사람이라면 신 기능의 저하가 있는 게 아닌지 살펴보아야 한다. 그런 점에서 충치가 많은 것 역시 단순히 이를 잘 안 닦아서만은 아니다. 충치는 상식적인 차원에서 보자면, 치아의 에나멜질이 벗겨져서 산화되고 부식된 것이다. 그렇기 때문에 이를 잘 닦아 충치를 예방한다는 말은 맞기도 하지만, 그것이 전부는 아니다. 물론 치아의 부식과 산화는 하나의 외적인 원인이기는 하나, 그외에 신장의 기능저하라는 내적인 원인도 있기 때문이다. 뿌리인 신이 약해졌기 때문에 줄기인 뼈의 질도 약해지고, 잎인 치아에도 문제가 생기는 거라고 보면 되겠다.

얼굴로 보자면 신장의 건강 상태는 귀에서 나타난다. 관상학에서도

귀를 보고 그 사람의 총명성을 알 수 있다고 한다. 신장이 정을 저장하는 기관이고, 정을 많이 소모하면 머리가 나빠지니 귀와도 연결이 될 법하다. 귀는 크고 두꺼운 것이 좋다. 귀가 크면 생각도 크고, 포용하는 능력이 큼을 의미한다. 그래서 예부터 귀가 두꺼운 사람은 물질적으로 풍족하다고 보았다. 반대로 귀가 얇고 작은 사람은 끈기가 없고, 가만히 앉아 있는 것도 싫어하는 경우가 많다. 왜냐하면 신의 힘이 버티는 힘인 끈기라고 할 때, 묵묵히 그것을 견딜 수 있는 힘이 부족해서이다. 『삼국지』를 보면 유비의 귀가 어깨까지 내려왔다고 하고, 부처님만 보더라도 귀가 크고 귓볼도 두텁다. 그러니, 귀를 자주 만져 주는 것이 좋다. 귀가 부드럽다는 것은 그만큼 몸이 유연하다는 것을 말한다. 아이들의 귀가 부드럽고, 나이가 들수록 귀가 딱딱해지는 것은 이 때문이다. 그리고 만약 귀를 만졌을 때 아프다면 몸에 이상이 있음을 뜻한다. 그러니 손바닥을 서로 비벼 뜨거워진 기운으로 귀를 자주 주물러 주시라.

신장이 안 좋은 경우, 난청이나 이명 증상이 올 수 있다. 신허성(腎虛性) 난청이 그 경우인데, 신의 기운이 떨어지는 노인분들이 잘 못 들으시는 것 역시 신장과 귀가 연결되어 있기 때문이다. 따라서 주변에서 왜 그렇게 사오정 짓을 하느냐는 말을 자주 들으시거나, 내 귀 안에 도청장치가 있어 항상 웽웽 울리는 소리가 난다고 생각하시는 분이라면 신장을 강화하시라.

수의 기운[水氣]은 물이 얼듯이 응결하여 몸을 지키는 활동을 한다. 따라서 신장의 수기가 힘을 쓰지 못하면 사람들은 신기의 생리 범위를 좁혀서 응고태세를 강하게 하며 몸을 두껍게 하여 지킨다. 이럴 때 신의 지키는 힘이 없기 때문에 놀라고 소심해지는 것이다. 몸이 약한 사람들이 조심성이 많은 것은 신의 지키는 힘이 없기 때문에, 전신의 힘을 사용하여 지키려고 하는 것이다. 마치 축구에서 전력이 약한 팀이 수비에 '몰빵'하는 것처럼 말이다.

따라서 귀가 작고 얇은 사람(신이 약한 사람)은 소심하고 두려워하며 잘 놀라고, 귀가 두껍고 크고 활기가 있는 사람(신이 강한 사람)은 대담하며, 의연한 경우가 많다. 두려워하는 성격이라거나 잘 놀라는 사람은 신의 힘이 약하다는 것을 의미한다. 무서우면 오금이 저린다고 표현하거나, 오줌을 찔끔 싸는 것 역시 두려움이 신장과 연관되어 있음을 보여준다. 다시 말해 겁을 잘 내거나, 무서움을 잘 타는 사람이라면 배포를 키우기 위해 신을 강화하는, 하초를 강화하는 운동을 하는 것이 필요하다는 게다.

계절로 보자면 겨울에 신의 기운이 왕성하다. 정을 저장하는 신이 상하지 않게 하려면 겨울에는 심한 운동이나 과중한 노동을 피하는 편이 좋다. 가능한 한 활동하는 시간을 적게 하고, 움직임을 적게 하는 것이 겨울을 보내는 자세라 하겠다. 왜 겨울잠을 자는 동물들이 있겠는가? 인간 역시 겨울잠을 자는 게 필요하다(물론 진짜로 몇 달씩 주무시란 건 아니다). 겨울은 저장의 시간으로 봄이 되면 다시 활짝 펴나갈 수 있도록 움츠리는 것이 필요하다. 마찬가지로 밤에 운동을 하거나 심한 활동을 하는 것이 안 좋은 것은 두말하면 잔소리! 특히 수기가 왕성한 밤 시간 신장의 수기를 극하는 내상(內傷)은 치명적이다. 예를 들어 밤에 차가운 음료수나 맥주를 마시면 신장이 손상된다.

마지막으로 신장을 위한 수양법 하나 소개한다.

정좌하고 앉아서 양손을 위로 들어 좌우 귀에서부터 옆구리까지 문지르기를 15번씩 하고, 손을 가슴에 대었다가 발사하듯이 활짝 펴고 몸을 좌우로 늘리기를 15번 한 다음, 일어서서 발로 앞뒤와 좌우로 각각 10여 번 뛰면 허리와 신, 방광 사이에 있던 풍사와 적취가 없어진다. (「내경편」, '신장의 도인법')

우울증은 정신병만이 아니다

"아~ 우울해. 살기 싫어" 주변에 이런 말을 입에 달고 다니는 사람이 있을 게다. 이제 우울증은 과도하게 감상적인 사람만이 걸리는 병이 아니다. 영화 속의 멜랑콜리한 등장인물이 약을 한 움큼 입속에 시크하게 털어 넣으며 "요즘 우울증이 있어서요"라며 날리는 멘트는 더 이상 특별한 일이 아니게 되었다. 아, 우울의 시대여!

그러나 이를 단지 의지가 박약하다고, 혹은 정신상태가 나약하다고 탓할 수만은 없다. 우울증은 단지 정신적인 문제만이 아니라 몸의 이상으로 보아야 하기 때문이다. 일전에도 강조했듯이 정신의 문제는 단순히 두뇌의 어떤 호르몬이나 뇌신경세포의 문제만이 아니다. 이는 근본적으로 오장육부, 몸의 문제이다. 바꾸어 말하자면 이런 증세를 치료하는 것 역시 자신의 몸을 바꾸는 것, 그리고 습(習)을 바꾸는 것이 중요하다고 할 수 있다. 우울증 약을 먹는 것만으로는 근본적인 해결이 불가능하다는 말이다.

우울증이란 그 글자에서 보듯이 근심[憂]이 울(鬱)한 것이다. 여기서 '울'(鬱)이란 글자 그대로 수풀이 무성하여 통하지 않는, 즉 기운이 한 곳에 맺혀 머물러 있으며 흩어지지 못하는 것이다. 우리가 흔히 칠정(七情)이라 부르는 기쁨[喜]·노여움[怒]·근심[憂]·생각[思]·슬픔[悲]·놀람[驚]·두려움[恐]이 제대로 순환하지 못하고 한곳에 울체되면 병이 된다. 모든 것이 막히면 병이 된다는 것은 동양사상에서 기본 중의 기본 이치이다. 통즉불통, 불통즉통!

특히 우울증은 간(肝)의 기가 울결(鬱結)되어 생긴다. 이는 한의학에서 신경을 관장하는 것이 목(木)의 기운, 즉 간인 것과 관련된다. 간이 기본적으로 목기임은 앞에서 설명한 바 있다. 간은 사방으로 뻗어 나가는 나무처럼 사지(四肢)로 뻗어 가는 근육을 주관하며, 마찬가지로 신경·피부·손발톱·눈이 간의 기능과 연결되어 있다. 그렇기에 신경계나 내분비계에 이상이 있는 경우 간에 문제가 있을 가능성이 높다.

이는 한의학적으로 보자면 간에 열이 심해 간이 자기 능력 이상으로 오버하기 때문이다. 초조함, 불안, 성냄은 간이 과도하게 '업'(up)돼서 나타나는 결과이다. 간의 기능이 저하되어 있는 경우, 정상 범위까지 끌어올리기 위해 간은 자신이 감당할 수 있는 능력 이상으로 항진하게 되는데, 이 때문에 불안해지고 초조해지게 된다. 이것이 심해지면 간기가 울결되고, 간기울결이 지속되면 억압된 기운이 불과 열의 상태가 되어 위로 뜨게 되는 간화상염(肝火上炎)이 된다. 간기울결이 되면 불안감과 초조함을 잘 느끼고, 사소한 것에 화를 잘 내며, 목에 이물감이 느껴지거나, 옆구리가 자주 당기고 가슴이 답답하며 복부의 팽만감을 느낀다. 이것이 오래되어 간화상염이 되면 눈이 충혈이 되고, 뒷골이 아프다거나 머리가 띵하고 무겁고, 잠이 깊게 들지 않고 자주 깬다. 소위 울화병이란 이런 증세를 말한다.

간은 나무의 기운처럼 사방으로 뻗어 나가는 소설(疏泄) 기능을 한다. 소설이란 순조롭게 널리 퍼지게 한다는 뜻으로 쉬운 말로 하자면 펴 주는 것이다. 아침에 일어나 기지개를 켜는 것도 손이나 다리를 크게 뻗어 체내의 기운을 사지에 퍼뜨리기 위한 것이다. 그런데 간에 이상이 있으면 감정 역시 퍼지지 못하기에 한곳에 울체되거나 갑자기 펑 터져 버린다. 우울증은 감정이 제대로 흘러 다니지 못하고 막혀 엉뚱한 곳에서 터지는 현상을 말하는 것이다. 짜증이 나며, 화가 잘 제어되지 못하거나 무언가 억눌린 듯한 우울함이 찾아오게 되는 것이다.

따라서 우울증에 걸렸을 때 술을 마시는 것은 좋지 않다. 물론 술을 마시는 것이 항상 안 좋은 것은 아니다. 그러나 간의 상태가 안 좋아졌을 때 술을 마시는 것은 불난 집에 기름 붓는 꼴이다. 술은 식사와는 달리 먹을 수 있는 양이 정해진 바가 없다. 이른바 밥 배 따로 있고, 술 배가 따로 있다는 것. 그렇기 때문에 과음하기 쉽고, 습관이 되기 쉽다. 이렇게 마신 술은 간을 무리하게 하기 때문에, 우울증으로 고생하고 있는 이라면 우울하다고 술을 마시는 것, 더군다나 혼자서 마시는 것은 절대 금물이다.

우울증은 시간대나 절기와도 연결된다. 인간의 신체는 고정된 것이 절대 아니다. 시간과 공간에 따라서 계속 변화하는 기운의 영향하에 있는 것이다. 따라서 하루에도 시간의 변화에 따라, 일 년 내에도 계절의 변화에 따라, 그리고 나이대에 따라, 바깥 기운의 변화에 따라 늘 영향을 받는다. 따라서 금극목(金克木)의 이치상 금의 기운이 왕성할 때 목기인 간에 이상이 생기는 우울증 같은 병은 더욱 악화되기 쉽다. 그래서

하루의 시간상으로는 저녁때, 일 년의 절기상으로는 가을에, 인생으로 보자면 갱년기 즉, 금기(金氣)가 왕성한 때, 우울증은 더욱 심각해질 위험이 큰 것이다.

연예인들이 우울증 등으로 자살하는 경우가 많은 것 역시 이러한 관점에서 해석할 수 있다. 화려한 세계에서 예술적 기질을 발산하고 사는 만큼 그들은 자연스레 불의 기운을 많이 쓰게 된다. 그리고 이를 잘 다스리지 못하면 위로만 열이 뜬 상태가 되기 쉽다. 따라서 간이 항진(亢進)한 때, 즉 간에 열이 있는 경우에 수승화강하지 못하고 위로만 열이 뜬 상태라면 우울증에 걸리기 쉽다. 특히나 그동안 받아 왔던 기, 인기(人氣)가 사라지게 되면 그들에게는 해결 불가능한 우울이 찾아온다.

따라서 우울증이 현대적 질병이자, 이 시대의 문명병인 것은 단순히 현대인들이 정신적 스트레스를 많이 받기 때문만은 아니다. 현대문명에서 간과 신(腎)은 갈수록 약해진 채, 몸의 열은 갈수록 상초(上焦) 부위에 떠 있는 경우가 많다. 옛날에는 사지를 부지런히 움직여 간과 신을 몸의 기본으로 한 삶을 살았다면, 요즘에는 몸은 움직이지 않은 채 머리만을 쓴다. 그러다 보니 자연히 열이 머리 위로 뜨게 된다. 신이 충실해야 화기가 망동하는 것을 잡아 줄 수 있는데, 신정(腎精)이 부족하기에 수렴되지 못한다. 즉, 현대인들은 '담담'하게 현실에 있기보다 망상과 사념에 붕붕 떠다니는 꼴이다. 그러니 감정 역시 제멋대로 날뛰기 쉽다.

또한 이는 비주얼한 시대, 자극적인 시각적 정보가 넘쳐나는 요즘 같은 때 특히 더하다. 눈으로 들어오는 화려한 시각 정보들은 눈을 피로하게 하고, 간을 더 피로하게 만든다. 그리고 흰 쌀, 흰 빵, 인스턴트 음식,

단 과자, 제철이 아닌 과일 등의 섭취로 의해 신과 간은 계속 약해진다. 당질과잉에 의한 신의 기능 저하와 농약·방부제 등에 의한 간의 기능 저하로 인해 신경계에 이상이 생기는 악순환이 일어난다.

전에도 말했듯이 수승화강의 원리가 제대로 이루어져야 몸 안의 불의 기운이 위로만 뜨지 않고, 몸 안의 순환이 잘 이뤄질 수 있다. 그렇기 때문에 간과 신을 보하는 것이 중요하다. 우울증으로 무기력하고, 초조하고, 불안함에 고생하고 있다면, 몸 안의 오장육부 역시 이미 망가져 있는 상태일 가능성이 높다. 그러니 습을 고치고 나의 몸에 이상을 고칠 때 정신의 병 역시 고칠 수 있다는 점을 명심하자. 특히 양기를 담뿍 담은 햇볕을 충분히 쬐며 운동을 해주는 것이 좋고, 먹는 것으로는 뭉쳐져 있는 기운을 순환시킬 수 있는 것들이 좋다. 너무 뻔한 이야기가 될 수도 있지만, 몸의 건강을 되찾아야 정신의 건강을 되찾을 수 있다는 평범한 진리를 잊지 마시길!

열아홉 밥통을 아껴 주세요

도를 알기는 쉬우나 도를 믿기가 어렵다. 도를 믿기는 쉬우나 행하기가 어렵다. 도를 행하기는 쉬우나 도를 지키기가 어렵다. 지켜서 잃지 않으면 오래 살 수 있게 되는 것이다. (노자, 『내관경』內觀經)

무언가를 아는 것은 쉽다. 누구나 이렇게 하면 몸에 안 좋다는 것쯤은 안다. 하지만 무언가를 안다는 것과 믿는 것은 다른 문제이다. 그것이 단지 정보 차원이 아니라 삶의 문제로, 자기 구원의 문제로 다가오지 않는다면 그 앎은 진정한 앎이 아니다. 머릿속으로만 아는 것, 그것이 자신의 삶의 문제로 연계되지 않는다면 그것은 믿음이라 할 수 없다. 그러나 그것을 믿는다고 해서 끝은 아니다. 믿음이 행동으로 곧바로 이어지지는 않기 때문이다. 앎이 삶이 되는 것은 믿음에서 한 걸음 더 나아가는 일이다. 믿기는 하지만 그 믿음을 실천하는 일이 쉽지는 않다는 것은 다들 경험들 해보셨으리라. 그러나 또 실천을 한다고 해서 끝나는 게 아니다. 행하기는 쉬우나 그것을 계속해서 지켜 내는 일은 더 어렵기 때문이다. 이 단계까지 와야 비로소 도를 지키며 오래 삶을 살 수 있게 된다.

행하기 어렵고, 지키기 어려운 것은 단지 도의 문제만은 아니리라. 많이 먹는 게 안 좋다는 것은 다들 안다. 그러나 어느새 주체 못하고 입에 먹을 걸 잔뜩 집어넣고 있는 자신을 발견할 때마다 흠칫흠칫 놀랄 때가 많다. 위가 터질 때까지 먹어 이제 더 이상 음식이 안 들어갈 정도가 되어야 그제서 '아, 잘 먹었다'는 생각이 들며 배를 통통 두드리며 만족해한다. 먹을 것만 보면 자기 배가 부르건 안 부르건 상관없이 무조건 입으로 가져간다. 그리고 끝을 보기 전까지는 멈출 줄 모른다. 식탐이라는 이름의, 브레이크 없는 기관차! 산에 오를 때 필요 없는 짐을 잔뜩 짊어지고 올라가는 이를 보면 누구나 어리석다고 여길 것이다. 하지만 불필요하게 뱃속에다 가득 집어넣는 것은 왜 아무렇지도 않다고 생각하는지? 쓸데없이 짊어지고 간 짐은 언젠가는 자신에게 독이 된다. 이

건 꼭 음식뿐만이 아니다. 돈 역시 마찬가지인데 불필요하게 쌓아놓은 재물이 자신에게 언젠가 화가 되어 돌아올 것은 생각도 않은 채 무조건 쌓고 불리기만 한다. 탐욕이라는 죄가 언제 자신에게 화로 돌아올지 모르고 말이다.

우리가 음식을 먹을 때 이를 일차적으로 받아들이는 것이 위(胃)다. 흔히 위를 밥통에 비유하는데, 이는 위가 음식물이 들어가는 창고이기 때문이다. 그래서 『동의보감』에서도 "위를 태창(太倉)이라고 부르는데 세속에서는 밥통[肚]이라고 하며, 수곡(水穀) 3말 5되를 담을 수 있다. 보통 사람은 하루 두 번 대변을 보는데 한 번에 2되 반을 보므로 하루면 5되를 내보낸다. 그러므로 7일 동안에는 먹는 음식물에서 3말 5되는 내보내고, 이러면 보통 이레를 굶게 되면 죽는데 이는 위 속의 수곡과 진액이 다 없어졌기 때문이다"라고 적고 있다.

이 밥통에서 음식물을 받아들이면 하초(下焦)에서 불을 때어 밥을 짓고, 비(脾)는 이것을 각 장기로, 사지(四肢)로 배분하는 역할을 한다. 위에 들어간 음식물에서 각각의 5가지 맛은 각기 자기 맛을 좋아하는 장기로 간다. 신맛은 먼저 간(肝)으로 가고, 쓴맛은 심(心)으로 가며, 단맛은 먼저 비로 가고, 매운맛은 먼저 폐(肺)로 가며, 짠맛은 먼저 신(腎)으로 간다. 그래서 위를 오장육부의 바다, 영양의 바다[水穀之海]라고 불렀다.

토(土)가 만물의 기본이 되듯이, 오장육부에서 토에 해당하는 비위(脾胃)가 우리 몸의 기운을 배양하는 근원이 된다. 그래서 비위에 문제가 있으면 온몸이 나른하고 움직이길 싫어한다. 앞에서도 말했지만 게

으른 것은 단지 천성이 게으르게 타고난 것이 아니라 비위에 습(濕)이 지나치게 많이 껴서 몸을 가누는 게 힘든 경우가 많다. 물기를 제거하려면 부지런히 움직여서 습기를 날려 줘야 하는 것처럼 비위의 습을 제거하려면 역시 사지를 부지런히 움직여야 한다. 그렇게 하지 않으면 몸은 한여름 장마철처럼 계속 축축 처지려 하고 비위는 더욱더 힘을 못 쓰게 된다.

토의 성질이 습한 것과 따뜻한 것을 좋아하듯이 밥통인 위 역시 습한 것과 따뜻한 것을 좋아한다. 따라서 마른 음식과 차가운 음식은 위에 부담을 준다. 우리 몸은 어떤 음식이든 넣기만 하면 알아서 자동으로 소화시켜 주는 기계가 아니다. 우리가 먹은 음식들이 즉각 외부적으로 표출되건 아니건 그만큼 몸에 부담을 주게 되고, 이는 병의 시작이 된다. 옛말에도 만병의 원인은 위장에 있고, 만병치료의 기본도 위장을 조절하는 것에 있다고 했다. 밥통에 문제가 생기면 온 집안이 굶게 되듯이 우리 몸의 밥통과 같은 비위는 만병의 시작점이 되기도 한다.

너무 찬 음식은 위에 무리를 준다. 만약 우리가 식후에 찬 음식을 잔뜩 먹는다면, 밥통 안의 온도는 정상보다 10도나 낮아진다. 밥솥이 온도가 낮아지면 제 기능을 못하듯이, 우리 몸의 밥통은 체온이 정상으로 돌아올 때까지 아무 일도 못하고 기다려야 한다. 마찬가지로 마른 음식을 너무 많이 먹는 것 역시 밥통에 무리를 준다. 육식이 위에 부담을 주는 것도 마찬가지의 이치이다. 고기류에 있는 지방은 사람의 체온보다 더 높은 온도에서 녹기 때문에 위로 들어간 육류 안의 기름은 잘 녹지 않고, 위에 부담을 준다. 채식이 좋은 이유는 단지 동물을 잡아먹는 것에 대한 반대뿐만이 아니라 몸에 무리가 가지 않는 식사이기 때문이다.

또한 밥통에 밥을 할 때 쌀을 너무 많이 집어넣으면 밥통이 고장 나듯이 우리 몸 역시 그러하다. 옛말에도 '복팔분무의'(腹八分無醫)라는 말이 있다. 즉, 배의 80% 정도만 채울 정도로 식사하면 의사가 필요 없다는 말이다. 이는 동물실험에서도 입증된 바 있다. 하지만 현대인들에게 폭식과 폭음은 일상이 되어 버렸다. 바쁘다는 핑계로 제때 식사는 거르고, 끼니때가 훨씬 지나서 자신의 양보다 과도하게 집어넣으니 밥통이 고장나는 것은 당연지사.

이는 스트레스를 많이 받는 사람들의 경우 특히 더하다. 다섯 가지 감정에서 토의 기운에 해당하는 것이 생각[思]임은 앞에서 말한 적이 있다. 생각이 많아지면 소화가 안 되던 경험은 다들 있을 것이다. 밥을 먹으면서 머리를 많이 쓰면 피가 머리 위로 몰려 위는 피가 부족한 상태가 되고, 소화기능은 자연히 약해질 수밖에 없다. 머리가 이미 스트레

스로 가득 찬 상황에서 먹는 걸로 스트레스를 푼답시고 무조건 집어넣기만 하니 그 결과야 뻔하지 않겠는가!

이렇게 폭식과 폭음을 일삼으면서 위궤양·위산과다를 호소하고, 매일 속 쓰리고, 소화가 안 되고 더부룩하다고 난리다. 밥통은 음식물을 소화시켜 아래로 기운을 내려 보내야 하는데, 밥통에 이상이 있으니 그 기운이 위로 역류한다. 그래서 신물이 나고, 트림이 나온다. 트림이 잦아진다면 위가 약해졌다는 신호이니 이를 무시해서는 안 된다. 딸꾹질 역시 마찬가지이다. 우리 몸에서 보내는 신호는 무의미한 신호체계가 아니다. 딸꾹질은 무언가를 급히 먹었을 때 갑자기 확장된 위가 근처에 있는 횡격막을 건드려 일어난다. 급한 식사 때문에 식도가 막힐 것을 방지하기 위해 우리 몸이 반사적으로 일으키는 신호이다. 어른들이 딸꾹질을 하는 사람 보고 뭘 몰래 훔쳐 먹었냐고 말하는 것은 딸꾹질이 급하게 무언가를 먹는 바람에 위가 놀라서 일어나는 반응이기 때문이다. 입냄새가 심하고 혀에 백태가 끼는 것 역시 비위의 기능이 안 좋아서 그런 경우가 많다. 그렇기 때문에 이런 우리 몸의 신호들 하나하나에 민감해질 필요가 있다.

이렇게 위에 이상이 있을 때는 위장약이나 소화제만을 찾을 것이 아니라 근본적으로 위를 보(補)할 수 있는 것들을 먹어 줘야 한다. 늘상 마실 수 있는 것으로는 생강차나 대추차가 위기(胃氣)를 보하여 주고, 곶감, 부추가 좋으며 토의 색깔인 호박과 같은 황색 음식이 위에 좋다.

음식은 단지 영양을 보충하고 식욕을 채우는 쾌락의 대상만은 아니다. 소화는 음식을 통해서는 땅의 기운을, 호흡을 통해서는 하늘의 기운을 받아들여, 하늘과 땅과 사람 이 셋이 하나가 되는 과정이다. 그렇기 때문에 음식을 먹는 데 있어서도 이것이 단순히 나를 살찌우는 대상이 아니라 땅의 기운과 교감해 자연과의 하나-되기를 실현하는 것으로 생각해야 할 것이다.

적당히 먹고 몸을 부지런히 움직여 주는 것이 건강의 기본이다. 그리고 이는 단순히 앎의 차원이 아니라 믿음의 차원으로, 행의 차원으로, 삶의 차원으로 나아가야 할 것이다. 혁명이란 다른 거창한 것이 아니다. 지금까지의 관성에서 이탈하는 것, 지금의 습에서 벗어나는 것. 그것이야말로 혁명이 아닐까?

여자는 남자의 미래다

『동의보감』의 의서(醫書)로서의 가치를 폄하할 때,『동의보감』은 단순히 각종 의서의 짜깁기에 불과하다는 견해가 있다. 실제로『동의보감』은 허준 본인이 직접 자신의 말로 저술하는 것이 아니라 기존의 널리 알려진 의서들을 인용해 구성해 나간다. 하지만 편집은 또 하나의 창작이자 예술이다. 어떻게 논리를 배치하고, 구성하는지에 따라 전혀 다른 맥락의 스토리와 히스토리가 짜여진다. 그런 점에서『동의보감』의 편집 역시 새로운 콜라주이자 지금까지와는 전혀 다른 의서로서의 가치를 지닌다. 따라서 그 내용뿐만이 아니라 순서 역시 텍스트에서 중요한 의미를 지닌다. 그 책의 차례를 이해하는 것은 각 세부적인 내용을 이해하는 것만큼, 아니 그보다 더 중요한 의의를 가진다고 할 수 있다.『동의보감』의 차례를 보면 오장육부에 이어 '포'(胞)에 대해서 다루고 있다. 이는『동의보감』이 '정'(精), '기'(氣), '신'(神)부터 시작해 '혈'(血)을 그 다음으로 다루고 있는 이치와 같다. 정·기·신이 인체 내에서 혈을 통해 쓰임을 갖게 되는 원리와 마찬가지로, 오장육부는 포를 통해 쓰임을 갖는다.

> 포는 적궁(赤宮)이라고도 하고, 단전(丹田)이라고도 하며, 명문(命門)이라고도 한다. 남자는 정을 저장하여 자식을 기르고, 부인은 포를 달고 있어서 자식을 갖는데, 모두 낳고 기르는 근본이 된다. 포는 오행에 속하지도 않고 수(水)도 아니고, 화(火)도 아니다. 이는 천지의 다른 이름으로서, 곤토(坤土)가 만물을 낳는 것을 본받았다. (「내경편」, '포의 형상')

『동의보감』의 후반부에서는 '부인'과 '소아'를 따로 다루고 있다. 이 때문에 『동의보감』에 가해지는 비판 중 하나가 반여성주의적이라는 것이다. 그러나 동양의학에서 부인병을 다룬다고 했을 때 이는 임신 가능한 연령대의 여성을 의미한다. 그렇지 않고 어리거나 나이가 든 여성의 경우는 남성과 동일하게 다루어진다. 그런 점에서 오히려 『동의보감』은 다른 의서에 비해 부인, 즉 여성의 질병에 좀더 많은 관심을 보이고 있다고 할 수 있다.

예부터 장정 열 명보다 부인 한 명 고치기가 어렵고, 부인 열 명보다 소아 하나 고치기가 더 어렵다고 했다. 여자는 고려해야 할 변수가 남자보다 많고, 그렇기에 치료 역시 더 복잡함을 지적한 말이라 하겠다. 남자들의 경우 병은 주로 밖에서 오는 경우가 많다. 과로를 했다거나 정을 많이 소모했다거나.^^ 하지만 여자는 안으로 꼬여 있고 남성에 비해 더 복잡한 존재다. 이건 여성을 폄하해서 하는 말이 아니라 단지 병에 반응하는 방식이나, 존재 자체에서 오는 차이를 지적하는 것이라 보는 편이 맞다. 물론 몇몇 동양의 의서에는 군데군데 반여성적인 발언으로 읽힐 수 있는 대목도 있다. 그러나 차이가 있음을 강조하는 것과 차이가 차별로 이어지는 메커니즘은 분명히 다르다. 그러한 차이에 우열을 배속하고, 그 안에서 위계를 짓는 것이 아니라 그 차이들을 인정하고, 그 차이에 따라 대응이 달라야 함을 말하는 것은 오히려 차이를 획일화하고, 그 차이를 보지 않으려는 태도보다 훨씬 긍정적이라고 볼 수 있지 않을까?

여자들은 무게중심이 아래에, 남자는 위에 있다. 외형적으로 보아도 여자는 어깨가 좁은 대신 엉덩이가 넓고, 남자는 엉덩이 대신 어깨가 넓은 것을 파악할 수 있다. 따라서 병에 있어서도 여성은 기운이 가라앉아서, 남성은 방방 떠서 문제가 된다. 즉 여성의 경우 병이 생겨도 밖으로 나가지 않고 안으로 안으로 뭉쳐서 생기기 때문에 치료가 더 어렵다. 또

남성의 경우 주로 건조함과 관련되어 병이 생긴다면, 여성들은 습함으로 인해 생기는 경우가 많다. 음양의 이치로 보아도, 음적인 여성은 음의 특성상 한곳에 정체되기 쉽고 특히 냉한 부분에 습이 정체되어 병이 심화되기 때문이다.

많은 여성들이 여성질환으로 고생한다. 생리 관련 질환은 기본이고, 수족냉증이나 신장계 질환은 옵션이다. 어느 의사가 여자 나이 40이 넘으면 '불혹'이 아니라 '물혹'이라고 불러야 한다는 우스갯소리를 했다고 하는데, 아닌 게 아니라 주위 여자 분들을 보면 거의 질병 하나씩은 기본으로 달고 사는 경우가 많다. 그렇기 때문에 우선 여성들은 자기 월경을 관찰하는 것이 중요하다. 이는 자기의 소변과 대변을 관찰하는 것이 중요한 것과 마찬가지의 논리다. 월경의 양이나 색은 어떤지, 어혈·혈괴가 나오는지, 월경을 전후로 어떤 증상이 나타나는지, 주기는 어떤지 파악해야 한다는 것이다. 무슨 일이든 관찰이 먼저다! 전혀 알려고

도 하지 않으면서 '내 몸은 왜 이상한 걸까', 혹은 '나는 여기저기가 다 아파요'라고 신세한탄만 늘어놓는 것은 본인에게 아무 도움도 안 된다. 그런 자세로 타인에게는 자신에 대한 배려를 강요하고, 자신의 몸에 대해 정작 스스로는 전혀 배려하지 않는 것, 그것이 문제다. 자신의 몸을 관찰하고, 스스로 고쳐야 한다는 의식이 선행되어야 한다.

『동의보감』에서 월경에 대해 이야기하는 부분을 보자.

> 월경은 음혈(陰血)로, 음은 반드시 양을 쫓으므로 붉은색을 부여받았다. 혈은 기의 배필이 되어 기가 뜨거우면 혈도 뜨겁고, 기가 차가우면 혈도 차갑고, 기가 올라가면 혈도 올라가고, 기가 내려가면 혈도 내려가며, 기가 뭉치면 혈도 뭉치고, 기가 막히면 혈도 막히고, 기가 맑으면 혈도 맑고, 기가 탁하면 혈도 탁해진다. 종종 덩어리가 보이는 것은 기가 뭉친 것이다. 월경을 하려고 할 때 아픈 것은 기가 막힌 것이며, 월경을 한 후 아픈 것은 기혈이 모두 허한 것이다. 월경의 색이 연한 것도 허한 것인데 물이 섞인 것이다. 월경을 할 때 입이나 코로 피가 나오는 것은 기가 어지러운 것이며, 월경의 색이 자주색인 것은 기가 뜨거운 것이며, 검은 것은 열이 심한 것이다. (「내경편」, '월경의 모습과 색깔')

> 월경의 양이 적고 색이 연한 것은 혈이 허하기 때문이며, 월경의 양이 많은 것은 기가 허하기 때문이다. (「내경편」, '월경이 고르지 못한 것')

월경은 음혈이고, 혈은 기와 짝을 이룬다. 기본적으로 여성들의 병은 혈이 마르거나 부족해서 온다. 그렇기에 혈을 보하는 음식이 좋다. 하지만 또 하나 주의할 것이 기가 부족하면 혈이 아무리 많더라도 혈을 추동할 수 있는 힘이 부족해진다는 점이다. 그래서 혈을 보충하는 차원뿐만 아니라, 몸을 움직여 주고, 기를 보해 주는 것이 중요하다. 대표적 여성 질환인 수족냉증의 경우 이런 차원에서 혈을 보하는 차원의 문제일 수도, 기를 보해야 하는 문제일 수도 있다.

우리가 자궁이라 하는 포문은 충맥(衝脈; 자궁에서 시작하여 척추를 따라 올라가는 맥)과 임맥(任脈; 회음에서 시작하여 몸 앞쪽의 중심선을 따라 아랫입술 밑까지 이르는 맥)이 시작되는 곳이다. 달이 차면 기울듯이 혈도 가득 차면 때에 따라 넘친다. 충맥과 임맥이 조화로우면 혈이 하부의 포궁으로 들어가는데, 30일 만에 한 번씩 넘쳐 배출되는 것이 달거리라고 하는 것이다. 남자는 혈이 계속 돌기 때문에 쌓이지 않아서 가득 차지 않으며 여자는 머물러 있기 때문에 쌓여서 가득 찬다. 월경은 14세에 시작해 49세에 마른다. 『동의보감』에서는 20세가 되어도 월경을 하지 않으면 목숨이 바람 앞의 등불과 같다고 했다. 그리고 초경이 시작되는 14세보다 초경이 빠른 사람은 예민하고 늦는 사람은 둔하다고 했다.

그럼, 월경이 나오지 않는 이유는 무엇인가? 세 가지 경우가 있다. 첫째, 위가 약해 위에 열이 뭉쳐 몸이 마르고 기혈이 쇠하여 진액이 생기지 않아 월경이 끊어진 것이다. 둘째, 혈이 마른 것으로, 포에 열이 뭉쳐 대소변이 잘 나오지 않고 월경이 끊어지는 경우가 있다. 셋째, 마음을 너무 써서 심, 간, 폐에 열이 뭉쳐 월경이 나오지 않는 경우이다. 앞에서도 보았듯이 칠정은 오장육부에 직접적으로 영향을 미친다. 월경이 나오지 않는 것은 근심걱정과 생각이 많아서 생기는 병으로 이 때문에 심을 상하고, 혈이 없어지는 것이다. 이와 반대로 갑자기 하혈하는 경우 역시 비위가 허하고 손상되거나, 높은 자리에 있다가 세력을 빼앗겼거나 부자였다가 가난해지거나, 지나치게 슬퍼하여 자궁에 연결된 맥이 끊어져서 생긴다.

자, 그럼 이럴 때 어떻게 하나? 사물탕(四物湯)이 여성 질환에 기본처방이다. 사물탕은 혈을 보하는 약으로 숙지황, 당귀, 천궁, 백작약이 들어간다. 음으로 여성의 혈을 보하는 것이 사물탕이라면, 양으로 남성의 기를 보하는 것이 사군자탕(四君子湯)이다. 인삼, 백복령, 백출, 감초가 들어가는, 남자를 위한 기본 처방이다. 이 사물탕과 사군자탕을 합하면 팔물탕(八物湯)으로 기허와 혈허를 겸한 증상에 먹는 것이고, 여기에 황기와 육계를 더한 것이 우리가 자주 들었던 '십전대보탕'(十全大補湯)이다. 기와 혈이 부족할 때에 먹는 것으로, 음양 전체를 크게 보해 준다. 주말에 경동시장에 한번 나들이 가셔서 구경도 하시고, 약재도 사서 집에서 끓여 드시는 건 어떨지.

스물하나 똥오줌 못 가리는 그대에게

이번에는 소변과 대변 이야기다. 뭐 더럽게 똥오줌 이야기냐고? 그러나 똥오줌이 더러운가 아님 요즘 세상 돌아가는 게 더 더러운가? 세상 돌아가는 꼴을 보면 '똥오줌 못 가린다'는 말이 딱 어울린다.

똥오줌이 지저분하다는 생각은 근대적 위생담론의 발상이다. 몸에 해로운 것, 더러운 것, 창피한 것들을 저 멀리 숨겨 버려라. 그리고 그들을 박멸하라! 하지만 더럽다고 그것을 가시적 영역에서 밀어 버리고, 내몬다고 해서 더러움이 사라지는가? 똥오줌이 더럽다는 것은 어쩌면 우리가 갖고 있는 편견 중 하나일지도 모른다. 내 몸으로 낳은 황금빛 자식이 왜 더럽기만 하겠는가? 대소변은 자기 몸 안의 일부가 그 역할을 다하고 빠져나간 것일 뿐 그것은 쓰레기나 잉여가 아니다. 대소변이라 할 때의 '변'(便)은 '사람 인'(亻) 변에 '바뀔 경'(更) 자를 서서 사람의 몸을 통해 바뀐 것을 가리키고, 바뀐 바가 크고 작음에 따라 대변, 소변이라 하는 것이다.

그렇다면 우리는 무엇을 먹고 배출한다는 것에 대해서도 다시 생각해 볼 수 있겠다. 우리가 소비하고 난 나머지 것들은 과연 잉여나 쓰레기이기만 한 것일까? 생각을 조금만 달리하면 거대한 자연이라는 순환 메커니즘 속에서 소위 '밀어내기 한 판'은 어쩌면 자연과 하나가 되는 '존엄하고 숭고한' 행위라 말할 수 있을지도 모른다! 그렇기에 옛날에는 어린아이의 오줌 역시 약으로 쓰였던 것이다. 『동의보감』에서도 동자뇨(童子尿; 어린아이의 오줌)는 "비위가 허하여 기혈이 약해진 사람은 반드시 자양시키고, 보하는 약에 알맞게 넣어 화를 내리는 약 대신 쓴다. 먹을 때 생강즙이나 감초가루를 조금 넣으면 더욱 좋다"고 나와 있다. 오줌을 마시는 생각만 해도 미간이 찌푸려지신다고? 겁먹지는 마시라. 아무 오줌이나 먹으라는 것이 아니라, 먹는 것이 정미롭고 호흡이 깨끗한 아이의 오줌만이 약으로 쓰이는 것이니.

똥오줌은, 입을 거쳐 요도나 항문으로 나오기까지 그야말로 긴 시간의 항해(?)를 한다. 『동의보감』에서는 그 과정을 이렇게 설명한다. "위에서 음식이 소화되어 위 아래쪽에 있는 구멍에서 소장 위쪽의 구멍으로 들어가고, 소장 아래쪽 구멍에서 맑고 탁한 것을 거르고 가려내, 맑은 수액은 방광으로 들어가 오줌이 되고 탁한 찌꺼기는 대장으로 들어가 대변이 된다." 즉 우리가 먹은 음식 중의 정미로운 기는 비와 폐로 올라가고, 그중 맑은 수액은 방광으로 들어가 오줌이 되며, 나머지가 대장으로 들어가 대변이 된다. 이때 입에서 항문까지 이동하는 거리가 자그마치 7~8미터라 하니, 가히 놀랍지 않은가? 시간으로 따져 보아도 16시간 내지 27시간을 몸속에서 머무르는 것이다. 그러니 이를 내 새끼라고 부르지 못할 이유는 또 어디 있으랴.^^ 내 '속'으로 낳은 새끼와 진배없는 만큼, 소변과 대변의 색과 양을 관찰하는 것이 내 몸을 아는 데 필수적이다.

오줌의 색깔과 횟수는 몸의 상태에 따라 달라진다. 『동의보감』에서는 오줌이 혼탁한 것은 모두 열증에 속한다고 본다. 오줌이 누런 것은 아랫배에 열이 있기 때문이고, 적색은 거의 술에 의한 것이며, 백색은 하초의 원기가 허하고 냉한 것이다. 또한 하초에 혈이 없으면 오줌 누기가 껄끄럽고 자주 누며, 색이 누렇다. 오줌을 참지 못하면서 오줌이 붉은 것은 열이 있는 것이며, 흰 것은 기가 허한 것이다.

똥은 황금색이 좋다. 익히지 않은 채소 등과 같은 생식을 하면 똥이 황금색이 된다. 그래서 가능하면 생식을 하고 채소를 먹어야 한다. 쓸개즙이 충분히 분비되는 사람의 경우 변에 미처 사용되지 못한 쓸개즙이 남아 황금색을 띠게 된다. 인스턴트, 밀가루, 튀긴 음식을 먹으면 간

도 약해질뿐더러 담즙 분비도 잘 안 된다. 『동의보감』에는 장 속에 열이 있으면 누런 죽 같은 대변이 나오고, 설사한 것이 하야면 속이 찬 것이고, 퍼렇거나 누렇거나 벌겋거나 거면 것은 다 열이 있는 것이라고 말한다. 자, 볼일 본 후 바로 물 내리지 말고 일단 변기 속의 똥 색깔을 보고 자신의 건강을 체크해 보자!

요즘 변비로 고생하시는 분들 많을 거다. '변비, 비켜!'만 외친다고 능사가 아니다. 소위 변이라고 하면 그냥 똥덩어리, 고체덩어리라고 생각하기 쉽지만 사실 똥의 70%를 차지하는 것은 수분이다. 그리고 수분이 그 정도를 넘어가면 설사가, 그리고 그 이하로 마르게 되면 변비가 되는 것이다. 변비는 대변이 장내에 장시간 체류하면서 수분을 빼앗겨 건조하게 된 것이다. 그 이유는 열이 넘쳐 진액이 말라 있거나, 진액이 모자라는 것인데, 이는 과로나 매운 음식을 많이 먹어서 화열이 쌓여 진액이 부족해진 탓이다. 따라서 변비를 해결하기 위해서는 진액을 보충해 대장을 촉촉이 적셔 주어야 한다. 우유나 참기름을 복용해 보는 것도

하나의 방법이다. 무엇보다 끼니를 거르지 않고, 고구마나 김치 등 섬유질 있는 음식들을 먹어 주는 것은 더 좋고.

똥으로 보는 건강법 하나 더! 소장과 대장에서 수분을 충분히 흡수하고 남은 찌꺼기는 소화가 안 된 섬유질 위주로 구성되어 있어 무게가 가벼워 물에 뜨게 된다. 그러니 둥둥 뜨는 똥을 쌌다면 흐뭇해해도 된다.^^ 그리고 찬 음식을 먹어 장에 한기가 들면 설사를 하게 된다. 음식물은 위장에서 어느 정도 연동상태를 거쳐 장으로 가기 때문에 극단적으로 차가운 상태로 장에 도달하지는 않지만, 냉장고에서 바로 꺼내 마시는 물과 음료는 장으로 바로 가기 때문에, 마시면 곧바로 장이 차가워진다. 몸 속의 불필요한 냉기를 제거하기 위해 우리 몸은 설사를 하게 되는 것이다. 그러니 냉장고에서 꺼낸 음료는 30~40분 정도 실온에 놓아둔 상태에서 마시는 게 좋다.

그리고 똥을 싼 다음 화장지에 아무것도 묻어나지 않아야 건강한 변이다. 너무 더럽다고? 하지만 자신의 똥오줌만큼 자신의 건강상태를 확실히 보여 주는 것도 없다. 똥오줌을 잘 관찰하자. 예부터 임금의 변을 매화라고 하여 매일 변을 관찰하며 임금의 상태를 확인하는 게 의관의 중요한 일 중 하나였다. 잘 먹고 잘 싸고 잘 자는 것이 건강의 핵심이다. 특히나 요즘같이 영양과잉, 섭취과다의 시대에는 잘 싸고 잘 내보내는 것이 더더욱 중요하다.

마지막으로 『동의보감』에 나오는 변비를 해결하는 재밌는 방법을 하나 소개한다(따라 해보시라는 건 아니다). 하지만 식사를 곧 앞두고 있다면 상상하지는 마시라!^^

대변이 오랫동안 나오지 않아 여러 가지 방법을 썼으나 효과가 없을 때는 다른 사람이 입에 참기름을 머금고 있다가, 작은 대나무 대롱을 환자의 항문에 꽂은 다음 항문 속으로 참기름을 뿜어넣는다. 그러면 환자는 그 기름이 마치 지렁이가 점점 올라오는 것처럼 느끼게 되는데, 잠시 후 검은 대변이 나오고 낫는다. 민간에서 쓰는 처방으로 간장[淸醬]과 참기름을 섞어 항문에 넣으면 대변이 나온다. 또는 생도라지를 참기름이나 간장에 담갔다가 항문에 넣어도 대변이 나온다. (「내경편」, '도변법'導便法)

●

문제는 어떻게 자기의 삶을 변화시킬 것인가이다.

자기의 얼굴은 자기가 살아온 길을 그대로 보여 준다.

그리고 이는 자신을 속이지 않고,

그 자리에서부터 앞으로 어떻게 살아야 하는지를 보여 주는

일종의 지침서이기도 하다.

스물둘

골치 아픈 이들을 위하여

자, 이제 「내경편」이 끝나고, 「외형편」의 시작이다. 『동의보감』은 전체 5편으로 되어 있다. 「내경편」, 「외형편」, 「잡병편」, 「탕액편」, 「침구편」. 그러니 이제 5분의 1 정도 끝낸 것이다. 편이 넘어간다고 해서 전혀 새로운 것들을 다시 시작하는 것은 아니고, 지금까지 나온 정·기·신과 음양오행의 기본원리들이 어떻게 '외형'과 연결되어 있는지를 보여 줄 차례이다. 『동의보감』 「외형편」은 '두'(頭), 머리로 시작한다.

여기서 먼저 질문 하나. 머리는 왜 둥글까? 물론 사각턱을 가져 머리가 네모난 사람도 있고, 요즘 유행인 브이라인으로 치자면 오각형인 사람도 있다고 되물으면 할 말이 없지만서도, 크게 보자면 둥글다. 그렇다면 머리는 왜 둥글까? 이게 무슨 뜬금없는 질문이냐고? 하지만, 생각해보면 궁금하지 않은가? 머리가 사각형일 수도 있고, 별 모양일 수도 있는데 하필 둥근 형태를 띠어야 할 이유는 없지 않나? 뭐 별 모양의 머리를 가진 사람을 생각하면 우습기는 하지만 말이다. 후훗.

『동의보감』에는 머리가 둥근 것은 하늘을 본받은 것이고 발이 모난 것은 땅을 본받아서라고 나와 있다. 소위 천원지방(天圓地方)설이다. 하늘이 어떻게 둥그냐, 하늘이란 것에는 경계가 없고, 오히려 둥근 것은 땅이 아니냐고 물을 수도 있겠다. 하지만 옛사람들이 하늘을 보았을 때 둥글고, 땅을 보았을 때 평평하다고 느꼈던 것이지, 실체적으로 하늘과 땅을 지구 바깥에서 보았을 때의 모양을 말한 것은 아니다. 하여튼 여기서 중요한 것은 사람의 몸은 자연과 동떨어진 존재가 아니라 하늘과 땅, 그리고 인간이라는 천지인(天地人) 삼재(三才)의 구도 속에서 해석된다는 것이다.

요즘 두통을 호소하는 이들이 많다. 이렇게 복잡하고 스트레스 받는 세상에서 머리가 안 아픈 게 외려 비정상적으로 느껴지는 세상이다. 『동의보감』에서도 두통을 정두통(正頭痛), 편두통(偏頭痛), 풍한두통(風寒頭痛), 습열두통(濕熱頭痛), 궐역두통(厥逆頭痛), 담궐두통(痰厥頭痛), 기궐두통(氣厥頭痛), 열궐두통(熱厥頭痛), 습궐두통(濕厥頭痛), 진두통(眞頭痛), 취후두통(醉後頭痛) 등으로 자세하게 나누어 설명하고 있다. 이렇게 여러 가지 종류의 두통이 있지만 이를 하나하나 설명하기는 복잡하다. 기본적으로 두통은 머리에 열이 받아서 생긴다. 시쳇말로 스팀 받는다는 이야기를 할 때 이것이 두통을 의미한다.^^ 예부터 '두무냉통 복무열통'(頭無冷痛 服無熱痛), 즉 머리는 차가우면 통증이 없고, 배는 따뜻하면 통증이 없다고 말한다. 방위상 위를 북쪽, 아래를 남쪽이라 할 때 북쪽은 추워야 정상이고, 남쪽은 따뜻해야 정상이다. 사람의 신체 역시 이와 마찬가지이다. 머리가 아플 때 이마에 찬 수건을 올려 열을 내리는 것은 이런 이치이다.

한의학에서는 어지러움을 현훈(眩暈)이라 하는데, '현'(眩)이라는 글자는 '눈 목'(目)에 '검을 현'(玄) 자를 써서 눈앞이 캄캄하다는 뜻이고, '훈'(暈)은 해[日]가 군대[軍]처럼 많이 있으므로 아찔하다는 것이다. 이렇게 눈앞이 캄캄해지고 어지러운 증상은 빈혈이 대표적이다. 빈혈 때문에 철퍼덕 쓰러져 보지 않은 이들은 잘 모르리라, 이 아찔함을. 빈혈은 머리 안에 혈액이 제대로 공급되지 않아서 생기는 것으로 이를 치료하기 위해서는 혈액이 충만하고 잘 순환하기 위한 조치들을 취해야 한다. 또한 빈혈은 정기가 허하기 때문에 나타나는 것이므로 기운을 보충해 주는 것 역시 필요하다.

두통이나 현훈을 그냥 방치하다 보면 더 심각한 병에 걸릴 수 있다. 누차 이야기하듯 몸의 반응은 이상이 있으니 빨리 치료하지 않으면 더

큰 문제가 일어날 수 있다는 경고다. 그런데 머리가 아프거나 어지러움을 무시한다면 머리는 정상적인 기능과 구조를 유지하기 더더욱 힘들어지고 심하면 풍이 들게 된다. 기력이 약해지는 50대 이후에 중풍이 많이 나타나는 것은 내부의 기운이 약해졌기 때문이다. 골 때리는 세상, 스팀 받는 세상, 머리를 맑게 하기 위해 산에라도 한번들 다녀오시라!

얼굴을 보면 병이 보인다

동양의학에서는 어떻게 병을 진단했을까? 사극에서 어의들이 왕후들을 진맥할 때 발을 내리고 멀리서 명주실로 손목을 연결해 임신 여부를 진단하는 장면들을 보면서 '에이, 저게 가능해?'라며 의문을 던진 이들 많았을 것이다. 초음파 검사도 아니고, 하다 못해 임신 테스터기로 확인하는 것도 아니고, 진맥으로 임신을 알아낸다? 그것도 멀찌감치 떨어져서 고작 실로? 당연히 과거 동양에서는 지금의 현대 서양의학에서 활용하는 혈액검사라든가 X-레이 등은 없었다. 그러나 이러한 가시적이고 객관화된 데이터가 있어야만 정확한 진단이 가능하다는 것도 어쩌면 우리의 환상은 아닐까? 아니 병을 그렇게 수치화하고, 객관화한다해도 우리가 쉬이 놓칠 수 있는 것들이 있지 않을까? 숫자는 거짓말을 하지 않는다고? 천만에. 오히려 데이터라는 환상에 사로잡혀 몸이 보내는 신호를 잡지 못하는 경우도 부지기수다.

그래서 동양의학에서는 진단할 때 다양한 방법으로 환자를 관찰

해서 정보를 얻는다. 보고, 듣고, 묻고, 만지고. 즉, '망'(望), '문'(聞), '문'(問), '절'(切)의 네 가지 진단법이다. 우선 망진(望診)은 환자의 외관을 자세히 관찰하는 방법이다. 얼굴색, 얼굴의 점, 혀의 색, 설태 등을 관찰하는 것 외에도 분비물, 배설물 등을 본다. 문진(聞診)은 환자의 목소리, 호흡 상태, 기침 소리 등을 듣고 정보를 모으는 방식이다. 그리고 이때 듣는 것에는 냄새를 맡는다는 의미도 있기 때문에 구취(口臭), 체취(體臭) 등을 맡아서 진단에 도움을 준다. 문진(問診)은 의사가 환자에게 질문을 해서 정보를 얻는 것으로 물론 서양의학에서도 문진은 기본이지만, 동양의학에서 문진은 몸을 하나의 전체로 파악해 온몸의 상태에 대해서 듣는 방식이다. 절진(切診)은 신체에 닿는 진찰법으로 복진(腹診)과 맥진(脈診)이 있고 망진과 함께 가장 중요한 진단법으로 여겨진다. 이 네 가지 진단법 중 망진, 즉 보고서 병을 아는 것이 가장 먼저 나온 데에는 이유가 있다.

『황제내경』「영추」편에 환자를 보기만 하고 병을 알아내는 것을 신(神)이라 하고, 들어보기까지 하고 병을 알아내는 것을 성(聖)이라 하며, 물어보기까지 하고 병을 알아내는 것을 공(工)이라 하고, 맥을 짚어보기까지 하고 병을 알아내는 것을 교(巧)라고 한다. …… 이 신성공교(神聖工巧)라고 하는 것은 무엇을 말하는 것인가? 보기만 하고 병을 안다는 것은 환자에게 나타나는 5가지 빛을 보고 무슨 병인지 알아낸다는 것이고, 들어보고 알아낸다는 것은 환자의 목소리를 듣고 5가지로 구분하여 무슨 병인지 알아낸다는 것이며, 물어보고 알아낸다는 것은 5

가지 맛 가운데 어느 것을 좋아하는가를 물어보고 병이 생긴 원인과 부위를 알아낸다는 것이다. 맥을 짚어 보고 알아낸다는 것은 촌구맥을 짚어 보아 허증인가 실증인가를 알아내는 동시에 병이 어느 장부에 생겼는가를 알아낸다는 것이다. (「잡병편」, '신성공교')

즉, 무릎이 닿기도 전에 모든 걸 꿰뚫어 보는 무르팍도사와 같은 이가 의사의 최고의 단계로 신의(神醫)인 것이다. 이는 요즘 성형시술을 감쪽같이 해서 제2의 하느님이라 불리는 '의느님'들에 비할 바가 아니다. 우리는 시골에 어느 용한 한의사가 묻지도 따지지도 않고 침을 놓더니 순식간에 병이 나았다더라는 식의 전설 아닌 전설들을 듣곤 한다. 망진은 과학적 진단 없이 그저 감으로 치료하는 것만은 아니다. 몸 안의 기운이 얼굴이나 걸음걸이로 표출되는 것을 보고 어떤 병에 들었는지를 알 수 있는 것이다. 망진을 첫째로 삼는 것은 환자의 형색(形色)을 관

찰하는 관형찰색(觀形察色)만으로도 신체의 이상 여부를 상당 부분 알아낼 수 있기 때문이다. 특히 얼굴은 외형상으로도 높은 곳에 위치해 몸 전체의 기능을 외부로 환히 드러낸다. 따라서 머릿속이나 몸통 안을 들여다보지 않더라도 얼굴에 발현된 기운을 통해서 신체의 대체적인 상황에 대한 유추가 가능해진다.

자세한 사항은 눈, 귀, 코 등 각각 해당하는 주제에서 다루기로 하고, 일반적인 얼굴색에 대해 이야기해 보자. 이 책 2부에서 목·화·토·금·수 오행(五行)이 간·심·비·폐·신 오장(五臟)에 해당하고, 분노·기쁨·생각·슬픔·두려움이라는 감정에도 배속되고, 색깔 역시 청·적·황·백·흑으로 이어짐을 말한 적이 있으니 그것을 떠올려 보자.

> 간병이 겉으로 드러나는 증상은 얼굴이 푸르고 성을 잘 내는 것이다. 심병이 겉으로 드러나는 증상은 얼굴이 붉고 잘 웃는 것이다. 비병이 겉으로 드러나는 증상은 얼굴이 누렇고 트림을 잘 하는 것이다. 폐병이 겉으로 드러나는 증상은 얼굴이 희고 재채기를 잘 하는 것이다. 신병이 겉으로 드러나는 증상은 얼굴이 검고 두려워하며 하품을 잘 하는 것이다. (「외형편」, '얼굴에 나타나는 다섯 가지 색')

간은 나무의 색, 청색에 해당한다. 봄철 나무처럼 무럭무럭 자라나는 이들을 청소년이라 한 것 역시 이 푸른색에 대한 비유일 것이다. 그리고 노여움이 지나치면 간을 상하고, 이것이 얼굴색으로 나타난다. 성질을 못 참아서 얼굴이 붉으락푸르락하는 것이 이를 보여 준다. 특히나 목의 기운이 강한 아침에 화를 내지 말라는 것이 중요한 양생법 중의 하나이니 얼굴에 푸른 기운이 있다면 화를 다스리는 법에 주의할 일이다.

심장은 불의 색, 붉은색에 해당한다. 기쁘면 얼굴이 홍조가 되는 것이 이를 보여 준다. 그러나 얼굴에 과도하게 붉은 빛이 나타나는 것은 내부에 간직했던 기운을 소진해 심의 화가 치성한 것을 보여 준다. 누차 강조하지만 물은 올라가고, 불은 내려가야 한다는 것이 건강의 기본 원리인 수승화강(水昇火降)이다.

비는 흙의 색, 황색이다. 생각이나 근심이 깊어 얼굴이 누렇게 뜬다고 할 때 누런색이 바로 이것이다. 이는 지나친 생각으로 비위의 기능이 약해져 비의 색이 얼굴에 나타난 것이다.

폐는 금의 색, 백색이다. 근심 혹은 슬픔에 해당한다. 폐병환자들이 창백하고 낯빛이 흰 것이 이를 보여 준다. 요즘은 하얀 피부가 미인의 조건이지만, 적당히 혈기 있는 발그레한 얼굴이어야지, 환자처럼 희멀건 얼굴은 좋지 않다.

신은 물의 색, 흑색이다. 두려움에 낯빛이 흑색이 되는 것이 이 때문이다. 정을 너무 많이 소모하거나, 신장 계통이 안 좋은 경우 얼굴이 까매지는 경우가 많다. 이런 얼굴을 가졌다면 특히나 신장 관련 질병에 주의하자.

파운데이션으로 기미와 주근깨를 감추고, 아이섀도와 립스틱으로 선명하게 라인을 그려 넣는 것만이 능사가 아니다. 스모키 화장, 볼터치도 좋지만 건강하고 윤기 있는 색들이 발현되는 얼굴을 만들기 위해서 노력하는 것이 더더더 중요하다.

그럼, 거울을 통해 자신의 얼굴을 전체적으로 한번 보시라. 뭐, 잘생겼다고? 그런 거 보라는 게 아니라…… 쩝. 일단 첫째로 눈에 띄는 게 있을 것이다. 뭐냐고? 얼굴에는 구멍이 있다는 것. 구멍은 사람 몸에 아홉 군데가 있다(세어들 보시라). 그중 얼굴에 일곱 개가 모여 있다. 그게 별거냐고? 생각해 보시라. 세상 모든 것에는 구멍이 있다. 무생물인 건축물 역시 출입문 혹은 창문이라는 구멍이 있다. 이렇게 숨통이 있어야 건축물 역시 살아 숨쉴 수 있다. 아이의 경우 엄마 뱃속에 있을 때는 오직 하나의 구멍, 탯줄로만으로 연결되어 있다. 이 탯줄이란 구멍은 태어나면서 배꼽으로 바뀌며 폐쇄되고 대신 아홉 개의 구멍이 생겨나는데, 이로써 생명활동이 가능해진다.

그런 점에서 구멍은 생명체의 핵심이다. 모든 생명체는 어떤 의미에서 벽을 가진 존재이다. 이 벽을 가짐으로써, 자기와 자기 아닌 것을 구별할 수 있다. 철학적으로 말하자면 자기와 타자를 구별하고, 나와 나 아닌 것들을 구분 짓는 경계가 된다. 하지만 역설적으로, 벽이 닫힌 기능만 충실히 발휘해서는 삶을 꾸려 나갈 수 없다. 그렇게 되면 소통과 순환은 일어날 수 없다. 이 소통과 순환이 가능하기 위해 필요한 것이 바로 구멍이다. 인체의 아홉 구멍, 구규(九竅) 역시 내·외부의 정보교환 및 의사소통을 통해 생명활동을 온전하게 유지토록 해준다. 얼굴 부분의 칠규(七竅)는 주로 외부의 새로운 것을 받아들이고, 몸통 부분의 전·후음(前後陰)은 대개 내부의 낡은 것을 내보내 항상성을 유지하도록 하는 역할을 맡는다. 이 통로들의 순환이 잘 되느냐 안 되느냐가 건강의 핵심인 것이다. 잘 먹고 잘 싸는 차원의 순환에서 시작해 어떻게 외부와의 순환이 제대로 이루어지느냐가 이 구멍과 통함의 사유인 것이다.

집이 오래되면 대문이나 창문이 먼저 망가지듯이, 사람의 몸도 마찬가지로 노화가 진행되면 이 구멍에서부터 이상 증상이 먼저 나타난다. 눈에서는 우는데도 눈물이 나지 않고, 코에서는 콧물이 늘 흐르며, 귀에서는 항상 이상한 소리가 난다. 음식을 먹어도 침이 나오지 않아 입이 마르고, 아래 구멍으로는 오줌이 찔끔찔끔 새며, 똥을 지리게 된다.

그럼, 여기서 질문! 왜 귀와 코는 세로로 찢어져 있고, 눈과 입은 옆으로 찢어져 있는 걸까? 귀와 코는 '뚫을 곤'(丨)의 모양을 취하고, 눈과 입은 '한 일'(一) 자의 모양을 취하고 있다. 아무 이유 없을 수도 있지만, 동양에서는 귀와 코는 하늘을 닮고, 눈과 입은 땅을 닮아서 그렇다고 해석한다. 우리가 알다시피 귀와 코는 항상 열려 있는 반면, 눈과 입은 필요에 의해 열었다 닫았다 할 수 있다. 즉, 귀와 코는 일부러 틀어막지 않는 한 듣기 싫은 소리와 맡기 싫은 냄새로부터 자유로울 수 없지만, 눈

자네 늙었구만, 헐헐
코를 질질 흘리니...

이런 할방탱이 같으니!
자네 웃으면서 눈물을 흘리나?

과 입은 보기 싫고 먹기 싫으면 다물면 된다. 이는 귀와 코가 하늘을 닮아 언제나 열려 있는 반면, 눈과 입은 땅을 닮아 열리고 닫힘이 자유롭기 때문이다. 따라서 건강이라는 차원에서도 마찬가지로 귀와 코는 막히지 말고 항상 열려 있어야 하며, 눈과 입은 가능하면 닫고 있는 것이 좋다.

그럼, 또 다른 질문 하나! 날씨가 추울 때 손발은 얼어 쓰기 어려운데도 얼굴은 그다지 춥지 않은 것은 무엇 때문일까? 만약 얼굴처럼 손발을 그냥 맨손, 맨발로 내놓는다면 동상에 걸릴 것이 분명하다. 그런데 얼굴은 그럭저럭 추운 겨울 날씨를 견딘다. 이는 모든 혈맥이 얼굴로 올라가기 때문이다. 몸에서 기화된 진액은 모두 위로 올라가 얼굴을 덥히고 피부도 두텁게 하여 얼굴의 살이 튼튼해지므로 아주 뜨거운 기운이나 몹시 찬 기운도 얼굴의 기를 이기지 못하는 것이다.

『동의보감』에서 소개하는 얼굴에 좋은 것들 중에 주위에서 손쉽게 구할 수 있는 것들로는 소금 끓인 물, 꿀, 복분자, 진주(?), 밤 속껍질(율피) 등이 있다. 소금 끓인 물은 얼굴에 난 다섯 가지 색의 종기를 치료하며, 소금을 끓인 따뜻한 물에 비단을 담갔다가 종기가 난 곳에 붙이고 하루에 대여섯 번 정도 두드려 주면 저절로 낫는다고 한다. 꿀은 늘 먹으면 얼굴이 꽃 같아지고 오래 먹으면 좋다고 하고, 복분자 역시 얼굴색을 좋아지게 한다. 그리고 화장품으로 많이 바르는 진주는 기미와 반점을 없애고, 얼굴을 윤기 나게 하며 안색을 좋게 한다. 갈아서 가루를 내어 젖에 개어 자주 발라 주면 좋다. 그리고 주름 있는 이들에게 특효약 하나! 밤을 먹다 보면 겉껍데기 말고 안을 싸고 있는 얇은 속껍질을 보셨을 게다. 이것을 찧어서 가루 내어 꿀과 섞어 얼굴에 바르면 피부와 살을 팽팽하게 하여 노인 얼굴의 주름도 펼 수 있다고 한다. 주름 때문에 걱정인 이들은 밤 속껍질을 갈아서 꿀과 함께 발라 보시라.

생긴 대로 산다는 말이 있다. "얼굴이 그렇게 좀스럽게 생겼으니 하는 일도 그렇게 좀스럽지⋯⋯(사람들이 나한테 하는 말이다)." 그러나 생긴 대로 사는 게 아니다. 외려 사는 대로 얼굴이 생겨진다(?)고 말하는 편이 더 정확하다. 좀스러운 행동을 하니 얼굴이 좀스러워지는 것이다. 시쳇말로 '꼴값하고 있네'에서 꼴값한다는 말은 말 그대로 '얼굴 생긴 값하고 있네'라는 뜻이기보다 '그렇게 행동하는 게 딱 니 얼굴에 맞네'로 해석하는 것이 타당할 수도 있다는 말이다. 얼굴 그 자체가 다 당신이 살아온 삶이다. 당신의 습(習)이 그렇기 때문에, 당신의 동선이 그렇기 때문에, 당신이 얼굴이 그 모양 그 꼴인 거다! 따라서 마음이 중요하

꿀에다가
복분자 가루 두 스푼!
밤 껍질, 금가루,
밀가루,
쌀가루,
민들레가루

먹지 말고 피부에 양보를⋯

주름 펴기 쉽지 않아⋯

지, 외모는 중요하지 않다는 말은 잘못됐다. 마음이 좋으면 외모도 좋고, 마음이 나쁘면 외모도 나쁘다.

그건 당신의 걷는 자세를 보아도 알 수 있고, 당신이 글쓰는 것을 보아도 알 수 있다. 게으르고 모든 일이 귀찮은 사람이라면 걸을 때도 역시 밍기적밍기적 걸어 다닐 테고, 글을 써도 시작만 하고 마무리는 잘못 짓는 사람일 게다. 당신의 습관 하나하나가 혹은 당신의 성질 머리 하나하나가 당신의 얼굴에 달라붙고, 당신의 온몸에 달라붙고, 당신의 행동 하나하나에 달라붙는다. 당신이 어떤 사람을 만나는지, 어떻게 관계를 맺어 나가는지가 다 당신의 습이 발현된 것이란 말이다.

그렇다면 어쩌라고? 성형이라도 할까? 이거 왜 이러시나. 누차 말하지 않았나. 얼굴은 바깥이고, 마음이 안이라고. 마음 씀씀이를, 자기 습을 바꾸지 않고 얼굴을 고친다고 해서 바뀌는 건 아무것도 없다고. 성형을 한다고 해서 본바탕이 바뀌지는 않는다. 마음이 뾰족해서 코가 뾰족한 것인데, 코를 둥글둥글하게 고친다고 속마음이 변하는 것은 아니다.

문제는 어떻게 자기의 삶을 변화시킬 것인가이다. 자기의 얼굴은 자기가 살아온 길을 그대로 보여 준다. 그리고 이는 자신을 속이지 않고, 그 자리에서부터 앞으로 어떻게 살아야 하는지를 보여 주는 일종의 지침서이기도 하다. 나이 마흔이 넘으면 자기 얼굴에 책임을 져야 한다는 말은 인상 쓰지 말고, 예쁜 표정만 지으면서 살라는 이야기가 아니다. 그것은 자기를 어떻게 바꾸고, 어떻게 살아가야 할지를 말해 주는 것이다. 자, 이제 다시 한번 자기 얼굴을 뜯어보자. 뭘 바꿔야 내 얼굴이 바뀔지.

그럼 마지막으로 얼굴색을 좋게 하는 법 소개 하면서 마무리. 일단, 얼굴을 자주 문질러 주시라. 손바닥을 뜨겁게 닭똥냄새 날 때까지 비벼서 얼굴 전체를 마사지 해주면 좋다.

손바닥을 뜨겁게 비벼서 이마를 여러 번 문지르는데, 이것을 천정(天庭)을 수양한다고 한다. 머리털이 난 경계선까지 14번이나 21번 문지르면 얼굴에 저절로 윤기가 난다. 이른바 '손은 늘 얼굴에 대고 있어야 한다'고 한 것은 이것을 말하는 것이다. (「외형편」, '안마법')

스물넷 몸이 천 냥이면 눈은 구백 냥

사람을 볼 때 제일 먼저 어디부터 보시는가? 가슴? 엉덩이? 뭐, 성적 취향이나 개인적 기호에 따라 다르겠지만, 일반적인 사람들은 눈을 본다고들 한다. 뭐, 일반적이라는 것이지 다른 데를 보는 것이 나쁘다는 것은 아니고…….^^ 하여튼, 왜 눈을 본다고 할까? 눈은 마음의 창이라서?

옛말에 '몸이 천 냥이면 눈이 구백 냥'이라 했다. 그만큼 눈이 중요하다는 말일 터. 하지만 이 말은 단지 눈이 차지하는 역할이 크다는 의미만은 아니다. 물론 눈의 역할이 중요하기는 하지만, 한의학적으로 볼 때 눈의 건강으로 그 사람의 건강을 알 수 있기 때문이기도 하다. 그리고 이는 동양의학에서뿐만이 아니다. 서양의학의 시초라 할 수 있는 히포크라테스 역시 눈을 고치기 위해서 눈만을 치료해서는 안 되며, 신체전체를 고쳐 나가야 한다고 말했다. 그런 점에서 눈은 '마음의 창'일 뿐만이 아니라 '몸의 창'이고, 그런 의미에서 눈을 본다는 것은 그 사람전체를 보는 것이라 할 수 있다.

오장과 육부의 정기는 모두 위로 올라가 눈에 모여 정(精)이 된다. 이 정이 모여 있는 오목한 곳이 바로 눈이다. 뼈의 정은 동공이 되고 근(筋)의 정은 눈동자의 검은자위가 되는데, 혈의 정이 그 오목한 곳을 얽어 싸 주어 눈초리 안쪽의 붉은 실핏줄이 되고, 기의 정은 눈동자의 흰자위가 되며, 기육의 정은 눈꺼풀이 된다. (「외형편」, '눈은 장부의 정이다')

오장육부의 정기가 위로 올라가 눈에 모여 정이 되는 것이다. 한의학에서 시력을 정명(精明), 즉 '정의 밝음'이라 하는 이유도 이 때문이다. 기본적으로 눈은 오장육부의 건강함을 고스란히 내보여 준다. 따라서 오장육부의 건강에 이상이 있으면 눈에 이상이 생기는 것이다. 직접적인 예로 밤을 샌 다음날 피로로 간이 무리를 하게 되면 눈이 빨갛게 충혈되는 경험들이 있으실 거다. 몸의 상태가 안 좋으면 눈이 뻑뻑해짐을 느끼는 것 역시 마찬가지이다.

하지만 요즘은 그야말로 '눈의 혹사' 시대이다. 앞에서도 이야기했듯이 몸의 구멍은 외부의 정보를 받아들이는 창구이다. 그리고 우리가 받아들이는 정보 가운데 시각을 통해 받아들이는 정보가 70~80%를 차지한다. 말 그대로 쏟아지고 있다. 매일같이 컴퓨터 모니터와 텔레비전, 핸드폰을 뚫어지게 쳐다보는, 쳐다봐야만 하는 현대인들! 이들의 눈이 안 좋아지는 것은 당연하다. 게다가 많은 정보를 받아들이기 위해 자기도 모르게 화면에 집중하게 되고, 그러다 보면 자연스럽게 눈을 깜빡이는 횟수는 줄어든다. 컴퓨터 게임을 하거나 웹서핑을 하다 보면 자기 자신도 모르게 눈이 뻑뻑해지는 것을 느껴 봤을 것이다. 이는 안구 보호와 충혈된 눈을 식혀 주는 역할을 하는 눈물이 제때 공급되지 않아서다. 따라서 수분이 말라 안구가 외부에 그대로 노출되고, 이것이 반복되면 눈이 피로해지는 것이다.

요즘처럼 눈을 자주 쓰는 시대에는 피가 바싹바싹 마른다. 간이 피를 저장하는 기관이므로 눈에 있던 피가 잠을 잘 때는 간으로 돌아가서 간에 저장되어야 하는데, 밤에도 두 눈 부릅뜨고 모니터를 지켜보고 있으니 가뜩이나 부족한 피가 계속 마르게 된다. 안구건조증을 호소하는 사람들이 많은 것도 이와 관련이 있다. 과로나 지나친 스트레스, 혈허 등으로 인해 간에 비정상적으로 화가 치성한 경우 안구건조증으로 이어지기 쉽다. 또 하나 다른 요인으로는 지나친 성생활이나 과로로 정을 소모하거나 나이가 들어 자연히 신(腎)이 허약해진 경우 몸의 진액이 말라 안구건조증이 생긴다. 따라서 인공눈물만이 능사가 아니라 병의 기본부터 치료해야 한다.

자, 이제 자신의 눈을 자세히 보시라. 눈이라고 해서 하나가 아니다. 다음의 인용문에서 보이듯이 눈은 다섯 부분으로 나눠 볼 수 있다.

> 흰자위는 폐에 속하고, 기의 정이 모이는 곳이어서 기륜(氣輪)이라고 한다. 검은자위는 간에 속하고, 근의 정이 모이는 곳이어서 풍륜(風輪)이라고 한다. 위아래 눈꺼풀은 비에 속하고, 육의 정이 모이는 곳이어서 육륜(肉輪)이라고 한다. 안쪽과 바깥쪽의 눈초리는 심에 속하고, 혈의 정이 모이는 곳이어서 혈륜(血輪)이라고 한다. 동공은 신에 속하고, 골의 정이 모이는 곳이어서 수륜(水輪)이라고 한다. (「외형편」, '오륜도')

즉, 안쪽과 바깥쪽의 붉은 눈초리는 심에 속하고, 눈을 가득 채우고 있는 흰자위는 폐에 속하며, 둥글고 큰 검은자위는 간에 속하고, 위아래 눈꺼풀은 비에 속하며, 눈알 가운데 하나의 점이 붙어 있는 듯이 보이는 검은 동공은 신에 해당한다. 각 부분에 이상이 생기면 관련 장부에 이상이 있음을 알 수 있다. 물론, 눈 전체에 해당하는 장부는 간이다.

> 간의 구멍은 눈이다. 동쪽의 기와 푸른 기는 간으로 들어가 눈에 구멍을 열고 그 정을 간에 갈무리한다. 사람이 누워 잠을 자면 혈은 간으로 돌아가는데 눈은 간이 피를 받아들여야 볼 수 있다. …… 간이 허하면 눈이 어두워 볼 수 없다. 눈이 어두운 것은 간의 기가 다스려지지 않았기 때문이다. 눈은 간의 상태가 밖으로 드러나는 곳이다. (「외형편」, '눈은 간의 구멍이다')

내가
비정상인가?

그래서 눈이 큰 사람은 간기(肝氣)가 허하다고 본다. 눈이 크면 일단 화려한 것을 좋아한다. 관상학에서 눈이 큰 사람을 보고 도화살이 많다고 하는 까닭이기도 하다. 안구돌출이나 갑상선 기능 항진증 등으로 눈이 튀어 나온 것 역시 간화(肝火)가 상충해서 그런 것이다. 눈은 자꾸 화려한 것을 좇으면서 이러한 화기를 잡아 주지 못하고, 간화는 뿌리 없이 타올라 눈은 더 휘둥글게 외부를 향하면서 계속 무리하게 간의 기운을 사용한다. 그래서 관상학적으로 좋은 눈은 초생달처럼 가늘고 긴 눈으로 본다.

그럼, 눈은 왜 나빠지는가? 『동의보감』에서는 눈병의 원인을 다음과 같이 설명한다.

다섯 가지 매운 것을 날로 먹거나 뜨거운 음식을 먹거나 머리를 다쳐 피를 많이 흘리거나, 시력이 미치지 않는 먼 곳을 애써 보거나 밤에 작은 글씨로 된 책을 읽거나, 연기 나는 곳에 오래 머물거나 바둑이나 장기를 쉬지 않고 두거나, 밤에 책을 읽거나 술을 계속 마시거나, 뜨거운 음식이나 밀가루 음식을 먹거나, 여러 해 동안 글을 계속 베껴 쓰거나, 세밀하게 조각하는 일을 하거나, 눈물을 너무 많이 흘리거나, 성생활이 지나치거나, 해와 달을 자주 보거나, 달빛 아래에서 책을 읽거나, 밤에 별과 달을 살피거나, 시력이 미치지 않는 곳까지 애써 산천이나 풀과 나무를 자세하게 살피는 것은 모두 시력을 잃는 이유가 된다. 또한 말을 타고 달리면서 사냥을 하거나 바람과 서리를 무릅쓰고 다니거나 바람을 맞으며 동물을 쫓거나 밤낮으로 쉬지 않는 것은 모두 눈을 상하게 하는 이유가 된다. (「외형편」, '눈병의 원인')

너무 많다고? 크게 보자면 폐나 심의 불 기운이 눈으로 치성해서 오르거나 간에 저장해야 할 피가 모자라기 때문이다. 그렇다면 눈을 좋게 하기 위해서는 어떻게 해야 할까? 요즘 유행하는 라식이나 라섹 수술? 시력을 좋게 한답시고 각막을 깎아 내는 것이나 콘택트렌즈를 끼는 것이 눈에 안 좋은 이유는 두말하면 잔소리일 터. 나이가 들면 자기 주변의 것들만, 즉 가까운 곳들만 봐서는 안 되고, 먼 곳을 봐야 하기 때문에 자연스레 가까운 곳들은 안 보이게 되는 것이다. 이를 막기 위해 각막을 깎고, 콘택트렌즈를 껴서 눈에 직접적으로 무리를 주게 되면 눈뿐만 아니라 자신도 모르게 몸이 망가지게 된다.

따라서 눈을 보호하는 방법은 다음과 같다. "책 읽는 것을 줄이는 것이 첫째요, 생각을 적게 하는 것이 둘째이다. 오로지 내시(內視)하는 것이 셋째요, 외부의 사물을 볼 때는 자세히 보지 말고 지나치듯 보는 것이 넷째이다. 늦게 일어나는 것이 다섯째요, 일찍 자는 것이 여섯째이다." 또한 눈병에는 음주와 성교, 감정이 격해지는 것[酒色七情]을 반드시 삼가야 한다. 그리고 일반적으로 눈병에는 열을 조장할 수 있는 닭고기, 생선, 술, 밀가루, 찹쌀, 짜거나 신 음식, 뜨거운 것, 기름진 것과 독이 있는 모든 것들을 조심하여야 한다. 열을 제어하는 방법으로는 돼지고기를 양념하지 않고 푹 삶아 매일 밥을 말아 먹거나 산약, 무, 채소, 과일 등을 먹는 것이다.

또 눈에 좋은 것으로 소금이 있다. 물에 넣고 끓여서 따뜻할 때 눈을 씻으면 눈이 어두운 것과 충혈된 것이 없어진다. 소금이 뭉친 피를 잘 흩뜨리기 때문이다. 새벽에 일어나 소금 끓인 물로 양치한 다음 뱉은 물로 눈을 씻으면 눈을 밝게 하고 이를 튼튼하게 하는 데 아주 좋다고 한다. 너무 지저분하다 생각하지 마시라. 소금으로 씻기가 귀찮다면, 아침에 일어나서 치약으로 닦기 전에 입을 헹군 후 그걸 손바닥에 받아서 눈을 씻어 주시라. 꾸준히 하다 보면 천리안이 되실지도…….

결명자나 국화를 차로 마시면 좋은데, 결명자는 말 그대로 눈을 밝게 해주는[決明] 씨앗[子]이라는 뜻이다. 간열을 내리고 눈을 밝게 해주는 효능이 있으니 식수 대신에 차로 드시면 좋다. 그리고 눈에 해당하는 장부가 간이기 때문에 각 동물들의 간 역시 눈에 좋다. 사람 오줌도 좋다는데, 『동의보감』에서는 평생 동안 눈이 충혈되는 병에는 소변을 보다 한 손가락에 소변을 묻혀 눈에 바르기를 서너 번 하고 소변을 다 보고 나서 잠시 눈을 감고 있으면 바로 효과가 있다는 내용을 소개하고 있긴 하나 감히 추천하진 않는다.

당연한 이야기일 수도 있겠지만 시력을 기르려면 자주 눈을 감고 있어 주는 것이 좋다. 눈알을 자주 굴려 주는 것도 하나의 방법이다. 『동의보감』에서는 눈을 좋게 하는 법을 다음과 같이 소개하고 있다.

손바닥을 뜨겁게 비벼 양쪽 눈 위를 다림질하듯 문지르는데, 14번씩 두루 비벼준다. 양 손가락으로 양쪽 눈썹의 바깥쪽에 있는 광대뼈 위를 문지르고 손으로 귀를 40번 이상 잡아당긴다. 문질러서 약간의 열이 나면 손으로 이마를 27번 쓸어 올리고, 눈썹 사이의 미간을 따라 머리카락이 난 곳까지 쓸어 올리면서 입으로는 수없이 침을 삼킨다.

자, 이제 책 보느라 수고한 눈을 쉬게 하는 의미에서 잠깐 동안만이라도 눈을 감고 휴식을 취해 주자. 천 냥 중에 구백 냥이나 되는 재산을 그냥 날려 버릴 수는 없지 않은가?

총명해지고 싶다면 귀를!

귀에 대한 이야기는 전에 신(腎), 그러니까 신장을 다룰 때 한번 나왔었다. 아무 기억이 없다고? 그래서 귀동냥으로 흘려보내면 아무 의미 없다는 거다. 한번 듣고 마는 정보로 끝나면 아무리 좋은 얘기라 해도 백 번 천 번을 듣는다 한들 소용이 없다. 실제로 나의 몸이 체험하지 않으면, 귀동냥을 넘어서 직접 자신이 알고자 그것을 찾지 않는 한 결코 자기의 것이 되지는 않는다.

청각이 좋다고 말할 때 귀가 밝다고 이야기한다. 그럼 귀가 밝다는 것은 무엇을 의미하는가? 시력을 정명(精明), 즉 '정의 밝음'이라고 했듯이, 시각과 청각의 기능을 밝음과 연결시켜 이야기하는 데는 이유가 있다. 눈이 밝다, 귀가 밝다고 이야기하지 코가 밝다, 입이 밝다고는 이야기하지 않으니까 말이다.

시각·청각 등 인간의 감각행동 역시 에너지로서의 기혈을 필요로 한다. 하늘의 기운을 코로 호흡하고, 땅의 기운을 입으로 받아들여 체내에서 기혈을 생성시키고, 이 기와 혈이 얼굴로 올라와 눈과 귀 그리고 코와 입이라는 구멍으로 들어감으로써 감각을 낳는다. 따라서 하늘의 양기를 받은 귀와 눈 역시 하늘처럼 맑아야 한다. 그렇게 해야 눈이 밝아지고 귀도 밝아진다는 것.

사람의 귀와 눈은 마치 달의 성질이 햇빛을 받아야만 밝아지듯이, 귀와 눈도 역시 양기를 받아야만 잘 듣고 볼 수 있다. 그러므로 귀와 눈의 음혈(陰血)이 허하면 양기가 더해져도 받아들이지 못하여 잘 듣거나 볼 수 없다. 귀와 눈의 양기가 허하면 음혈이 자기 홀로 작용할 수 없으므로 역시 잘 듣고 볼 수 없다. 그래서 귀와 눈의 밝음은 음인 혈과 양인 기가 서로 조화를 이루어야만 보고 들을 수 있다. (「외형편」, '귀와 눈은 양기를 받아야 잘 듣고 볼 수 있다')

한의학에서는 인간의 몸을 하나의 작은 우주, 소우주로 파악한다. 하늘에 해와 달이 있어 밝게 비추는 것처럼, 사람에게는 눈과 귀가 있어 밝게 살펴볼 수 있다고 파악하는 것이다. '나무아미타불 관세음보살'의 관세음이란 세상[世]의 소리[音]를 본다[觀]는 뜻으로, 관세음보살님은 세상에서 고통받는 중생들의 소리를 두루두루 밝게 본다는 것이다. 그런 점에서 본다는 것과 듣는다는 것은 하나일 수 있다. 이는 단순한 비유만은 아니다. 왜냐하면 귀와 눈은 모두 양기를 받아 총명해지기 때문이다.

그럼 총명(聰明)하다는 것은 뭘까? '총명'이라는 글자를 풀어 보자면, '총'(聰)은 자전에서 '귀 밝을 총'으로 풀이하고, '명'(明) 역시 해와 달이 합쳐져 '밝다'는 뜻이다. 즉 귀와 눈이 밝다는 것이다. 따라서 '총명하다'라는 본래의 의미는 똑똑하다거나 머리가 좋다는 게 아니라, 눈과 귀의 기능이 원활히 잘 작동한다는 말이다.

그럼에도 불구하고, 이렇게 묻는 사람 꼭 있다. 똑똑해지려면 무엇을 먹으면 좋나요? 지금껏 총명해진다는 게 똑똑해지는 거 아니라고 그렇게 말했는데도 말이다. 하여튼 똑똑해지려면 무얼 먹으면 좋을까라는 질문을 많이들 한다. 그런데 그런 거 있음 우선 나한테나 좀 주시라.

하지만 아예 없는 건 아니다. 이름하야 '총명탕' 되시겠다. 먹으면 얼마나 총명해지길래 약 이름이 총명탕일까? 요즘 수험생에게도 인기 '짱'인 총명탕은 한의서에서는 오랫동안 복용할 경우 단 하루에 무려 천 마디 말을 암송할 수 있다고 나와 있다. 와우! 서프라이즈! 영어단어가 안 외워져서 고생이신 분이라면 솔깃해지지 않을 수 없는 이야기다.

그러나 우리가 생각하는 것처럼 총명탕이라는 약이 머리를 좋게 해 주는 것은 아니다. 오히려 총명탕에 쓰이는 약재는 심장의 구멍을 깨끗하게 할 때 쓰이는 약재이다. 머리가 좋아지고 기억력이 좋아져야 총명탕이란 이름에 걸맞을 텐데 마음에 쌓인 때를 씻는 효과만으로 총명탕이라는 이름을 붙일 수 있는지 의아스러울 거다. 하지만 총명함은 본디 마음으로부터 비롯한다. 그래서 예부터 심장에 구멍이 많을수록 지혜롭다고 보았다. 본디 '총'이란 글자가 귀[耳]라는 굴뚝[囱]에 마음[心]이 함께 있다는 것이나 '명'이라고 하는 것 역시 마음이 깨끗하고 맑은 상태를 말한다고 할 때 총명탕이란 이름이 허명만은 아닐 것이다.

결국 총명하다는 것은 외부의 대상, 그것이 텍스트가 되었건 관찰 대상이 되었건 간에 그것과 마음이 얼마나 하나가 되느냐에 달려 있다고 말할 수 있다. 따라서 공부를 잘한다는 것은, 다시 말해 총명하다는 것은 내 마음을 얼마만큼 움직였느냐에 달려 있다. 바깥의 이치를 어떻게 받아들일 것인가, 그리고 그것이 나의 삶과 어떻게 연결되어 있는지를 아는 것, 그런 마음을 가지고 책을 읽어야 책과 내 마음이 합일될 수 있고, 비로소 기억력이 향상되기 때문이다. 그러니 총명해지기 위해서는 마음이 움직여야 한다. 무엇이든지 귀동냥으로만 끝나서는 안 되고 그것이 마음을 동하게 해서 마음에서 우러나와야 효과가 있고, 총명해질 수 있다는 말씀!

전에도 말했듯이, 귀와 코는 하늘을 본받아 만들어졌기 때문에 하늘과 같이 항상 열려 있어 막힘이 없어야 하고, 눈과 입은 땅을 본받아 만들어졌기 때문에 땅과 같이 열리고 닫힘을 잘해야 한다. 질병 역시 이러한 천지음양의 논리와 떨어져 있지 않다. 하늘을 닮은 귀와 코의 질병은 중이염이나 비염, 축농증처럼 대개 습기가 많아서 생기는 반면, 눈과 입의 질병은 안구건조증이나 구강건조증처럼 대체적으로 너무 건조해서 발생한다. 하늘은 본디 맑고 건조해야 되고, 땅은 축축하게 습기를 머금어야 정상이듯 사람 얼굴에 있는 구멍 역시 마찬가지이다. 그러니 귀와 코는 맑고 건조해야 하고, 습하게 되면 병이 생기기 마련이다. 그런 대표적인 병이 귀에서 엉뚱한 소리가 나는 이명(耳鳴)이다.

> 일반적으로 사람이 욕심에 절제가 없고 일을 지나치게 하거나 혹은 중년 이후에 큰 병을 앓고 난 뒤 신수(腎水)가 마르고 음화(陰火)가 위로 타오르기 때문에 귀가 가렵고 귀가 우는 것이다. 이명은 늘 소리가 나는데, 매미 우는 소리 같기도 하고 종이나 북 치는 소리 같기도 한데, 빨리 치료하지 않으면 점점 귀가 먹게 되니 참으로 안타깝다. (「외형편」, '이명')

귓속에서 자꾸 이상한 소리가 나고 귀가 멍멍함을 느끼는 것이 일시적으로 피로해서 그런 탓일 수도 있지만, 이는 앞에서도 이야기했듯 신의 기운과 관련이 있다. 지나치게 성생활을 하거나 과로로 인해 신의 정이 소모되는 경우 귀가 가렵거나 귀에서 매미 우는 소리가 나기도 하는 것이다. 신의 기운은 타고난 선천의 영향을 많이 받는다. 신장이 몸속 가장 안 쪽에 있듯이 정은 안쪽으로 고이 모셔 두는 것이 필요하다. 마치 씨앗이 다음해 봄 새싹을 틔워내기 위해서 엄동설한의 한겨울 동안

에너지를 응축하며 기다리는 것처럼. 겨울날 몸의 기운을 헛되이 쓰지 말고, 자신의 기운을 안에 차곡차곡 저장해야 하는 것도 이와 마찬가지.

이는 또 마치 새로운 삶을 시작하는 아이가 선천의 기운을 고스란히 받아 왕성한 생명력을 보여 주는 것과도 같은 이치다. 청력이 가장 발달한 시기가 바로 이때이다. 그렇기 때문에 선천지기가 왕성한 아이의 귀가 만졌을 때 가장 말랑말랑하다. 그래서 어릴 적에 큰 병을 앓은 사람은 귀가 얇고 좁다. 반대로 양기가 가장 적은 시기는 임종 직전이다. 나이 드신 어르신들 중에 귀가 잘 안 들리시는 분들이 많은 것은 이런 이치이다. 늙는다는 것은 양기가 줄어드는 것이며, 나이 들어 눈과 귀가 어두워지는 것 또한 양기가 많이 소모되었기 때문이다. 그러니 헤드폰 끼고 큰 소리로 음악을 듣는 것은 귀를 혹사시켜 양기를 소모시키는 지름길일 터!

『동의보감』에서는 나이 들어 귀가 어두워지는 것을 방비하는 양생

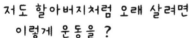

법으로 귓바퀴를 자주 주물러 주기를 권하고 있다. 귀는 두툼하고, 부드럽고, 부드럽다 못해 축 늘어진 것이 좋다. 『삼국지』에서 유비의 귀가 땅바닥에 내려올 정도라고 하지 않았나? 부처님 귀도 마찬가지이고. 그러니 귀를 시도 때도 없이 주물러 주시라. 귀를 주물렀을 때 아픈 사람은 허리가 아픈 경우가 많다. 그러니 귀가 부드러워지도록 자주 주물러 주자. 그러다 보면 몸이 좋아져 자연히 귀도 부드러워진다. 귀가 얇다는 것은 정신건강에도 안 좋을 뿐 아니라 몸에도 안 좋다. 팔랑팔랑한 귀를 갖고 있다면 부지런히 더 열심히 주무르시도록!

코가 크면 정력이 세다?

사람 얼굴의 한가운데 있는 것이 바로 코다. 코는 그 사람 얼굴의 중심으로, 바탕이자 주인공이다. 그래서 코는 관상학적으로도 중요하다. 흔히 목화토금수 오행을 이야기할 때 방위에서 중앙을 토에 배치시키는 것처럼, 얼굴의 중앙에 있는 코 역시 토에 배속시킨다. 또한 오장 중에서도 흙처럼 모든 것을 받아들여 소화시키는 비장·위장을 토에 배치한다. 즉, 코는 비위에 속한다. 그래서 코끝으로는 비장을 보고, 콧망울을 보고는 위장의 건강 상태를 본다. 그리고 관상학에서는 코끝과 콧망울을 보고 그 사람의 재물의 축적 능력을 본다. 그래서 옛말에 귀 잘생긴 거지는 있어도 코 잘생긴 거지는 없다는 말이 있다.

또 관상학상으로 콧구멍이 정면에서 보이지 않는 사람은 고집이 세다고 본다. 그래서 옛날에는 남자는 콧구멍이 안 보이면 좋고, 여자는 콧구멍이 보여야 좋다고 했다. 남자는 고집이 있어야 좋고, 여자는 너무 고집이 세어서는 안 된다고 보았던 것이다. 또한 남자가 콧날이 들리면 우유부단하다고 했는데, 이는 콧날이 장부상으로 신장·방광과 연결되어 있기 때문이다. 즉 콧날이 들린 사람은 방광이 떠서 오금이 저린다거나, 전립선·신장질환을 앓을 수 있고, 신장의 고섭작용(固攝作用; 제어와 통섭의 작용)이 잘 이루어지지 않는 경우가 많다. 남자는 물의 기운, 즉 수기(水氣)가 중심인데 하초, 즉 하체가 부실하면 수기가 중심을 잡아주지 못하고, 위로만 붕붕 뜨게 마련이다. 말만 많고 우유부단하고 벌이는 것은 많은데 마무리하는 것은 없는 경우가 이에 해당한다.

코의 길이와 남성의 생식기의 길이가 비례한다는 속설이 있지만 실제로 동양의학에서는 코의 장단을 대장의 길이 차이로 본다. 서양인은 육식 위주의 생활을, 동양인은 채식 위주의 생활을 하기 때문에, 소화에 시간이 더 걸리는 채식 위주의 식습관을 가진 동양인의 대장이 훨씬 길다. 그래서 서양 사람들은 콧날이 짧고 옆으로 뻗었는데 동양인은 콧날

이 모나지 않고 높지 않지만 긴 편이다.

그러나 코가 크면 정력이 세다는 말이 틀린 말만은 아니다. 코에 살집이 있고 콧망울이 크다는 것은 생리학적으로 봤을 때도 코의 기능이 좋다는 것이고, 이는 폐를 위시한 호흡기 역시 좋다는 뜻이다. 그리고 이는 한의학적으로 보았을 때도 금생수(金生水), 즉 금(폐)이 물(신장)을 낳는 원리에 따라 신장도 튼실해진다는 것이니, 정력이 좋다는 속설도 틀렸다고 볼 수만은 없다. 그리고 또 코뼈로는 척추를 본다. 따라서 사고가 난 게 아닌데도 콧대가 휘었다면 척추가 휜 것으로 볼 수 있다.

그렇다면 코는 무슨 역할을 하는가? 입이 땅의 기운인 지기(地氣)를 음식물의 형태로 받아들이는 것처럼, 코는 하늘의 기운인 천기(天氣)를 공기의 형태로 받아들인다. 그래서 『동의보감』에 '코는 신기(神氣)가 들고나는 문'이라고 했다.

『노자』에서는 "신(神)을 잘 기르면 죽지 않으니 이를 현빈(玄牝)이라고 하는 양생의 도라고 한다. 현빈의 문은 천지의 뿌리가 되니 끊어질 듯 이어질 듯 호흡하되 힘들어 하지 마라"고 하였다. 어째서 현빈의 문이라고 하였는가? 그것은 코가 하늘의 기와 통하므로 현문이라 하고, 입은 땅의 기와 통하므로 빈호라고 한 것이다. 그러므로 입과 코는 현빈(玄牝)의 문호(門戶)가 된다. (「외형편」, '코는 현빈의 문호가 된다')

여기서 잠깐 퀴즈. 『천자문』이 어떻게 시작되는지 아시는 분? 그렇다. 하늘천 따지 검을현 누를황, 천지현황(天地玄黃). 이쯤은 식은 죽 먹기지 하고 우쭐대고 있으실 거다. 그렇다면 왜 하늘은 검다고 했을까? 땅이 노란색인 줄은 알겠는데 왜 하늘은 검다고 했을까? 먹구름이 끼었나? 파랗다고 해야 정상 아닌가? 그러나 여기서 검다[玄]는 것은 색 자체로 검다는 의미는 아니다. 우리가 현묘(玄妙)하다고 할 때의 그 이치를 말하는 것으로 하늘의 현묘한 이치가 땅으로 내려와 만물을 이룬다는 것이다. 그리고 빈(牝)이란 암말을 뜻하는 것으로 땅의 이치를 말한다. 따라서 입과 코가 현빈의 문호가 된다는 것은 하늘과 땅의 기운이 들고나는 문이라는 뜻이다.

이때 코는 단순히 공기가 폐 속으로 들어가는 연결통로인 것만은 아니다. 흡입하는 공기의 온도를 조절해 차가운 공기를 한 번 덥혀서 집어넣어 주고, 먼지들을 걸러 주는 필터 역할을 하는데, 말하자면 최첨단 냉난방 및 자동 공기정화 시스템인 셈! 요즘 코가 막혀 입으로 숨을 쉬는 사람들이 많은데, 입으로 숨을 쉬면 호흡 시 먼지와 세균들이 몸 속으로 바로 들어가고, 차고 건조한 기운이 곧바로 폐와 기관지를 손상시킨다. 따라서 이렇게 몸 속으로 들어오는 공기를 데우는 한편 깨끗하게 정화시키는 기능을 수행하기 위해서는 되도록 코가 큰 편이 이롭다.

코로 들이마시는 공기가 폐로 들어가는데, 이때 폐가 차갑게 되거나 건조해지는 것을 싫어하기 때문에 천기를 받아들일 때 코에서 가온(加溫), 가습(加濕) 작용을 하는 것은 어찌 보면 폐가 손상을 입지 않기 위함이며, 이런 까닭에 코에 질환이 있는 경우라면 폐의 기능도 살펴서 함께 치료해야만 한다. 한의학에서 비를 폐의 구멍이라고 보고, 폐의 기운은 코로 나타난다고 한 것도 이 때문이다. 그래서 폐가 건강하고 화평하면 코의 기능도 정상이라고 본다. 요즘 많이 걸리는 알레르기성 비염 같은 경우도 폐를 따뜻하게 해주는 것이 근본적인 치료 방법인 것도 이와 같은 원리이다. 그런데 코는 외부의 천기를 인체 내부의 폐로 끌어들이는 필터인 까닭에 쉽게 더럽혀지고 막히게 된다. 얼굴의 정중앙에 있어서 천기를 받아들이는 코가 차갑거나 건조해지면 그 기능을 제대로 못하게 된다.

따라서 『동의보감』에는 다음과 같이 코를 항상 문질러 주는 것을 추천하고 있다. 특히 가을같이 건조한 때에 코가 답답하다면 콧마루 양쪽을 문질러 주어 코 안쪽을 촉촉이 해주시라.

늘 가운데 손가락으로 콧마루 양쪽을 스무 번에서 서른 번씩 문질러서 코 안팎에 모두 열이 나게 한다. 이를테면 얼굴의 가운데 큰 산인 코에 물을 대어 폐를 촉촉하게 하는 것이다. (「외형편」, '수양법')

스물일곱 이가 예뻐야 진짜 미인

맑은 눈동자 하얀 이(明眸皓齒)의 그이는 지금은 어디에 있나

피 묻어 헤매는 넋 돌아오지 못하는구나

맑은 위수(渭水)는 동으로 흐르고 검각(劍閣)은 너무 멀어

떠난 이나 머문 이나 소식 없긴 매한가지

인생은 유정(有情)하여 눈물은 가슴을 적시는데

저 강물 저 강 꽃은 어찌 영원을 꿈꾸랴

황혼에 오랑캐 말들이 성안에 먼지 가득 일으키니

성남(城南)으로 가면서도 성북(城北)을 아득히 바라본다

— 두보, 「애강두」哀江頭 중에서

당나라 시인 두보의 「애강두」라는 시의 한 대목이다. 명모호치(明眸皓齒), 즉 "맑은 눈동자와 하얀 이의 그이"는 양귀비를 가리킨다. 현종과 양귀비와의 좋았던 때를 기억하며 쓴 이 시에 나오는 명모호치란 말은

단순호치(丹脣皓齒), 즉 입술이 붉고 치아가 흰 아름다운 미인과 같은 뜻으로, 동양에서의 미인을 가리키는 말이었다. 동양 미인의 기준은 요즘 유행하는 V라인도, 오똑한 콧날도 아니라 맑은 눈동자와 붉은 입술, 그리고 하얀 이였다. 그렇다면 왜 하얀 이가 기준이었을지 궁금하지 않은가?

옛날부터 이가 건강한 것을 '오복'(五福) 중의 하나로 일컬어 왔다. 이가 삐뚤빼뚤 제멋대로 나고, 자주 흔들리고 시리며, 색깔이 누래서 고민이신 분들이라면 이가 오복 중 하나란 말에 적극 공감하실 거다. 요즘은 스케일링이나 미백 기술이 발달해서 타고난 복이라고까지 말하는 것도 뭐하기는 하지만 말이다. 하지만 엄밀하게 말하자면, 사실 치아의 건강은 오복에 해당하지 않는다.

오복은 『서경』(書經)의 「홍범」편에 나오는 말로 수(壽; 장수), 부(富;

부유한 것), 강녕(康寧; 걱정 없이 편안한 것), 유호덕(攸好德; 덕을 좋아해서 즐겨 행하는 것), 고종명(考終命; 타고난 수명을 다하는 것)을 가리킨다. 그럼에도 치아가 오복의 하나로 일컬어지는 것은 이들 오복 모두가 건강해야 이룰 수 있는 것이라는 생각, 게다가 건강은 치아의 건강을 통해 알 수 있다고 생각했기 때문일 게다.

왜냐하면 이는 타고 태어난 기운, 즉 선천에서 부여받은 신(腎)의 기운과 관련 있기 때문이다. 이가 잘 썩거나 잘 빠지고, 튼실하지 못하고 잘고 가는 것은 장부상 신장과 관련이 있는데, 특히 부모로부터 받은 선천의 기운이 크게 작용한다. 그래서 평생 양치 한번 안 해도 깨끗한 사람이 있고, 치아에 신경을 많이 써도 이가 고르지 못하고 자주 흔들리는 사람이 있는 것이다. 아프리카 흑인들을 보아도 이를 잘 알 수 있는데, 이들이 검은 피부에 유달리 하얀 이를 가진 것은 하초의 기운, 즉 신장의 기운이 강함을 보여 주는 것이다. 하체를 많이 써야 하는 건강한, 야생의 기운이 하얀 이를 만들어 준 것이다. 그만큼 이라는 것은 인체 건강의 지표이자 상징이다.

마찬가지로, 옛날에 이가 많은 사람이 그 마을의 족장이 된 것 역시 이가 건강과 지혜의 상징이었기 때문이다. 뼈가 인체의 제일 깊숙한 곳에 간직되어 있는 것처럼, 오장 중 가장 안쪽에 둥지를 틀고서 생명활동의 근본을 좌우하는 장기가 신장이다. 이 신장이 뼈를 만들고, 골수를 만들고, 그리고 이중 남은 것이 치아가 되는 것(그래서 『동의보감』에서도 이를 뼈의 여분[齒者骨之餘]이라고 했다)이니, 치아가 건강한 사람은 두뇌까지 총명한 이라고 볼 수 있는 것이다.

이는 뼈의 여분으로 영양은 신이 주관하며, 호흡을 하는 문이다. 이는 뼈의 기가 마지막으로 이르는 곳으로 골수가 이를 기르는데 사실은 신이 주관한다. 그래서 어떤 경전에서는 "신의 기가 쇠약해지면 이가 성글게 되고 정이 꽉 차면 이가 단단하며, 허열이 있으면 이가 흔들린다"고 하였다. 이는 뼈의 종류에 속하는 것으로, 신의 표지이다. (「외형편」, '이는 뼈의 여분이다')

이러한 사실은 단지 사람에만 해당하는 것은 아니다. 우시장을 가 보면 쓸 만한 소를 감별하는 방법으로 덩치가 아니라 소의 이빨을 보는 경우가 많다. 사막에서 낙타를 거래할 때도 입을 벌려 보고 흥정하는데 이는 소나 낙타나 종일토록 되새김질하는 치아가 바로 건강의 척도라 생각했기 때문이다.

그래서 『동의보감』에서도 양생법 중에서 치아보다 중요한 것은 없다고 말한다. 『동의보감』에는 "새벽에 일어나 씻고 나서 양치한 물을

아버지, 이렇게 입 다물고
속으로 딱딱 하시면 돼요!

정신이 맑아지죠?

고추법인지 고치법인지,
내 틀니 다 부러지겠어!

안 해!

한 모금 손바닥에 뱉어 눈을 씻으면 눈이 밝아지는 것을 스스로 느낄 수 있다. 이것을 평생동안 하면 아주 좋은 양생법이 된다"고 설명한 후, 윗니와 아랫니를 쪼는 고치법(叩齒法)을 아침저녁으로 할 것을 추천한다. 단순히 윗니와 아랫니를 부딪치는 것이 무슨 양생법이냐고 물을지도 모르겠지만, 모르는 소리다.

사람의 뇌 역시 운동을 해야 한다. 이렇게 얘기하면 뇌를 움직인답시고 막 자기 머리를 흔드는 사람 있다. 아서라. 어지러울 뿐이다. 우리가 잘 모르는 것 중 하나, 윗니와 아랫니가 서로 부딪치도록 씹는 행위가 바로 뇌를 운동시키는 방법이다. 씹는 행위는 척추동물 중에서도 오직 포유류에만 존재하는 기능이다. 윗니와 아랫니가 부딪치면서 자연스럽게 입안에 침이 고이게 되고, 이때 발생하는 진동이 두개골 전체로 퍼지는데, 이 진동이 뇌에 울림을 안겨다 줌으로써 뇌를 운동시키는 효과를 낳는다. 헬스장에 가서 보디빌딩하면서 가슴을 키우며 만족하는 시간 중 조금만 할애해서 아침에 일어나서, 그리고 잠자리에 들 때 윗니와 아랫니를 부딪쳐 주시라. 시쳇말로 머리는 장식품이 아니다. 몸만 운동해야 하는 게 아니라 머리도 꾸준하게 운동을 시켜 줘야 한다. 물론 너무 세게 부딪히다 보면 이가 상할 수도 있으니 조심하시고…….

이때 입을 연 채가 아니라 입을 벌리지 않고 하는 것이 더 효과적이다. 이를 부딪히면서 그때 '딱—' 하고 퍼지는 소리를 귀 기울여 듣는 것이 중요하기 때문이다. 한번들 해보시라. 어떠신가? 머리가 맑아지는 느낌이 들지 않으신지? 고치법을 수련하면 신장이 약한 사람은 신의 기운을 모아 신장 관련 질환을 예방할 수 있고, 정이 강화될 뿐만 아니라,

머리가 맑아져 기억력 향상, 집중력 강화에도 도움이 될 것이다. 아침에 일어나서 30번 정도 천천히 이를 딱딱 부딪쳐 주면 자연히 침이 고이고, 이 침을 삼켜 다시 몸 안으로 보내는 것, 이것이 양생법 중에서도 최고로 치는 양생법이다.

우리가 대보름날 부럼을 깨는 것도 이런 이유에서다. 부럼깨기란 밤, 잣, 호두, 땅콩 등의 견과류를 껍질째 깨물어 먹는 것을 말한다. 이는 겨울 동안 연한 음식에 길들여진 치아를 자극하는 방법이자 머리를 각성시키는 방법이기도 하다. 그러니 대보름날 호두를 깨먹을 때 망치로 깨지 말고 직접 자신의 이로 깨 보시길. 그게 원래의 부럼깨기의 의미다.

이가 예뻐야 미인인 이유를 이제 아셨는지? 앞으로 여자를 볼 때, 혹은 남자를 볼 때 이를 먼저 보시라. 이 사람이 건강한지, 현명한지 알 수 있을 테니 말이다.^^

중심을 세워라!

집을 짓는다고 생각해 보자. 집 짓는 게 잘 상상이 안 간다면 텐트를 친다고 생각해도 좋다. 제일 먼저 할 일은 터를 잘 잡는 것이다. 아무 땅에나 집을 지을 수는 없는 노릇이니 말이다. 그러고 나서는 그 터를 잘 닦아야 한다. 그 다음 주춧돌을 놓고 기둥을 세우고 대들보를 걸친다. 그리고 대들보를 이어 지붕을 얹는다. 갑자기 웬 집 짓는 이야기냐고? 이쯤 되면 짐작하시겠지만, 온 우주의 이치는 하나로 통한다는 사실! 인체도 마찬가지다. 사람의 몸으로 치자면 골반이 주춧돌인 셈이고, 척추가 대들보에 해당한다. 주춧돌을 올바로 놓고, 대들보를 곧게 해야 집이 제대로 서는 것처럼 골반을 안정시키고 대들보에 해당하는 척추를 바르게 세우는 것이 건강의 기본 요건이라는 말이다.

흔히 집안의 중심인물에게 '우리 집의 대들보'라는 표현을 쓰는데, 그건 대들보가 제대로 서야 그 집안이 제대로 서는 것을 말하는 거다. 물론 집안의 대들보가 아닌 이들을 폄하하는 건 절대 아니다. 대들보가 아니면 어떠하리. 어이쿠! 이야기가 딴 데로 샜다. 쩝! 하여튼 대들보는 중요하다는 소리였다. 우리 몸에서 허리는 대들보에 비유할 수 있다. 대들보가 흔들리면 건물 전체가 흔들리는 것처럼, 중심축이 제대로 서지 않으면 몸 전체가 무너질 수밖에 없다.

그렇다면 왜 가로로 뻗은 대들보를 우리 몸의 척추에 비교했을까? 그것은 우리가 처음 태어날 때는 '일'(一) 자로 뻗은 형태, 즉 네 발로 기어 다니게 태어나기 때문이다. 인간이 진화하기 전 즉, 두 발로 걷기 전의 상태를 생각해도 좋다. 하여튼 갓난아기는 일자의 상태로 태어나, 양기를 받아 이제 목을 가눌 수 있게 되고, 드디어는 스스로도 허리를 꼿꼿이 세울 수 있게 된다. 그래서 허리를 곧추 펼 수 있게 되어 'ㅣ'의 형태로 되는 것이다. 그러다 다시 노년이 되면 양기가 줄어들어 꼬부랑 할머니처럼 앞으로 굽어져 다시 땅의 모양[一]에 가까워지는 것이 인생의

중심이 중요하대.
척추 좀 펴고 다녀라!

끄응…

이치다. 따라서 갓난아기들이 충분히 기어 다니는 것이 커서까지 허리의 건강을 좌우한다. 그러니 아이를 일으켜 세워 빨리 걷게 만드는 것이 부모들에게는 기쁨일지 몰라도 아이 건강에는 오히려 해가 된다는 점을 명심할 필요가 있다.

아무튼 이렇게 중심이 꼿꼿이 서야 집안도, 사람의 몸도 제 활동을 할 수 있다. 하지만 요즘 세상에는 중심이 제대로 서지 않아 발생하는 일이 부지기수다. 더구나 요즘에는 오히려 젊은 사람들이 허리가 좋지 않다는 말들이 많이 나오는데 이 역시 새로운 시대병, 문명병이라 할 수 있다. 이는 꼭 몸의 문제만이 아니라 삶의 문제이기도 하다. 허리가 좋지 않다는 것은 줏대 없이 남들의 의견에 오락가락하고, 그만큼 중심을 잡지 못하고 있는 자기 삶에 대한 반증일 수도 있기 때문이다. 중심을 잡지 못하고 흔들리는 이들 중 상당수가 허리 질환으로 고생하는 사례가 이를 뒷받침한다.

좀더 자세히 보자면, 인체상 척추로부터 목뼈까지 이어지는 축을 인체의 중심축이라 할 수 있다. 시쳇말로 '모가지 날라갔다'라고 할 때 모가지는 몸통과 머리를 연결하는 중심축을 의미한다. 이때 모가지는 목과 약하다는 의미의 '아기'의 합성어이다. 머리인 하늘과 몸통인 땅을 연결하는 부분이 바로 목으로 천지인(天地人)의 삼재(三才)중 사람에 해당한다. 즉, 하늘과 땅의 교감이 이루어져 사람을 만들어 내는 것처럼, 둥근 하늘 모양의 머리와 네모난 모양의 몸통을 이어 생활을 유지하게 하는 곳이 이 목이다. 코로 공기를 흡입하여 기도를 통해 하늘의 기운을 폐로 전달하고, 입으로 음식물을 섭취한 다음 식도를 통해 땅의 기운을 위로 전달하는 것이 목이다.

하지만 "모가지가 길어 슬픈 짐승이여 언제나 점잖은 편 말이 없구나"라는 노천명 시인의 시에서도 등장하는 모가지는 언제나 힘들게 머리를 받쳐 주는 애처로운 존재다. 물론 시인이 그런 뜻으로 쓴 것은 아니겠지만⋯⋯. 하여튼 요즘 뒷목이 뻣뻣하다는 통증을 호소하는 이들이 많다. 무언가 얼토당토않은 일을 당할 때 뒷목이 뻣뻣해 오는 일이 있다. 예를 들면 보증을 선 것이 잘못됐다거나 재벌가 사모님이 자신의 성에 차지 않는 자식의 결혼 상대를 만났을 때 말이다. 한의학에서는 이를 항강(項强), 즉 목이 뻣뻣하게 굳는 병증이라 말한다. 항강이 생기는 이유는 우리 몸의 양기가 이 중심축에 있는 힘줄과 근육에 기운을 보충해 주지 못했기 때문이다.

대개 허리나 목이 뻣뻣하고 아픈 경우 뼈 자체에 문제가 있다기보다, 대부분 뼈를 지탱하는 힘줄과 근육의 피로가 주된 요인인 경우가 많다. 목의 경우 무거운 머리를 떠받치느라 그렇지 않아도 힘든 상황에 힘의 원천인 양기마저 적절히 공급되지 않으면 뒷목이 뻣뻣하게 굳는 것이다. 스트레스에 시달리고, 생활고에 시달리고 양기를 다 소모해 버린 중년 남성들에게 이런 증상이 많이 나타나는 것은 어쩌면 당연한 일이다. 따라서 양기를 적절히 공급해 주는 일이 필요한데, 그러려면 목을 유연하게 해주고 자주 스트레칭 해주어서 근육을 강화시켜야 하겠다.

다음으로, 척추에 대해서 살펴보자. 척추는 왜 있는가? 이 척추는 뼛속의 골수를 보호하고, 머리와 몸통 사이의 정보교환을 원활하게 해주며, 가장 중요하게는 몸통과 꼬리뼈 부위 간의 생명기능이 잘 작동하도록 하기 위함이다. 엄마의 뱃속에서 자라는 태아에게서 가장 먼저 만들어지는 것이 두뇌와 척수이고, 두뇌와 척수는 태아의 몸을 기르고 조정하기 시작하여 인체의 모든 생명활동을 관리하는 총감독 역할을 한다. 『동의보감』에는 척추부터 꼬리뼈까지가 21개의 마디로 되어 있고 길이는 3자라고 나와 있다. 등에는 척추를 따라 3개의 관이 있다.

> 등에 있는 세 개의 관(關)은 무엇인가? 머리의 뒷부분을 옥침관(玉枕關)이라 하고, 척(脊)을 끼고 있는 곳을 녹로관(轆轤關)이라 하며, 수와 화가 맞닿아 교제하는 곳을 미려관(尾閭關)이라고 하는데, 이곳이 바로 정기(精氣)가 오르내리는 길이다. (「외형편」, '등에는 세 개의 관이 있다')

'관문'이라는 것이 중요한 길목을 지키는 문을 의미하듯, 척추에 있는 세 개의 관문 역시 척추를 통해 몸의 기운이 잘 오르내리는 데 핵심적인 역할을 한다. 그렇지만 요즘에 허리만큼 혹사당하는 부분도 없다. 업무를 하다 보면 혹은 공부를 하다 보면 일상 생활 속에서 항상 일정한 자세만을 하게 되고, 그마저도 제대로 된 자세가 아니라 축축 처져 널부러져 있는 채로 있는 경우가 많다. 그래서 신체 곳곳에 이상이 생기는데 위에서 보았듯이 등에 있는 세 관문이 제대로 역할을 못하게 되기 때문이다.

이렇게 되면 올라갈 것은 못 올라가고, 내려올 것은 못 내려가 정말 '기가 막히는' 상황이 연출된다. 따라서 이러한 척추성 질환들을 근원적으로 해결하는 방법은 바로 똑바로 서고 똑바로 앉는 것이다. 자세가 발라야 마음도 바르고, 마음이 발라야 몸도 바르다. 똑바로 앉으라는 말은 선생님이 학생들한테나 하는 잔소리로 치부할 것이 아니다. 자세 같은 사소한 행동 하나하나로 그 사람의 삶 전체가 바뀐다. 그리고 이 중심이 제대로 서기 위해서는 그것을 받쳐 주는 근육이 뒷받침되어야 하므로 자주 걷고, 자주 운동하는 수밖에 없다.

가슴 아파서

이성을 볼 때 어디를 가장 먼저 보는가? 여성이라면 딱 벌어진 어깨와 널따란 가슴! 남성이라면 봉긋하게 솟은 가슴라인을 꼽는 이가 적지 않을 거다. 나만 그런가? 그렇다면 죄송……. 어떤 연유로 남성이나 여성이나 모두 가슴에 꽂히는지 그 이유는 잘 알 수 없지만, 아니 다양하겠지만 가슴이 매력 포인트임은 분명하다.

가슴을 의미하는 한자 '흉'(胸) 자를 살펴보면 '육달 월'(月) 변에 '오랑캐 흉'(匈) 자로 되어 있고 '오랑캐 흉' 안에는 '흉할 흉'(凶) 자가 들어 있다. 왜 가슴에다 흉하다는 의미가 담겨 있는 글자를 집어넣었을까? 가슴을 한자로 흉곽(胸廓)이라고 하는 데서 알 수 있듯이 가슴은 성곽(城郭)처럼 철통 같은 방비태세를 갖춰 그 안의 심장을 지키는 역할을 한다. 국가를 신체에 비유한 예는 동서고금을 막론하고 쉽게 찾아볼 수 있다. 플라톤이 머리, 가슴, 팔다리로 신체를 나누어 국가의 통치자를 이성의 덕목에 해당하는 머리에, 수호자를 기개의 덕목에 해당하는 가슴에, 생산자를 욕망의 덕목에 해당하는 팔다리에 배치한 것은 다들 아실 게다. 동양에서도 역시 신체의 비유를 통해 국가를 그리고 있다.

예상들 하셨겠지만 한의서에서는 국가기관 역시 오장에 배속하고 있다. 『황제내경』에 보면 오장 중에서 심을 정신활동이 일어나는 곳으로서 군주에 해당하는 것으로 보았다. 그리고 호흡을 다스리는 폐를 신하에, 외부로부터 몸을 보호하는 간을 장군에, 소화를 담당하는 비를 곡식을 출납하는 기관에 배치한다. 그리고 오장이 서로 상생과 상극의 기운을 통해 조절되는 것처럼 국가 역시 그렇게 조절되어야 한다고 생각했다. 이렇게 보자면 군주를 지키기 위한 성곽, 즉 심장을 지키는 성곽이 바로 가슴인 것이다. 이때 가슴은 하늘의 기운과 땅의 기운, 즉 호흡을 통해 코로 들이마신 공기와 먹는 행위를 통해 입으로 받아들인 음식물이 지나가는 곳이기도 하다. 그래서 조금이라도 절도를 잃게 되면 질병을 일으키는 사사로운 기운이 가슴 속에 그득해지기 쉽다. 그런 까닭에 가슴은 흉한 일이 일어나기 쉽다는 의미에서 '흉' 자가 들어가 있는

나의 가슴을 보시라!!

오! 이 빈틈없는
가슴의 성곽이여!!

것은 아닐까?

그래서 『동의보감』에서도 가슴과 관련된 질병에 대해서 많은 부분을 할애해 다루고 있다. 가슴 부위의 통증을 심통(心痛)이라 부르는데, 그 양상에 따라 음심통(飮心痛), 식심통(食心痛), 계심통(悸心痛) 등등 아홉 가지로 나누고 있다. 그러나 원인으로 보자면 크게 두 가지로 분류할 수 있는데, 음식에서 기인한 경우와 칠정으로 비롯된 경우가 그것이다. 소화기계인 비위의 문제가 가슴 부위의 통증으로 파급된 것이 음심통, 식심통 등이라면 이는 정말 가슴에 문제가 있어서 그런 것이 아니라 비위의 통증이 가슴으로 올라간 것이다. 문제는 계심통, 진심통(眞心痛)인데 이는 칠정에 의한 것으로 심기(心氣)에 영향을 주어 생긴다. 우리가 심기가 불편하다고 말할 때 그 심기가 바로 이 심기다.

여기서도 알 수 있듯이 이때의 가슴은 물리적인 의미에서의 가슴만을 의미하지는 않는다. 우리가 이른바 흉금(胸襟)을 터놓고 이야기한다고 할 때는 속마음까지 고스란히 보여 준다는 의미이다. 따라서 마음 역시 가슴에 포함된다. '가슴이 시리다'라는 말이 단지 가슴 부위가 춥다라는 의미만 가지고 있지 않다는 것은 이별해 본 사람이라면 다들 느껴봤을 터……

요즘 이유는 모르겠지만 가슴이 답답하다는 통증을 호소하는 이들이 네이버 지식인 동네에도 꽤 있다. 그렇다면 이렇게 가슴이 막힌 경우에는 어떻게 해야 하는가? 『동의보감』에서는 다음과 같이 말하고 있다.

칠정은 기뻐하는 것, 성내는 것, 근심하는 것, 생각하는 것, 슬퍼하는 것,

놀라는 것, 두려워하는 것이다. 대체로 기뻐하면 기가 흩어지고, 성내면 기가 올라가고, 근심하면 기가 가라앉고, 생각을 지나치게 하면 기가 맺히고, 슬퍼하면 기가 소모되고, 놀라면 기가 어지러워지고, 두려워하면 기가 내려간다. 여섯 가지 정은 모두 심기를 울결시켜 아프게 하는 까닭이 되는데, 오직 기뻐하는 것만은 기를 흩어지게 한다. 그러므로 여섯 가지 정으로 인한 울결을 흩어지게 하여 아픈 것을 멎게 할 수 있다. (「외형편」, '칠정심통'七情心痛)

사람의 기분이 기를 혼란시키고, 이 어지러워진 기가 맺히고 막혀 심기를 아프게 하는 것이다. 『동의보감』에서 소개하는 한 여인의 일화.

아버지가 적에게 살해되었다는 소식을 듣고 크게 슬퍼하며 울었다. 울음을 그치자 문득 심통을 느꼈는데, 날이 갈수록 심해져 낫지 않더니 한 달이 지나자 가슴에 잔을 엎어놓은 것 같은 덩어리가 생겨 참을 수 없이 아파 여러 약을 써보았으나 효과가 없었다. 장종정이 와서 선무당에게 어지럽게 허튼소리로 환자를 웃게 하였더니 웃음을 참지 못하여 얼굴을 벽 쪽으로 돌렸다. 며칠 만에 가슴 속의 덩어리가 모두 흩어졌다. 장종정은 "근심하면 기가 맺히고 기뻐하면 기가 흩어진다"고 하였고, 또 "기뻐하는 것은 슬퍼하는 것을 이긴다. 내경에 이미 이러한 치료법이 있다"고 하였다. (「외형편」, '칠정심통')

감정 따로 몸 따로가 아니라 감정이 나의 몸이자, 내 몸이 나의 감정 그 자체를 보여 준다. 따라서 모든 병의 근원이 이러한 감정의 치우침 때문에 일어난다. 그깟 감정이 뭐 그리 대수겠어라고 가볍게 넘겨 버리기 쉽지만, 이 감정의 기울기가 지나치면 나의 몸을 해치는 싹이 된다. 따라서 어느 하나의 감정에 치우쳐 있다면 그것이 단지 정신건강뿐 아니라, 몸에도 이상을 가져올 것이란 사실을 알아야 한다. 하지만 이럴 땐 기쁨의 감정이 뭉쳐 있는 기를 흩어뜨려 풀어낸다는 점! 화나고, 근심걱정 많고, 슬퍼하고, 놀라고, 두려워해서 생긴 '기' 막힘을 푸는 기쁨의 정동! 기쁨은 단지 정서상의 만족감만을 주는 것이 아니라 우리 몸의 병을 해결해 주는 열쇠라는 점!

그럼, 이제 여성으로 넘어가자.^^ 음양의 이치로 보면 여자는 음에, 남자는 양에 속한다. 음양의 이치는 자연계의 보편법칙으로, 만물이 변화하는 근원이자 생장소멸을 거치는 근본이다.

남자는 생식기[腎]가 중요하고 부인은 젖이 중요한데 아래와 위가 서로 같지는 않으나 타고난 바탕의 뿌리는 하나이다. 여자는 음에 속하는데 음이 극에 이르면 반드시 아래로부터 위로 치밀어 오르므로 젖은 커지고 생식기가 오므라든 것이다. 남자는 양에 속하는데 양이 극에 이르면 반드시 위로부터 아래로 내려오므로 음경은 늘어지고 젖꼭지가 오므라든 것이다. (「외형편」, '남자와 여자는 젖과 생식기를 근본으로 삼는다')

원래 아래로 내려가는 것이 음의 속성이지만 음이 극에 달하면 위로 올라간다. 음이 극하면 양이 되고, 양이 극하면 음이 되는 법! 겨울이 극에 달하면 따뜻한 양의 기운이 올라 봄이 되는 것처럼. 그 결과 여자의 경우 음의 속성이 위로 올라가 유방은 커지고 생식기는 줄어든다. 그리고 음의 기운은 짝수이므로 위로는 유방이 두 개, 아래로는 요도 하나, 질 하나를 합해 두 개의 구멍을 갖춘다.

마찬가지의 이치로 남자는 위로 올라가는 것이 양의 속성이지만 역시 극하게 되면 아래로 내려가게 되므로 그 결과 생식기는 아래로 길게 늘어지게 되고 유방은 수축된다. 남자는 양이므로 홀수의 개수를 유지하니 아래로 음경 하나에 요도 구멍 하나뿐이다. 여성의 유방에서 하얀 젖이, 성인 남성의 음경에서 흰 정액이 나온다는 사실로, 이 둘의 공통점을 알 수 있다. 이 때문에 『동의보감』에서는 남자에게는 신(腎)이, 여성에게는 유(乳)가 생명의 근본이라고 한 것이다.

당연한 이야기이겠지만 아기에게는 우유보다는 인유(人乳), 사람 젖이 좋다. 『동의보감』에도 "젖 중에서 소젖이 제일 좋고 양의 젖이 그 다음이며 말의 젖은 그 다음이다. 그러나 다 사람의 젖보다는 못하다"고 나와 있다. 그러나 요즘에는 젖이 안 나와서 걱정하는 산모들이 많다. 『동의보감』에서는 산후에 젖이 나오지 않는 데는 두 가지가 있는데, 기혈이 너무 성하여 막혀서 나오지 않는 것과 기혈이 너무 약하여 말라서 나오지 않는 것이 있다고 나와 있다. 피와 관련된 병 역시 그것이 기가 부족해 피를 돌리지 못해 막혀서 생기는 문제가 있고, 피를 생성하지 못하는 데서 생기는 문제가 있듯이 젖이 잘 나오지 않는 것도 산모가 건강함에도 통로가 막혀 나오지 않는 경우가 있고, 산모가 너무 약한 탓에 유즙이 메말라 도통 나오지 않는 경우가 있는 것이다.

젖 자체가 잘 안 만들어져서 생기는 문제는 젖을 잘 나오게 하는 음식으로 해결할 수 있다. 『동의보감』에서는 팥과 돼지족발 등을 들고 있는데 팥은 물에 달여 그 즙을 마시면 젖이 바로 나온다고 소개하고 있

아가야 ~
윗 부분은 엄마가 돌보고~

아랫도리는 아빠가.

헉!

찌익

고, 돼지족발은 부인의 젖줄기를 잘 돌게 한다고 설명한다. 그리고 많은 산모들이 젖몸살로 고생하는데 젖을 먹일 필요가 없게 된 경우 젖을 삭이는 방법으로는 엿기름가루를 물에 타 마시면 자연스레 젖이 삭게 된다고 나와 있다. 그리고 보리차 역시 유즙 분비를 막는 작용을 하기 때문에 옛날부터 많이 사용되어 왔다. 젖몸살로 고생이신 분들은 한번 해 보시길.^^

몸의 중심, 허리와 배

허리의 중요성은 굳이 강조 안 해도 다들 아시리라. 요즘 프로야구만 보더라도 선발투수와 마무리투수보다 오히려 중간계투진이 중요해지는 추세다. 중간진이 약한 팀은 선발이 아무리 잘해도 경기를 뒤집히기 일쑤이며, 마무리가 나올 기회조차 없어진다. 허리가 중간에서 힘을 써 줘야 처음과 끝도 잘 마무리될 수 있는 것이다.

몸 역시 마찬가지다. 허리는 몸의 중심이며, 운동의 축이 되며, 발심(發心)하는 원천이자, 상하 기운이 소통하는 출발점이다. 허리가 아픈 것을 요통(腰痛)이라고 하며 한자로 허리를 '요'(腰)라고 하는데, '육달월'(月) 변에 '중요할 요'(要) 자가 결합된 한자이다. 얼마나 중요하면 글자에다 '요' 자를 썼겠는가! 그건 아마도 인체에서 가장 긴요한 부분이라는 뜻일 게다. 『동의보감』에서는 이렇게 말하고 있다.

허리는 신(腎)의 집이다. 허리는 신의 집이므로 허리를 자유롭게 움직일 수 없으면 앞으로 신이 쇠약해지게 된다. 허리는 신의 상태가 밖으로 드러나는 곳이며, 허리에 의지해서 온몸을 움직이고 구부렸다 폈다 한다. (「외형편」, '허리는 신의 집이다')

몸에서 정을 담당하는 장부가 신이다. 즉 정이라는 몸의 기본을 이루는 에너지를 축적하는 장부가 신이며, 이 허리에 의지해서 온몸을 움직일 수 있다. 그리고 허리는 신의 상태가 밖으로 드러나는 곳으로, 허리를 잘 돌리지 못하는 것은 신기가 쇠약해진 징후이다. 따라서 기본적으로 요통은 모두 신이 허한 데서 온다고 할 수 있다. 밤에 잠을 푹 자고 일어나서도 허리가 뻣뻣하고 찌릿찌릿하다고 느끼시거나 별로 오래 걷지 않았는데도 허리에 힘이 없어 자주 앉아야 하는 분들이라면 몸 안의 정이 부족하지는 않은지 의심해 볼 일이다. 그렇다면 신허요통(腎虛腰痛)의 원인은? 우선 꼽을 수 있는 것은 방에서 하는 노동인 방로(房勞)! 즉 밤일ㅆ;을 너무 열심히 해서 그런 경우가 많다. 아니면 원래 정이 부족한 이들도 많다. 나이 드신 분들 중에 허리가 아픈 경우가 많은 것도 정이 부족해지기 때문이다.

하지만 요즘에는 나이 드신 분들 말고도 젊은 친구들 중에서도 허리 아픈 이들이 많다. 『동의보감』에서는 요통을 열 가지로 구분하고 있다. 신허요통, 담음요통(痰飮腰痛), 식적요통(食積腰痛), 좌섬요통(挫閃腰痛), 어혈요통(瘀血腰痛), 풍요통(風腰痛), 한요통(寒腰痛), 습요통(濕腰痛), 습열요통(濕熱腰通), 기요통(氣腰痛). 이 중 몇 가지만 보면, 신허요통은 앞에서 말했듯이 지나친 성생활로 신을 상해 정혈이 근육을 충분히 기르지 못해 생기는 요통이다. 식적요통은 술에 취하거나 음식을 많이 먹고 성생활을 하여 허해진 틈을 타서 습열이 신에 들어가 허리가 아파 구부리거나 펴는 게 어려운 것이다. 그리고 평소에 기름지고 맛이 진한 음식을 즐기는 사람이 허리가 아픈 것은 습열과 음허 때문으로, 날이 흐리거나 오래 앉아 있어서 생기는 경우가 많다. 이는 습열요통이다.

노인분들이 허리를 두드리며 "에이구, 허리가 쑤시는 걸 보니 비가 오려나~"라고 말하면 정확히 비가 오는 걸 볼 때 말 그대로 놀랄 노자다. 여기서도 알 수 있듯이 허리가 아픈 것은 대부분 습한 것과 관련이 있다. 즉, 안 움직여서 그렇다. 양기는 음을 소모하면서, 음기는 양을 축적하면서 그 결과로서 만들어진다. 습이 과하므로 음을 소모하면서 양기를 써야 하는데 움직이질 않으니 습한 기운이 허리를 눅눅하게 한다. 따라서 습기를 없애기 위해서라도 몸을 자주 움직여 습기를 날려 줄 필요가 있다. 화창한 날엔 산에 좀 올라가시라는 말이다. 맨날 눅눅한 방

허리를 위하여
습 제거 중...
아~
꾹 꾹

벌컥벌컥~
난 습이
필요해!

구석에 엎드려 TV만 끼고 살지 말고! 그러니 허리가 안 아프겠는가!

　실제로 허리가 아프다고 할 때 디스크 등과 같이 허리뼈를 구성하는 조직의 이상으로 요통이 생기는 경우는 전체의 10% 정도에 불과하다. 대부분은 허리뼈를 지탱하는 근육과 인대에 영향을 주는 과로나 운동 부족, 특히 자세불량과 같이 평소의 습관이 영향을 끼치는 경우가 많다. 따라서 평소에 특히 자세에 신경 쓸 일이다. 요즘처럼 책상 앞에 오래 앉아서 생활하는 시대도 없을 것이다. 학생들, 사무실에서 앉아서 일하는 이들, 가까운 거리도 차를 타고 앉아서 이동하는 이들. 계산해 보면 앉아 있는 시간이 하루에 절반을 넘을 거다. 앉아서 생활하는 것이야 어쩔 수 없다 치자. 그렇다면 이때 바른 자세가 중요하다. 하지만 바른 자세로 앉아야 하는 걸 알면서도 어느새 귀찮아져 축 늘어진 채 엉덩이를 쭉 빼고 거의 드러눕다시피 하는 자세로 앉는다.

　앉아 있을 때는 다들 말 안 해도 알겠지만 허리를 쭉 펴고 목을 바로 세운 자세가 좋다. 자주자주 일어나서 허리를 쭉쭉 펴 주면 좋은 것은 더 말할 것도 없고. 서 있을 때도 허리에 무리가 안 가는 자세가 중요한데 한쪽 발이 다른 발보다 약간 앞으로 나오도록 하면서 무릎을 살짝 굽히는 것이 좋다. 또, 물건을 들 때 허리를 삐끗하는 경우가 많은데, 평소에 허리보다는 다리의 힘을 주로 이용해 물건을 드는 습관을 들이는 것이 중요하다. 누워 쉴 때에도 마찬가지로 허리에 무리가 안 가도록 무릎 뒤의 오금 밑에 베개를 집어넣거나 새우잠 자듯 모로 눕는 게 좋다.

　자세를 구부정하게 취하면 당장은 편할 수 있지만 버릇이 들면 또다시 더 구부정한 자세를 취해야만 편해진다. 벽에 기대거나 등을 구부리는 것은 일순간 몸을 편안하게 할 순 있어도 결국 계속되는 악순환만을 가져온다. 물론 허리가 아픈 게 단지 운동부족이나 자세불량 문제만은 아니다. 하기 싫은 일을 하면 허리가 아픈 경우들을 느껴 본 일이 있을 게다. 이는 의욕이라는 기운이 허리를 통해 전달되기 때문이다. 등허리 구부정한 아이를 보면 요통뿐만 아니라 무언가를 해내야겠다는 의욕도 없음을 알 수 있다. 의욕이 있으면 허리가 똑바로 곧추 세워지는 법. 뭔가 하겠다고 결심했을 때 자신도 모르게 허리를 꼿꼿이 세우고 있는 자신을 발견했던 적 있으리라.

하단전은 배꼽 아래 세 치 거리에 있고, 둘레는 네 치이다. 두 신장 사이의 척추에 붙어 있으며, 왼쪽은 푸르고 오른쪽은 희며 위쪽은 붉고 아래쪽은 검으며 가운데는 누렇다. 이것을 대해(大海)라고 하는데, 정과 혈을 저장한다. 십이경맥은 모두 '기가 생기는 근원'(生氣之源)에 이어져 있다. '기가 생기는 근원'이라는 것은 신장 사이에서 움직이는 기운

을 말하며 이것이 바로 하단전이다. 이것은 오장육부의 근본이며 십이 경맥의 뿌리이며 호흡의 출입문이며 삼초의 근원이다. (「외형편」, '배꼽 아래에는 단전이 있다')

허리에 저장된 에너지가 뒷목 부위까지 기운이 흩어지지 않고 올라 오느냐 이것이 건강의 핵심이다. 그리고 이는 삶에 대한 일관성 차원에 서도 중요한 문제이다. 양의 기운을 쓰지 않고 수동적으로 음의 기운만 쓰는 것, 즉 허리는 안 쓰고 배만 나오는 현대인들의 문제도 여기에 있 다. 마음을 내지 못하고, 마음을 내더라도 중간에 일을 포기해 버리는 것. 이를 몸으로 비유하자면 허리가 대나무처럼 쭉 펴지지 못하고 중간 에 구부정하게 되어 버리는 것이다.

'귀차니즘'을 한의학 전문용어로는 소기증(小氣證)이라고 하는데, 한 마디로 의욕이 없는 것을 말한다. 신에 저장되어 있는 정이 양의 기운 을 써서 위로 올라가야 하는데 올라가지 못하는 것이다. 귀차니즘 환자 들이여, 새겨들으시라. 그것도 병이다. 관계 맺기에 소극적이고, 언제나 수동적인 이들! 이 땅에 은둔형외톨이나 소심남녀가 많아지는 것, 허리 가 안 좋은 이들이 많아지는 것은 다 연관이 있다.

이번엔 앞쪽의 배를 살펴보자. 음양론으로 보자면 등은 양이고, 배는 음이다. 음심으로 가득 찬 악덕 사장들의 똥배를 보라! 양의 기운을 잘 쓰는 이들의 허리는 곧게 쭉 펴져 있다. 하지만 뭔가 자기 것만을 챙기 려고만 하고, 자신의 일을 펴내지 못하는 이들은 허리가 펴지지 않고 배 만 나오는 경우가 많다. 또 사람이 물에 빠져 죽으면 남자는 등을 보인 채로 떠오르고, 여자는 배를 보인 채로 떠올라 죽는 것은 양기를 많이 쓰는 남자와 음기를 많이 쓰는 여자와의 차이를 말해 주는 것이다.

그렇다면 여기서 음과 양에 대해 잠깐만 이야기해 보자. 음양이란 원을 반쪽으로 갈라 한쪽이 음, 한쪽이 양 이런 식이 아니다. 음과 양은 하나이지 둘로 나뉠 수 있는 것이 아닌 것이다. 차라리 그것은 관계 속에서 다른 양태를 보인다고 말할 수 있다. 앞에서 보았듯이 배가 음이라면 등이 양인 것처럼 몸 안에서도 양과 음이 있는 것이 그러한 예이다. 하지만 흔히들 오해하듯이 이때 양과 음, 음과 양이 어떤 가치나 위계서열을 갖고 있지는 않다. 밤이 낮보다 가치가 없다고 말할 수 있을까? 차가움이 뜨거움보다 열등한가? 밤이 없으면 낮이라는 것이 가능할까? 차가움이 없다면 뜨거움이 있을 수 있을까? 따라서 음이니 양이니 하는 것은 모두 상대적인 개념이다. 절대적인 양도, 절대적인 음도 있을 수 없다. A는 B에 대해서는 음이 되어도 C에 대해서는 양이 될 수 있다. 마찬가지의 논리로 음 가운데 다시 양이 있고, 양 가운데 다시 음이 있다는 것이 음양의 논리이다.

이야기가 딴 데로 샜다. 죄송하다. 다시 배로 돌아가자. 배에서 중요한 것은 제의온난(臍宜溫煖)! 즉, 배꼽은 따뜻하게 해야 한다는 거다. 그래서 예부터 머리는 차갑게 해야 아프지 않고 배는 따뜻하게 해야 아프지 않다고 했다. 『동의보감』에서도 일반적으로 배가 아픈 데는 반드시 따뜻한 약으로 풀어야 하는데, 이는 뭉치고 막혀서 기가 잘 돌지 못하기 때문에 아픈 것이라고 나와 있다.

"할미 손은 약손 아무개 배는 똥배~"라는 노래가 생각나시는지? 어렸을 때 배가 아프다고 하면 할머니께서 배를 문질러 주시면서 하셨던 노래(주문?)다. 얼핏 생각하면 배를 문질러 주는 게 뭐 그리 큰 약이랴 하고 생각할 수 있지만 그게 다 이유가 있는 거다. 제의온난! 즉, 복통이 있을 때 손으로 배를 문질러 따뜻하게 해주면 온열 자극 효과가 나는 동시에 막힌 기를 내려 주어 아픈 배를 낫게 하는 것이다. 게다가 할머니의 손자손녀에 대한 정성이 더해졌음에라!

하의실종에 허리라인까지 노출하는 배꼽티를 보면 침깨나 흘릴 남자 분들 있을 거다. 하지만 배꼽티는 미적으로 보기에 좋아 보일지 몰라도 의학적으로 보면 몹시 안 좋다. 한의학에서는 배꼽에 온기를 불어 넣어 주면 온갖 질병을 예방해서 장수할 수 있다고까지 말한다. 그러니 배꼽이 무방비로 노출되는 배꼽티는 다른 사람 눈호강을 시켜 줄지는 몰

라도 건강에 반하는 의상임은 분명하다. 여성의 월경불순, 냉대하, 불임증 치료에는 배꼽 부위에 뜸을 떠 주는데 대놓고 이 부위에 찬바람 들어가라고 해서야.

배꼽은 몸의 중심이다. 레오나르도 다 빈치의 인체비례도를 떠올려 보라. 비트루비우스의 고대 로마사람의 문헌을 읽고서 다빈치 형님이 그린 그것 말이다. 거기에는 다음과 같은 말이 붙어 있다. "이처럼 자연이 낸 인체의 중심은 배꼽이다. 등을 대고 누워서 팔 다리를 뻗은 다음 컴퍼스 중심을 배꼽에 맞추고 원을 돌리면 두 팔의 손가락 끝과 두 발의 발가락 끝이 원에 붙는다. …… 정사각형으로도 된다. 사람 키를 발바닥에서 정수리까지 잰 길이는 두 팔을 가로 벌린 너비와 같기 때문이다." 『동의보감』에도 이와 유사한 말이 등장한다.

> 제(臍) 자는 같다(齊)는 뜻이며, 배꼽의 아래쪽과 위쪽의 길이가 같음을 말하는 것이다. 몸의 중간이 바로 배꼽이다. 팔을 쭉 펴서 하늘을 향하고 다리를 쭉 펴서 땅에 대고 줄로 재 보면 중심이 바로 배꼽이 된다. (「외형편」, '배꼽은 몸 한가운데 있다')

배꼽을 한자로 '제'(臍)라고 하는데, 이때 제는 같다는 뜻이다. 이와 같이 배꼽은 몸의 중심으로 그 중심 아래 단전에서 몸의 에너지를 저장해 이를 허리를 통해 위로 뻗어올려 내는 것이다. 마지막으로 허리가 아프신 분들을 위한 도인법 소개.

허리와 등이 아픈 것을 다스리려면 환자가 동쪽을 향해 앉아서 손을 심장 부위에 포갠 후 한 사람은 앞에서 양 무릎을 누르고 한 사람은 뒤에서 머리를 받쳐서 천천히 뒤로 머리가 땅에 닿도록 눕힌다. 세 번 일어났다 세 번 누우면 곧 좋아진다. (「외형편」, '도인법')

그리고 음식으로는 두충이 좋다.『동의보감』에는 두충이 "허리뼈가 아픈 것과 갑자기 허리가 아픈 것을 치료한다. 또한 신로(辛勞)로 허리뼈가 옥죄이는 것을 치료한다"고 나와 있다. 두충차를 끓여 드시라. 시장에 가서 사시거나 인터넷에서도 쉽게 구할 수 있다. 그리고 참깨, 녹용, 누렁개의 고기, 돼지 콩팥 등도 허리에 좋은 음식이라고 나온다. 그러나 무엇보다도 앞에서 강조했듯이 발심(發心)하는 것, 무슨 일을 주저하지 말고 시작하는 것, 그리고 그것을 밀어붙이는 힘이 허리가 곧추설 수 있는 원동력임을 잊지 마시길!

살아 살아 내 살들아, 비만과 피부병

현대인들이 가장 고생하는 질환으로 비만과 피부질환이 빠질 수 없다. 주위에 물만 먹어도 살찐다는 사람들, 아토피나 기타 피부질환으로 고생이신 분들이 있다면 주의 깊게 읽어 보시길. 자, 그럼 이번에는 『동의보감』에서 육(肉)과 피(皮)에 해당하는 부분을 살펴보도록 하자.

요즘 아이들의 가장 심한 질병으로 아토피 빼면 섭섭하다. 우리 어렸을 때와는 달리 아토피 환자 없는 집이 없을 정도로 아토피나 피부 관련 질병이 늘어났다. 살이 비에 속한다면, 피부와 털은 기본적으로 폐에 속한다.

> 내경에서는 '폐와 표리의 짝을 이루는 것은 피부이고 폐의 상태가 바깥으로 드러나는 것은 털이다'라고 하였고 또한 '폐는 피부와 털을 주관한다'고 하였다. 사기가 폐에 머무르면 피부가 아픈 병이 생긴다. (「외형편」, '피부와 털은 폐에 속한다')

신체상 가장 위에 위치한 장부인 폐가 피부를 관장하는데 폐의 건강 여부가 피부와 직결되어 있다. 폐가 진액을 위로 뿜어 주는 힘이 있어야 피부 겉까지 촉촉하게 적셔 줄 수 있기 때문이다. 이때 피부는 단지 신체의 오장을 감싸고 있는 포장지만은 아니다. 손발이 오글거리는 장면을 보면 닭살이 돋는다든지, 좀 무리해서 '야동'을 봤다 하면 눈밑에 다크서클이 생긴다든지 하는 것이 바로 피부가 포장지만은 아니라는 사실을 말해 준다. 피부란 오장과 마찬가지로 하나의 기관이며 끊임없이 신체 내부의 상태와 연동한다. 그리고 매일같이 변화하는 기관으로, 항상 죽고 또 다시 태어나는 과정을 반복한다. 피부의 가장 바깥쪽 각질층에서 죽은 세포층이 떨어져 나온 것이 때이다. 따라서 때를 너무 세게 미는 것도 안 좋고, 화장을 안 지운 채 자는 것 역시 금할 일이다.

그렇다면 피부질환은 왜 일어나는 것일까? 여러 가지 이유가 있을 수 있지만 가장 큰 원인은 기혈이 살과 피부를 영양하지 못한 탓으로 본다. 따라서 음혈을 보해 기혈이 조화되고 기육이 윤택해지면 가려움증은 저절로 낫는다. 마른가지에 불이 잘 붙듯이 뿌리라고 할 수 있는 몸 안에 음이 부족하기 때문에, 잎이라고 할 수 있는 피부에 불이 나는 것이다.

내경에서는 모든 가려움증은 허해서 생긴다고 하였다. 피가 피부를 잘 길러 주지 못하였기 때문에 가려운 것이다. 자보(滋補)하는 약으로 음혈을 길러 주어야 한다. 피가 잘 돌고 피부가 윤택해지면 가려움증이 저절로 사라진다. (「외형편」, '가렵거나 아픈 것')

따라서 피부가 가렵다는 것은 몸의 어떤 신호이다. 안에 열이 가득 차 건조해진 상태에서 이 열을 식히기 위해서 몸을 긁어서라도 물기를 만들어 내달라고 신호를 보내는 것이 바로 이 가렵다는 신호이기 때문이다. 이는 자연적인 치유의 한 과정인 것이다. 물론 그렇다고 해서 피부를 마음껏 긁어도 된다는 뜻은 아니다. 불결한 손으로 긁다가 병균에 감염될 수도 있으니 이럴 경우 가려운 부위를 툭툭 쳐주시거나 차가운 물주머니로 냉찜질을 해주는 편이 좋다. 냉찜질을 통해 혈분의 열이 잠시 식으면 가려움이 완화되기 때문이다.

가려울 때 긁으면 시원해지는 것은 긁는 것이 화를 일으키기 때문이다. 살살 긁으면 가렵지만 벅벅 긁으면 가려움증이 사라지는 것은 피부를 얼얼하게[辛辣] 하여 피부가 금의 성질로 바뀌었기 때문이다. 매운 것[辛]은 화기를 없앨 수 있기 때문에 피부가 금의 성질로 바뀌면서 화기가 없어진 것이다. 사람이 불을 가까이할 때 약간 뜨거우면 가렵고, 매우 뜨거우면 아프고, 너무 가까이하면 데어서 상처가 생기는데 이것은 모두 화기의 작용이다. …… 아픈 것은 모두 화에 속한다. (「외형편」, '가렵거나 아픈 것')

즉 가렵다는 것은 혈분, 즉 피 안에 열이 지나치니 주의하라는 신호다. 물론 가려움으로 인한 고통 적지 않다. 아토피로 매일 밤 잠 못 드는 아이들을 보는 부모의 심정을 어찌 모르겠는가. 그래서 항히스타민제와 스테로이드에 대한 유혹이 간절해진다. 하지만 겉에 나타나는 증상을 없앤다고 해서 속 안의 문제가 사라지지는 않는다. 아무리 비비크림을 잔뜩 바른다고 해서 피부색이 변하지는 않는 것처럼 말이다. 따라서 이런 스테로이드제 연고에 의존하다 보면 당장은 낫는 듯 보일지 몰라도 병은 더 안으로 안으로 들어가 치료하기 힘든 중증이 되어 간다.

대부분의 피부 가려움은 체질적으로 몸이 건조하고 몸에 열이 많아서 생기는 경우가 많다. 그렇기 때문에 눈에 보이는 증상을 없애는 것뿐만 아니라 몸 안에 열이 과다한 문제를 해결해야만 한다. 그리고 이는 몸 안의 진액이 고갈되어 피부를 적셔 주지 못하기 때문에 생기는 문제이기도 하다. 따라서 피부의 염증과 가려움에서 하루 속히 벗어나려면 차가운 성질의 한약으로 혈분의 열을 식히는 것도 중요하지만 고갈된 진액을 보충하여 몸이 건조하지 않도록 하는 것이 근본 방법이다. 가려움증을 앓아 본 사람이라면 매운 것을 먹을수록, 땀을 많이 흘릴수록, 과로할수록 피부가 더 가려워지는 경험이 있을 것이다. 이는 매운 음식

과 땀 흘림, 과로가 몸의 진액을 말려서 그렇다. 따라서 커피나 녹차 같은 카페인 음료를 너무 많이 마신다거나, 사우나 등에서 과도하게 땀을 흘리는 행위, 습관적인 침 뱉기, 과도한 성생활, 말 많이 하기 등 진액을 소진하는 일이 없도록 주의해야 한다. 『동의보감』에서는 가려움증에 좋은 것으로 소금 끓인 물을 추천한다. 소금 끓인 물은 풍사 때문에 생긴 모든 가려움증을 치료하는데, 소금 하나에 물 열 정도로 물을 붓고 물이 절반으로 줄어들 때까지 달인 후 따뜻하게 하여 세 번 목욕하라고 나와 있다. 또 벽해수(碧海水), 즉 짠 바닷물을 끓여서 목욕을 하면 풍으로 가려운 것과 옴이 낫는다고도 나와 있다.

그럼 이제 비만에 대해서 알아보자. 한의학에서 살은 비위(脾胃)에 속한다. 맞다. 우리가 흔히 '비위가 약하다'라고 표현할 때 그 비위다. 비위가 약하면 먹는 걸 잘 못 먹으므로 땅에서 자라난 지기(地氣)를 받아들이는 비위가 강해야 건강할 수 있다. 하나님이 흙으로 사람의 살을 빚어 냈다고 하는 것과 마찬가지로 사람의 살은 땅의 흙과 같다. 오행상 토를 담당하는 비와 위의 기운이 살을 담당하는 것이다. 그렇다면 『동의보감』에서는 살에 대해서 어떻게 말하고 있을까.

비가 허하면 살이 마르게 된다. 살이 찌고 윤기가 있으면 혈과 기가 모두 넉넉한 것이고, 살이 찌고 윤기가 없으면 기는 많지만 혈이 부족한 것이다. 마르면서 윤기가 없으면 혈과 기가 모두 부족한 것이다. 혈이 실하면서 기가 허하면 살이 찌고, 기가 실하면서 혈이 허하면 마른다. (「외형편」, '살은 살찐 것과 마른 것을 결정한다')

주위 사람들을 보면 살찐 사람들은 추위를 잘 견디지만 더위를 참지 못하고, 마른 사람들은 더위는 잘 참지만 추위를 참지 못하는 경우가 많다. 살찐 사람이 단지 살이 많아서 추위를 잘 견디는 그런 차원만은 아니다. 위에서 보듯이 혈이 실하지만 기가 허해 살이 찐 사람들은 여름의 더위가 부족한 기를 더욱 상하게 하여 더위를 참기 힘들게 만들고, 기가 실하지만 혈이 허해 마른 사람들은 겨울의 추위가 부족한 혈을 더욱 상하게 해서 추위를 못 견디게 만드는 것이다. 따라서 혈과 기가 고루 넉넉해야 한다.

요즘 현대인들의 가장 큰 걱정 중 하나가 비만이다. 최근 비만이 모든 성인병의 원인으로 지목받고 있는데 이는 비만으로 인해 습담, 중풍, 당뇨 같은 병에 걸리기 쉽고, 여성의 경우 불임에 이르게 되는 경우가 많기 때문이다. 게다가 요즘에는 성인비만뿐 아니라 소아비만이 더 심

각해진 상황이다. 어린아이 열 명 중 한 명이 비만이고, 이렇게 소아비만인 아이들의 80%가 성인비만으로 이어진다는 보고도 있다. 안 그래도 나이 들면 들수록 소위 '배둘레햄'이라 불리는 나잇살 때문에 걱정들 많을 텐데, 이는 배꼽이 몸의 한가운데 중심을 이루는 부분이기에 가장 움직임이 덜해서 그렇다. 뭐, 물만 먹어도 살찐다고 하는 이들도 없지는 않지만 살찌는 분들, 섭취가 소모보다 많기 때문이다. 들어오는 것보다 나가는 게 적으면 쌓일 수밖에 없는 것, 그건 만고불변의 진리다. 그리고 이렇게 쌓여 흐르지 못하면 독이 된다는 것 역시 진리다.

그렇기 때문에 비만이 되지 않으려면 둘 중의 하나를 선택할 수밖에 없다. 적게 먹거나 보다 많이 움직이거나! 특히나 비위의 기능을 활발하게 하기 위해서는 사지, 즉 팔다리를 움직여 줘야 한다. 요즘같이 팔다리를 안 움직이는 시대도 없을 것이다. 가까운 거리도 차가 없으면 움직이지 못하는 줄 알고, 자기가 팔다리를 움직여 무엇을 만들기보다는 돈으로 간단히 사서 해결하려 한다. 요즘 아이들 중에 소아비만이 많은 것도 팔다리를 많이 움직이지 않아 습을 제거해 주지 못하기 때문이다. 아이를 위한답시고 밖에 나가 놀게 하기보다 집 안에만 있게 하고, 무조건 좋은 음식 많이 먹는 것이 좋은 줄 알아 과도하게 먹이는 것이 비위 약한 애들을 만들어 내는 것이다. 실제로 요즘 비위 약한 아이들이 많이 생겨나는 것은 이렇게 팔다리를 움직이지 않고 눈과 입과 귀만을 사용하는 현대인의 일상 패턴과 무관하지 않다.

그러니 팔다리, 사지에 이상이 있다는 것은 비위 기능에 문제가 있다는 신호로 볼 수 있다. 팔, 다리가 차고 부으며 저리고 아픈 분들은 유의

하시길! 아이를 키울 때 하는 놀이 중 '잼잼'과 '짝짜꿍' 놀이 다들 아실 거다. 그럼 혹시 손가락을 오므렸다 폈다 하는 '잼잼'과 손뼉을 치는 '짝짜꿍'이 사지를 자극해 비위의 기운을 증폭시키는 역할을 하는 운동적 차원에서도 훌륭한 놀이였다는 사실도 아시는가! 매사에 무기력해서 밥 먹자마자 누워 버리는 이들, 가만히 앉아 눈과 귀 그리고 입만 즐거우면 땡이라고 생각하시는 분들이라면 부지런히 잼잼이나 짝짜꿍이라도 하시라! 손가락, 발가락을 바삐 움직여야 위장이 튼튼해지면서 비만이 예방됨을 잊지 마시길.

비만에 좋은 음식으로는 마시는 차가 있다. 『동의보감』에도 차를 오랫동안 먹으면 몸의 기름기를 빼서 살을 빠지게 하며 특히 뚱뚱한 사람에게 효과가 크다고 나와 있다. 그리고 팥과 율무 역시 살을 빼고 공복감을 해소하는 데 좋다. 율무는 위장에 이롭고 비장을 튼튼하게 하며 폐장을 보호한다. 또한 열과 풍을 없애 주고 습을 빠지게 한다. 비만이신 분들은 율무차나 율무밥을 해드시라. 다시마 역시 강추인데 다시마가 기를 내리기 때문에 국을 끓여 먹거나 나물로 먹으면 살 빼는 데 좋다.

물론 몸이 너무 말라서 걱정하는 분들도 많다. 뭐 그런 게 다 걱정이냐고 질시 어린 눈으로 볼 수도 있지만 살찌고 싶은데 살 안 찌는 것 역시 고통이다. 그래서 살이 마르는 사람들에게 좋은 음식 몇 가지도 추천하자면 일단 마를 갈아서 우유에 타서 죽처럼 쑤어 먹는 것. 그리고 잣역시 좋다. 그 외에 토란국, 참깨, 보리, 부추, 오가피, 붕어, 자라, 양고기 등도 살을 찌우는 데 좋다.

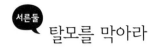

탈모를 막아라

대개 30대 남자인 주변의 친구들을 보면 가장 많은 관심사는 물론 여자다. 두번째? 돈이다. 그러나 이에 못지않은 관심사가 있으니, 바로 탈모다.^^ 30대가 넘어가면서부터 가늘어져서 힘이 없고 푸석푸석해진 머리카락과 휑해지는 머리숱 때문에 다들 걱정들이다. 요즘에는 10대, 20대에도 휑한(?) 아해들도 많아지니 탈모가 더 이상 중년 남자들만의 고민거리만도 아니다. 그래서 만나면 요즘 탈모 샴푸 중에 뭐가 좋다더라, 무슨 약이 좋다더라, 어디가 모발이식을 잘한다더라, 심지어는 요즘은 아예 포기했다는 등 정보 나누기에 바쁘다.

물론, 탈모 방지 샴푸를 쓰고, 이식을 하는 것도 방법이 될 수 있겠지만, 탈모 역시 본질적으로 수승화강의 원리가 이뤄지지 않아서임을 기억해야 한다. 열이 계속 머리로 뻗쳐서 탈모가 일어나는 거다. 이 열이 두피에 집중되면 모모(毛母) 세포를 퇴화시키고 모발은 미처 다 자라기도 전에 늙어 탈모가 오게 된다. 그리고 두피의 열은 곧 열을 배출하는 모공을 넓혀 모근을 붙잡는 힘을 약화시키므로 탈모를 일으키게 되는 것이다.

그렇다면 근본적인 질문 하나. 모든 문제는 그 문제의 본질을 알아야 풀 수 있는 법. 그럼 머리에는 왜 머리털이 날까? 미적인 차원에서의 장식용? 아님 머리가 추울까 봐 방한용? SF 영화 속 외계인들 대다수가 머리에 털이 안 나있는 걸 보면서 머리에 털이 나는 게 꼭 필연적인 이유가 있는 것이 아닐지도 모르겠다는 생각을 한 적이 있다. 그렇다면 털은 왜 나는 것일까? 그냥 어쩌다 보니 털이 있는 게 아니다. 털은 열을 식혀 주기 위해서 있다. 열대초원의 비유를 들면 좀더 이해가 쉽게 가려나? 열대의 뜨거운 열을 식혀 주기 위해 초원에 나무들이 무성하게 자라난 것처럼 사람에게도 열이 많이 나는 부분에 이 열을 식혀 주기 위해 털이 나는 것이다. 우리 몸에 털이 많이 난 곳을 생각해 봐라. 그렇다. 머리, 겨드랑이, 사타구니. 온몸에 털이 덥수룩하게 난 이들도 있겠지만 일반적으로 이 세 부분에 털이 많이들 나셨을 거다. 그렇다면 이들의 공

통점은? 모두 열이 많이 나는 곳이다. 따라서 열을 식혀 주는 기능을 제대로 하지 못하기 때문에 탈모가 일어나는 것이다.

흔히 털이라면 열을 유지해 주는 보온기능을 하겠거니 생각하겠지만, 털은 오히려 체내에 생긴 열을 발산하는 역할을 한다. 그렇기 때문에 머리 부위의 열을 식혀 주기 위해 자주 빗질을 해주어 열이 손쉽게 날아갈 수 있도록 해주는 것이 좋다. 특히 요즘같이 머리에 열이 많이 몰리는 시대라면 더더욱 잘 식혀 주는 것이 필요하다. 이는 유인원의 털이 온몸에 나 있는 반면 인간의 털은 특히 머리에 집중되어 있는 이유이기도 하다. 인간의 뇌가 발달하면서 그 열을 식히기 위해 머리카락만 발달하고 체모는 대부분 퇴화했던 것이다.

머리카락은 오장 중 주로 신(腎)이 담당한다. 보통 7~8세에 머리카락의 성장 속도가 빨라지고, 35~40세가 되면 머리카락의 윤기가 없어지면서 생기는 것보다 빠지는 개수가 늘어나며, 42~48세 되면 흰머리

가 많아지는데, 이는 신의 기운과 관련이 있다. 즉 선천의 기운인 정(精)과 관련된 문제다. 그래서 『동의보감』에서도 "『내경』에 신은 털을 주관한다. 또한 신은 뼈와 연관이 있는데 그 상태는 겉으로 머리털에 나타난다고 쓰여 있다"고 설명한다. 따라서 나이가 들어 혹은 과도한 업무로 인해 정이 소모되면 머리털이 빠지는 것은 당연한 이치이다. 그러니 빠진 머리카락 부여잡고 아쉬워할 바에야 신을 강화하는 노력을 하시는 것이 더 좋다. 검은콩이나 검은 음식을 먹으면 머리카락이 많이 난다는 것은 역시 신이 색으로 보면 물의 색, 즉 검은색에 해당하기 때문이다.

그리고 탈모는 누차 강조했듯이 수승화강이 되지 않기 때문에, 즉 물이 제대로 올라가지 못하고, 불은 제대로 내려가지 못하기 때문에 생기는 것이다. 생명의 원리는 한마디로 수승화강의 원리라 할 수 있다. 즉 물은 올라가야 하고 불은 내려가야 한다는 것! 그렇지 않고 물은 계속 내려가려 하기만 하고, 불은 계속 올라가려고만 하면 서로 섞이고 순환할 여지가 없다. 몸으로 보면 차가운 신장의 기운은 계속 밑으로 내려가려고만 하고, 뜨거운 심장의 기운은 계속 상체 위로 올라가는 것과 마찬가지이다.

이를 자연에 비유해 보자. 물은 자연적으로 내려가는 성질을 갖고 있고, 불은 타면 올라가려는 성질을 갖고 있다. 그러나 내려간 물은 뜨거운 햇볕에 의해 다시 수증기가 되어 위로 올라가 구름이 되고 비가 되어 아래로 내려온다. 식물 역시 마찬가지다. 뿌리와 줄기를 통해 물의 찬 기운을 위로 올리고, 광합성을 통해 태양의 따뜻한 기운을 뿌리로 내리는 것이 수승화강의 원리다. 이렇게 계속 내려가고 올라가고의 순환의 과정이 모든 자연 만물의 이치이다. 그리고 이 순환구조가 끊어진 것, 위아래가 따로따로 노는 것, 이것이 죽음이다.

『주역』에서도 이와 같은 괘가 있다. 지천태(地天泰)괘와 천지비(天地否)괘이다. 다들 아시겠지만 혹시 모르는 사람들이 있을까 설명하자면, 주역의 괘들은 두 개의 상이 합쳐져 하나의 괘를 만든다. 예를 들면 땅과 하늘 두 개가 만나 하나의 괘를 만드는데 이때의 땅과 하늘의 순서에 따라서 그 괘의 뜻이 정반대를 의미할 수도 있다.

즉, 위에는 땅, 아래는 하늘이 위치한 것이 만물이 통한다[泰]는 뜻을 가진 지천태괘[䷊]이고, 위에는 하늘, 아래는 땅이 있어 천지가 막힌[否] 것이 천지비괘[䷋]이다. 즉, 아래에 있는 땅이 위로 올라가고, 위에 있는 하늘이 아래로 내려오니 천지가 사귀어 통하게 되는 것이 자연의 원리이고, 이래야 만물이 서로 통하게 된다는 것이다. 반면, 천지비괘는 천지가 따로 떨어져 노니 사귀지 못하고, 만물이 통하지 못하므로 천하에

올바른 정치가 행해지지 못함을 뜻한다. 이 수승화강의 원리는 동양철학에서 핵심적 원리이다.

수승화강! 꼭 기억하자! 상체에 열이 뻗치고 손발이 차가워지는 증상 역시 이 수승화강이 이뤄지지 않아서다. 그래서 갈수록 불의 기운은 머리 위로 치솟아 망동하고, 몸은 차가워진다. 특히 머리만 쓰고 몸은 쓰지 않는 현대인들에게 이러한 증상이 많다. 이럴 때일수록 차가운 신장의 수기가 머리를 식혀 주고, 심장의 화기가 복부와 사지를 따뜻하게 해주어야 한다. 머리는 차갑게, 발은 따뜻하게라는 '두한족열'(頭寒足熱) 이야기가 괜히 나온 게 아니다. 18세기 네델란드의 명의 헤르만 부르하버도 죽기 전에 밀봉하여 남긴 「의학에서 오직 한 가지 심오한 방법」이라는 글에서 "머리를 차게 하고 발을 덥게 하라. 그러면 당신은 모든 의사를 비웃을 수 있을 것이다"라는 한마디만을 남겼다고 한다. 그럼 어떻게 해야 하냐고? 108배들 하시라.

서른셋

뼈에 구멍이 나지 않도록

『사기』「편작·창공 열전」에서는 고칠 수 없는 여섯 가지 병에 대해 논하고 있다.

고칠 수 없는 여섯 가지 병이 있다. 교만하고 방자하여 병의 원리를 논하지 않는 것이 첫번째 불치병이고, 몸을 가벼이 여기고 재물이 아까워 병을 치료하지 않는 것이 두번째 불치병이며, 입고 먹는 것을 적절하게 하지 못하는 것이 세번째 불치병이고, 음양의 조화를 꾀하지 못해 오장의 기가 불안정한 것이 네번째 불치병이다. 몸이 극도로 허약하여 약을 먹을 수 없는 것이 다섯번째 불치병이고, 무당의 말만 믿고 의사를 믿지 않는 것이 여섯번째 불치병이다. 이러한 것 가운데 하나만 있어도 치료하기 매우 어렵다.

이는 돌려 생각하면 이 여섯 가지만 아니면 불치병이 아니라는 말이기도 하다. 교만하거나 방자하지 않게 병의 원리에 접근하는 것. 몸을 중히 여기고 재물을 아깝게 여기지 않는 것. 입고 먹는 것을 적절히 하는 것. 음과 양의 조화를 이뤄 오장의 기의 조화를 이루는 것. 약발이 들지 않을 정도로 몸을 허약하게 만들지 않는 것. 무당에만 의지하는 것이 아니라 의사를 믿는 것.

하지만 우리가 불치병이라고 여기는 것은 치료하기가 어려운 것이 문제가 아니라 우리가 그것을 계속해서 만들어 낸다는 데 문제가 있다. 병의 원리를 교만하게 논해서, 돈이 아까워 제대로 몸을 돌보지 않아서, 입고 먹는 평소의 습을 제대로 관리하지 못해서, 오장의 기의 조화를 지키지 못해, 약이 들지 않을 정도로 몸을 허약한 상태로 내버려 두어서, 무당의 말만 믿어서. 이는 단지 개인의 병에 대한 문제만은 아니다. 사회의 문제 역시 마찬가지이다. 어떠신지? 육불치의 상황이 지금과 심하게 오버랩되지 않는지? 그런 점에서 개인의 신체의 건강에 대한 유비는 사회적 신체의 건강에 그대로 적용된다. 그러니 더 이상 불치병으로 가기 전에 막아야만 한다. 그렇지 않으면 정말 치료하기 어려운 불치의 상태로 갈 수밖에 없다.

이번에는 뼈, 골(骨)을 다룰 차례다. 일단 뼈를 주관하는 장부는 신(腎)이다. 뼈는 골수의 집으로 이 골수를 담당하는 것이 신장의 기운이라고 보았던 것이다. 그리고 이 골수는 마시고 먹는 온갖 음식의 가장 정미로운 것으로 정(精)의 바탕이기도 하다. 이 담담하고 정미로운 기운이 정이 되고, 골수가 된다. 이 골수가 비면 뼈가 빈다. 그리고 치아 역시 뼈의 여분으로 보았는데, 정이 부족하면 신장 기능에 이상이 생기고,

치아가 흔들리고, 허리가 굽고, 뼈와 관련된 질환이 생기게 된다. 이러한 뼈의 중심은 등뼈이고, 뼈의 크기를 알려 주는 게 광대뼈이다. 광대뼈는 뼈의 본보기로 광대뼈가 크면 뼈도 크고, 광대뼈가 작으면 뼈도 작다고 보았다.

뼈가 시리다는 말을 종종 한다. 이 말은 날씨가 춥다는 의미만은 아니다. 뼈가 시린 것은 신이 뼈를 만들지 못해 골수가 뼈에 가득차지 않게 되어 생기는 빈 공간 때문에 찬 기운이 뼛속까지 스며들기 때문이다. 뼈 마디마디가 당기는 듯한 느낌을 받는 것 역시 이 때문이다. 반대로, 뼈에 열이 있는 것 역시 문제가 된다. 뼈에 열이 있으면 골수와 이가 마르는데, 한의학에서 골위(骨萎)라고 하는 병이다. 앞니가 마르고 건조한 것이 이러한 병후의 증상이니 중년 여성들은 특히 주의해야 한다.

흔히 뼈를 깎는 고통도 참겠다고 얘기하지만 뼈를 깎는 고통이 얼마

나 심하면 이런 말이 나왔겠는가? 이처럼 뼈가 아픈 통증은 이루 말할 수 없을 정도다. 그리고 이렇게 병이 뼛속까지 파고 들어간 것은 중증으로, 고치기 힘들다.『동의보감』에도 뼈가 시큰거리고 아프기까지 한 것은 찬 기운이나 열기가 뼛속으로 뚫고 들어가 아픔이 두 배, 다섯 배, 천 배, 만 배로도 비할 수가 없다고 했다.

그리고 전설적인 의사 편작의 이야기를 빌리자면 병이 주리, 즉 피부에 있으면 뜨거운 찜질로 치료할 수 있고, 혈맥에 있으면 침으로 치료할 수 있으며, 장부에 있으면 술과 약으로 치료할 수 있으나 병이 골수에 있으면 어떻게 할 도리가 없다고 말한다. 편작조차도 고치기 어려운 병이 뼛속까지 파고 들어가 골수에 생긴 병이다. 따라서 뼈와 관련된 질환은 미리 예방하는 것이 중요하다. 그러나 어떻게? 흔히 골다공증이나 뼈와 관련된 질환의 예방이라면 칼슘약을 꾸준히 먹는 것만을 생각한다. 하지만 이것만이 능사는 아니다. 앞서 보았듯이, 정을 키우고, 신을 강화하는 것이 기본이 될 수밖에 없다.

먹는 것 중에서는 단 것은 많이 먹으면 뼈가 아프고 머리카락이 빠지기 쉬우니 단 음식을 너무 많이 먹는 것은 좋지 않다. 탈모 때문에 고민이신 분들, 뼈 질환 질병으로 고생이신 분들은 특히 신경 쓰실 것! 그리고 귀가 초췌하게 마르고 때가 많이 끼는 것 또한 뼈에 병이 있는 것이므로 신경 써서 볼 일이다. 뼈에 좋은 것으로는 오미자, 잣, 홍화씨, 개고기, 녹용 등이 있다.

서른넷 치질 굿바이

『동의보감』의 목차를 다시 한번 확인하고 가자. 『동의보감』은 크게 「내경편」-「외형편」-「잡병편」-「탕액편」-「침구편」, 이 다섯으로 나뉘어 있다. 「내경편」이 몸 안의 장부를 중심으로 다룬다면, 「외형편」은 몸 밖으로 보이는 장부에 대해 다루고 있다. 그리고 「잡병편」에서는 안과 밖에 속하지 않는 여러 가지 병증들을, 「탕액편」은 약물을, 「침구편」은 침에 대해 다루고 있다. 「외형편」의 마지막 장에서 다루고 있는 것은 전음(前陰)과 후음(後陰) 되시겠다. 전음과 후음이라고? 생소하지만 단어를 찬찬히 뜯어보면 모를 말도 아니다. 몸을 음양으로 나누자면 여러 방식이 있겠지만 앞뒤 차원으로도 음양으로 나눌 수 있다. 앞인 배가 음이라면, 뒤인 등이 양이다. 그래서 계속 쌓기만을 좋아하는 음심이 작동하는 이라면 배불뚝이가 되고, 뭔가 밖으로 표출하고자 하면 양인 등줄기가 쫙 펴지는 것이다. 또 위와 아래로 보자면 위는 양이고 아래가 음이다. 따뜻한 기운은 위로 올라가고 차가운 기운은 아래로 내려가는 걸 생각하면 알 수 있다. 그렇다면 배의 아래쪽이 음 중에서도 음임을 알 수 있다. 그 음 중에서도 전음과 후음이 있는데 앞의 음은 배 앞에 나온 구멍을, 뒤의 음은 배 뒤에 나온 구멍을 말한다. 그렇다. 어렵게 말했지만 쉽게 말하면 오줌구멍과 똥구멍!

앞에서도 말했지만, 사람에게는 전부 9개의 구멍이 있다. 한번 세어 보시라! 얼굴에 난 눈, 코, 입, 귀 7개의 구멍에 전음과 후음이다. 여기에 여자는 한 개의 구멍이 더 있어서 10개다. 남녀 모두 이 구멍이 제대로 뚫려 바깥의 정보와 에너지를 안으로 잘 전달하고 안의 것들은 밖으로 잘 분출시켜야만 제대로 건강할 수 있다. 건강이 흐름이라는 말은 더 이상 강조하지 않아도 될 터. 잘 먹고 잘 싸는 것이 건강이란 말은 이를 두고 하는 말이다.

그렇다면 이 전음과 후음에서의 문제는 뭐가 있을까? 여러 가지가 있겠지만 소변과 대변 문제는 「내경편」에서 다루고 있고, 「외형편」에서는 발기부전과 치질을 다룬다. 발기부전에 해당하는 말인 음위(陰痿)는 말 그대로 음경(陰莖)이 위축돼서 커지지 않는 것으로 음경이 일어서지 않는 것은 다 성생활을 지나치게 하여 간의 경근이 상했기 때문이라고 『동의보감』에는 나와 있다.

아직 신(腎)이 쇠약하여질 나이가 되지 않았는데도 발기되지 않거나 발기되더라도 단단하지 않은 것은 대부분 밤일이 과도하기 때문이다. 그러나 이뿐만 아니라 분노나 피로로 인해 간이 손상되는 경우에도 음위가 발생하기도 한다. 이는 전음이 우리 몸의 주요한 근육이 모이는 곳이기 때문이다. 온몸의 근육을 담당하는 장부가 간인데, 이 주된 근육이 모이는 회음부 역시 간에 이상이 있을 경우 제대로 작동을 못하는 것이다. 특히나 요즘 '간 때문이야~'라는 노래처럼 피로로 인한 간의 이상이 남성성에 이상을 가져오기도 한다. 따라서 당연한 말이겠지만 정을 너무 소모하지 않는 것, 너무 피로하게 몸을 혹사시키지 않아야 한다. 그리고『동의보감』에서는 음위에 좋은 음식으로는 복분자를 들고 있으니 혹시 고민이신 분들은……^^

이쯤해서 뒤쪽 구멍으로 넘어가자. 후음의 대표적인 병은 아마도 치질일 것이다. 우리나라 2명 중 1명에게 발병할 정도로 흔한 질병인 치질은 임산부들이나 장시간 앉아서 일해야 하는 사람들에게 특히 많다.『동의보감』에서는 치질(痔疾)이라고 할 때의 '치'(痔)는 내밀었다는 '우뚝 솟을 치'(峙) 자와 같은 뜻으로 설명한다. 즉 치질이 생긴 것은 큰 못 가운데 작은 산이 솟아난 것과 같다는 것이다. 치질에도 여러 종류가 있는데『동의보감』이 나올 당시에도 치질은 꽤나 심각했던 모양이다. 다

양한 그림과 같이 설명하고 있는데 차마 눈뜨고 보기 힘들 정도다.

한의학에서 치질의 원인으로 꼽는 것은 다양하지만 주로 대장과 소장의 열(熱) 때문으로 본다. 대장과 소장에 열이 많으면 항문 조직이 열에 달구어져 조금만 압력을 가해도 치질이 발생하게 되기 때문이다. 따라서 장 내부의 문제를 풀지 않고서는 근본적인 치료는 어렵다. 사실 치질은 인류가 손을 사용하기 위해 두 발로 일어섰기 때문에 어쩔 수 없이 혈액이 아래쪽으로 내려가 항문 주변의 혈관에 압력이 가해지면서 생긴 것이다. 즉, 인간이기에 어쩔 수 없이 생기는 병이라 할 수 있다. 항문과 심장의 높이가 같은 네발짐승에게는 치질이 없는 것은 이 때문이다. 그러나 장이 건강한 사람이라면 치질에 걸리는 비율도 줄어든다.

또 하나 한의학에서 대장은 폐와 연결되어 있다고 본다. 그래서 폐가 건강해야 피부도 좋고 대장 건강도 좋아 변비가 없고 치질도 걸리지 않는다. 폐가 허약한 이가 치질에 걸리는 경우가 많은 것 역시 이를 보여준다. 한의학에서 항문이란 대장의 끝 부분인 동시에 폐와 연계되어 피부호흡을 조절하는 하나의 큰 땀구멍이기 때문이다. 따라서 폐 기능이 좋지 않거나 피부호흡이 잘 되지 않으면 항문에 이상이 나타난다. 우리는 호흡을 할 때 폐만을 생각하기 쉽지만 크게 나누어 볼 때 폐가 낮의 호흡을 주관한다면, 밤의 호흡은 항문이 주관한다고 할 수 있다. 이때 피부호흡이 나빠져서 항문에 문제가 발생하게 되는 것이 치질이다. 따라서 폐의 건강 역시 치질 치료에 신경 써야 할 부분이다.

치질로 인한 고통이 얼마나 견디기 어려울지는 상상만 해도 눈살이 찌푸려지지 않는가? 그렇다면 이 솟아오른 봉오리를 어찌해야 할까?

물론 외과적 수술이 간단한 해결책일 수 있다. 하지만 수술만이 능사는 아니다. 외과적 수술로 병을 고치더라도 얼마 안 가 똑같은 병이 재발하는 경우들을 많이 볼 수 있다. 자신의 몸을 바꾸지 않고, 생활을 바꾸지 않으면 병은 다시 똑같은 기전으로 생길 수밖에 없기 때문이다. 치질 역시 마찬가지다. 수술로 잘라 내거나 태워 버리더라도 원인이 그대로 남아 있는 한 또다시 재발할 수밖에 없다.

따라서 식생활, 즉 먹고사는 방식을 바꾸지 않는 한 내 몸의 병은 나을 수 없다. 흔히 로또를 바라는 심정으로 살지만 건강에 있어 로또란 없다. 아무런 노력 없이 아무것도 바꾸지 않고서 병이 낫기를 바란다는 게 강도랑 뭐가 다른가? 차라리 강도는 이게 나쁜 짓이라는 것 정도는 안다는 점에서 양심적이기라도 하지 그냥 공짜만을 바라는 도둑놈 심보는 도대체 무슨 배짱이란 말인가?

치질을 고치기 위해서는 생활을 바꾸는 수밖에 없다. 일단 과음, 과식을 피해야 한다. 『동의보감』에도 "소장에 열이 있으면 치질이 되고, 대장에 열이 있으면 피똥이 나온다. …… 음식을 너무 배부르게 먹으면 장 위의 힘줄이 가로로 늘어나기 때문에 대변에 피가 섞여 나오면서 치질이 생긴다"고 했다. 이는 음식을 너무 배부르게 먹으면 잘 소화시키지 못해 대장에 오랫동안 머무르게 되기에 열이 쌓일 수밖에 없기 때문이다. 그리고 기름진 음식과 매운 음식, 밀가루 섭취를 줄이고 수분과 섬유질이 많은 통곡류와 채소, 과일 등을 먹는 게 좋다. 시금치는 섬유질도 많고 장 속의 열을 식혀 주는 효과가 있어 특히 추천.

그리고 배변시 과도하게 힘을 주거나 오래 앉아 있는 것 역시 피하시고, 항문을 조였다 풀었다 하는 괄약근 조이기 운동도 해주면 좋다. 특히 앉아서 일하는 분들은 스트레칭도 많이 해주시고, 많이 걸어 주시라. 복부근육에 힘이 없어 치질이 더 많이 발생하는 경우가 많기 때문이다.

자, 다들 멍하니 앉아 있지 말고 똥꼬에 힘 한번 바짝 주시고…… 얍!

몸을 공부한다는 것

자, 여기까지 읽으신 분들 정말 수고 많으셨다. 헥헥, 나도 힘들다. 그런 의미에서 이제 좀 쉬도록 하자. 마지막으로 지금까지 읽히지도 않는 글들 읽느라 고생하셨을 독자 제위들을 위해 말랑말랑, 알콩달콩 건강 다이제스트를 소개하겠다라고 하면 거짓말이고.^^; 그런 것 기대하지 마시라. 하여튼, 다들 까먹고 계실 테니 다시 한 번 기초 초식 하나 검토하고 끝내도록 하자. 어찌 보면 인간은 망각에 관한 한 상습범일지도 모르니 말이다.

우선 병이란 무엇인가에 대해서 생각해보자. 병이란 무엇일까? 사전적 정의에 의하면 '생물체의 전신이나 일부분에 이상이 생겨 정상적 활동이 이루어지지 않아 괴로움을 느끼게 되는 현상'을 말한다. 그러나 단순히 정상/비정상의 도식으로만 병을 접근하고, 이를 단지 제거해야 할 무언가로 치부할 수만은 없다. 병이란 어쩌면 몸 자체에 내장되어 있는 일종의 신호등, 경보시스템이 작동하는 것이자, 그동안 인식해 오지 못했던 존재 그 자체에 질문을 던지는 화두와 같은 것이라 할 수 있다. 「보왕삼매론」에도 가장 처음 나오는 대목이 몸에 병 없기를 바라지 말라는 것이었다.

몸에 병 없기를 바라지 말라. 몸에 병이 없으면 탐욕이 생기기 쉽나니, 그래서 성인이 말씀하시되 '병고로써 양약을 삼으라' 하셨느니라.

몸에 병이 나는 것은 어떻게 보자면 오히려 당연한 것이라 할 수 있다. 이 생로병사의 과정을 거쳐가는 것이 인간이기 때문이다. 하지만 문제는 요즘같이 바쁜 일상을 살아가는 현대인들에게 평소에는 자신의 몸, 일상, 세상에 대해서 생각할 틈이 없다는 것이다. 병이라도 들어야 어디 내 몸이 이상이 있구나 하고 조금 관심을 갖게 된다. 물론, 그렇다고 하더라도 보통 사람의 경우 대부분 그 관심이 오래가지 않는다. 그저 약국에 들러서 약을 사먹거나, 혹은 병원에서 주사 한 방으로 끝이 나는 일이 대부분이다. 병 역시 이 시대에서는 철저히 몸과 단절된 외부적 사건으로 그치고 만다. 따라서 그 병이 왜 걸리게 되었는지, 나의 어떤 활동들이, 나의 어떤 습관들이 그 병을 가지고 오게 되었는지를 살펴보는 것이 중요하다. 이것이 병으로서 양약을 삼으라는 말의 의미일 터이다.

그렇게 보자면 병이란 시간을 거쳐서 결국 앓아야 하는 것일 수 있다. 병이 들었는데도 아프지 않고 낫기를 바란다는 건 도둑놈 심보다. 물론 병에 든 환자에게 이런 말이 너무 잔인할 수도 있겠지만 말이다. 따라서 건강이란 것 역시 다시 생각할 필요가 있다. 건강이란 단순히 어떤 병에도 안 걸리는 것이 아니다. 병을 앓고 그 병을 통해 자신을 알고, 세상을 아는 것, 그리고 새로운 몸으로 다시 태어나는 것!

동양에서는 병을 다섯 단계로 나눈다. 아(痾)-채(瘵)-고(痼)-질(疾)-병(病), 이 다섯 단계다. 아(痾)는 병의 씨앗이 뿌려지는 단계로, 그것이 마음 씀씀이든, 생각이든, 몸의 자세든, 식생활이든 한쪽으로 치우쳐 가고 있음을 말한다. 편애, 편견, 편식 등이 이러한 것이다. 이 단계를 넘어서 치우친 정도가 심해지면 채(瘵)의 단계로 들어서 무언가 이상을 느끼게 된다. 그리고 이것이 점점 굳어지고 습관이 되어 몸에 붙으면 고(痼)가 된다. 관성에 이끌려 가게 되는 것이다. 이러면서 질(疾)의 단계에 이르면 육체적으로도 이상이 생기고, 마지막으로 병(病)이 되면 나의 의지와는 달리 병이 자신의 신체를 점령하게 된다. 병과 싸워야 하는 단계까지 이르게 된 것이다.

즉 병이란 것이 어떤 문제라고 한다면, 거기에는 분명히 병들어 갈 수밖에 없는 여러 정신적·신체적인 습관적 요인들이 누적되어 있다. 그 누적된 결과가 '몸이 아프다'라는 신체적 각성으로 드러난 것이다. 그러니 이런 요인들을 무시하고 단지 병적 증상만을 제거하려 한다면 당장의 육체적 고통을 면할 수는 있을지 몰라도 근본적 원인은 결코 치유될 수 없다. 이러한 자기에 대한 질문 없이 단순히 빨리 낫기만을 바라는 것은 좋은 숙제거리를 나 몰라라 내팽개치는 것과 마찬가지다.

마지막으로 이 책을 다 읽고도 '왜 난 읽어도 무슨 말인지 모르겠지……', '주변 사람들이나 내 경험상 얼추 맞는 이야기도 있는 것 같기는 한데, 이상하게 논리적으로는 전혀 설득되지 않아~' 뭐 이런 식의 반응을 보이는 이들도 많을 것이다. 그것도 아니면 이런 이야기들은 그냥 비논리적인, 비과학적인 이야기이므로 일단 '패스!'라고 '즉자적'인 반응을 보이는 이들도 있을 테고.

하지만 잘 모르겠다고 초조해하지는 마시라. 초조해하면 지는 법! 여기서 잠깐 다른 이야기 하나 하자. 학교 다닐 때 많이 들었던 질문 중 하나. "영어 잘 하려면 어떻게 해야 돼?" 뭐, 그렇다고 내가 영어를 잘 한다는 건 절대, 네버 아니다. 그냥 남들보다 시험을 조~금 잘 봤을 뿐이다. 예상하신 분도 있겠지만 할 수 있는 말은 뻔하다. 그만큼 시간을 들여야 한다는 것! 남들 다 단어 외우고, 문법 공부하고, 문제 풀고 하면서 익힌 것들을 자신은 남들보다 시간도 덜 들이고, 꽁(?)으로 쉬운 방법을 통해 잘하고 싶은 마음은 완전 도둑놈 심보 아닐까? 그건 영어나 외국어를 공부하는 데만 적용되는 문제는 아니다. 모든 것은 그냥 얻어지지 않는 법. '공짜는 없다'라는 말 꼭 명심해 좌심방 좌심실에 고이 간직들 하시라!

왠 뜬금없이 영어공부 이야기냐고? 전혀 상관없는 이야기는 아니다. 왜 영어는 초등학교 들어가기 전부터 시작해서 대학 졸업하고 나서까지 10년 이상을 죽어라고 공부하면서, 이 역시 또 다른 문법체계라 할 수 있는 동양학에 대해서는 책 한 권 보고 이해 안 간다고 집어 던지는 만행을 저지르시는지? 아니, 책 한 권이라도 보면 다행이다. 알려고도 하지 않고, 책 한 권 제대로 보지도 않고 왜 그거 그냥 뻔한 거라고 치부하시는지? 동양학을 한다는 것은 새로운 외국어를 공부하는 것과 마찬가지다. 아니 오히려 영어를 배우는 게 훨씬 쉬울 수도 있다. 지금의 우리 인식을 구성하고, 사유하는 체계가 서구의 언어 시스템 속에서 이뤄지고 있기 때문에.

하지만 동양철학, 좀더 구체적으로 말하자면 음양오행을 익힌다는 것은 그것보다 몇 배의 노력이 필요할지도 모른다. 영어 단어를 외우듯이 우리에게 낯선 개념들 정, 기, 신, 음양, 허실, 천간지지 등등의 개념들을 외워야 하고, 자주 나오는 숙어나 관용구를 외우듯이 음양오행의 기본 도식들을 외워야 하며, 전혀 다른 문법체계인 영어의 주어 동사 목적어 구조를 익히듯이 음양오행의 상생, 상극의 문법체계를 새로 익혀야 하기 때문이다. 마찬가지로 영어공부를 할 때 강제적이건 자발적이건 시험을 보면서 매번 자신의 학습량을 체크해 가듯이, 음양오행 역시 책 한 권 수박 겉핥기식으로 대~충 훑어보고 마는 것이 아니라 정독과 다독이 필요하고, 그것들을 자신의 것으로 얼마나 소화시켰는지 파악하고 그 다음 진도로 나가야 한다.

이런 과정도 없이 '뭐 이거 말도 안 되네'라고 지레짐작하거나, 아님 '이건 읽어도 무슨 소리 하는지 모르겠어'라고 쉽게 포기하는 것은 결국 에피타이저만 맛보고 자기 입맛에 안 맞다고 실망해서 본 코스 요리는 포기하는 셈이다. 따라서 동양철학을 공부한다는 것은 새로운 언어를 배우는 것과 마찬가지다. 한글로 되었다고 해서 그냥 기존의 문법체계, 기존의 단어를 가지고 그대로 해석하려고 하기 때문에 오히려 이해도 안 가고, 받아들이는 데 무리가 생기는 것이다.

그렇다면 몸을 공부한다는 것은 무엇일까? 반복해서 이야기하지만 몸을 안다는 것은 단지 어디가 아플 때 어떤 약을 먹으면 좋다, 어떤 운동법이 좋다라는 차원만은 아니다. 몸을 본다는 것은 단순히 의술(醫術)의 차원이 아니다. 의학(醫學)은 의술과 다르다는 말이다. 물론 의학과 의술, 즉 이론과 실천이 분리될 수는 없지만, 우리가 몸을 공부한다고 하는 것은 전문의가 돼서 모든 병을 치료하는 닥터가 되겠다는 말은 아니다. 물론 될 수 있다면 더할 나위 없이 좋겠지만 말이다.

의학, 몸을 본다는 것은 그런 점에서 몸을 어떻게 사유할 것인가, 존재를 어떻게 사유할 것인가라는 '철학'이자, 어떻게 몸을 바꿔 어떤 삶을 살 것인가를 생각하게 하는 '윤리학'이자, 어떤 실천을 통해 나와의 관계맺음을 바꿔 나갈 것인가라는 '사회학'이자, 생물학·화학·물리학을 포함하는 '과학'인 것이다. 그런 점에서 분과학문으로서의 단순한 한 분야가 아니라, 더더욱 의대생이나 한의대생만이 배우는 나와 상관없는 학문이 아니라, 몸을 통해 사유와 실천을 하는 종합학문이다.

그럼 조금 더 구체적으로 살펴보자. 인식론(epistemology), 존재론(ontology), 실천론(praxeology)의 차원에서 나눠 보면, 좀 있어 보이려고 인식론, 존재론, 실천론으로 나눈 거지 그리 어려운 얘기는 아니다. 물론 이 세 가지가 따로국밥처럼 따로 따로 나눠져 있다는 이야기는 아니다. 몸을 사유한다는 것은 이 세 가지 차원이 연결되어 있다는 점이 특색이라 할 수 있다. 먼저 인식론으로 보자면 몸을 살펴본다는 것은 어떤 의미가 있는가? 인식론이란 내가 어떻게 사물을, 진리를 인식할 수 있는가의 문제이다. 그런 점에서 사물과 진리를 외부에 설정해 놓은 소위 '주류' 서양철학의 한계는 자명하다. 그런 점에서 동양에서 학문(學問)이라고 할 때 묻고, 배우는 것은 서양식의 어떤 보편적 진리와 법칙을 발견하여 아는 것(know)과는 다르다. 서양에서의 앎이라는 것이 외부의 대상을 객관화하여 잘게 쪼개서 명징한 주체(subject)가 이성(reason, ratio)을 통해 합리(reason+ability)라는 이름으로 파악하는 과정이라면, 동양적 사유, 특히 몸을 사유한다는 것은 앎이 그러한 외부에 있지 않음을 보여 준다. 이는 나의 삶 속에서 무수히 변화해 가는, 몸의 변화과정들에 대한 탐구이자, 나의 몸과 외부와의 관계를 봄으로써, 도(道)를 찾아나가고자 하는 과정이다.

다음은 존재론. 몸을 본다는 것을 한마디로 말하자면 요즘 유행하는 말로 존재(Being)가 아닌 생성(Becoming)을 본다는 것이다. 즉, 절대불변의 근원을 찾아나서는 작업이 아니라 어떻게 기의 흐름, 기의 모임과 흩어짐이 세계를 만들어 내는지를 살펴보는 일이다. 이는 몸을 사유한다는 것은 존재란 무엇인가라는 근원보다 그것이 어떻게 생성되는지를 본다는 말이다. 서구 철학은 데카르트가 잘 보여 주듯이, 실체(substance)란 무엇인가, 자기원인이란 무엇인가에 집착했다. 데카르트가 세상을 정신과 물질로 나누고 사유(thought)와 연장(extension)이라는 속성을 부여한 순간, 물질은 이미 고립된 시공간에 갇힌 불변의 대상이 된다. 그리고 여기에서 어떤 생성의 가능성이 아닌, 원자론적으로 고립된 실체만이 남는다. 따라서 몸을 본다는 것은 이러한 차원과는 다른, 몸과 외부와 관계된 전체 속에서 어떻게 그것이 생성의 과정 속에 있는지, 외부와의 어떤 접속들이 그러한 생성을 가능케 하는지를 살펴보는 작업이라 하겠다.

마지막으로 실천론 차원을 보자. 그래, 지금까지 이야기 다 뭐 대충

이해도 가고 공감도 얼추 간다고 치자. 그럼 그냥 자기 한 몸 잘 먹고 잘 살자는 이야기냐? 세상이 이렇게 엄혹한데, 응? 아직도 자본의 이익을 위해서라면 노동자의 정리해고쯤은 우습게 여기는 마당에, 응? 세상에 대한 관심 다 끊고 자기 한 몸 잘 먹고 잘 살면 끝이냐? 비정규직은 말할 것도 없고, 돈이 되는 것이라면 물불 안 가리는 이 세상에, 응? 전쟁으로 죽어 나가는 사람들, 자본으로부터 소외되는 가난한 사람들, 마이너리티라는 이름으로 억압받는 사람들이 넘쳐나는 세상에, 응? 응?이라고 물을 분이 있을지도 모르겠다.

진정한 '앎'의 문제는 '함'의 문제와 연관되어 있다. 아니, 몸을 사유한다는 것은 그 어떤 것보다 더 급진적일 수 있고, 근원적일 수 있다. 불교에서 말하는 '보살'이 단순히 자기의 구원만을 말하는 것이 아니라 자기를 구원하는, 그럼으로써 세상을 구원하는 것과 마찬가지라고나 할까? 아무리 세상이 바뀌기를 희망한다고 해도 그것이 자신의 습이 바뀌지 않은 상태라면 그것은 자신을 기만하고, 세상을 기만하는 일일 것이다. 그런 만큼 그 안에는 자신도 미처 파악하지 못하는 망상의 공간이 놓여져 있는 것이 아닐까?

세상이 쉽게 변하지 않는 이유는 사람이 쉽게 변하지 않기 때문이다. 몸을 본다는 것은 개별 몸뚱아리에 천착하는 것이 아니라, 그것이 어떻게 세상과 관계 맺고 있는지를 보는 것이자, 무엇이 자연스러운 관계들의 결합을 막고 있는지, 그 장벽을 어떻게 깨부술 수 있을지를 고민하는 문제와 한 치도 떨어져 있지 않다. 그리고 이때 몸을 본다는 것은 그러한 관계들의 어긋남이 어떤 이유에서인지, 그리고 그것을 말로, 머릿속에서만 바꾸는 차원이 아니라 몸을 바꿈으로써 행하는 것이라 하겠다.

혹자는 '몸을 본다는 게 뭐 그렇게 대단한 거라고 그걸 가지고 그렇게 과대포장하고 그러시나'라고 딴죽을 걸지도 모르겠다. 하지만, 반복해서 말하지만 몸을 본다는 것은 몸과 사회를, 우주를 보는 것이자, 나의 삶을 어떻게 이끌어 나갈 것인가에 대한 진지한 화두를 집어드는 일이다. 푸코가 말하듯이 진리란 권력의 산물이다. 몸을 본다는 것은 기존의 지식-권력에 대한 새로운 파열음을 내는 작업이자, 또 다른 지식-권력을 창안하는 것이라고 할 수 있다.

자, 이제 그동안 어렵다고 집어던졌던 동양학에 관한 책들을 다시 한번 꺼내 드시라! 한 권 진득하니 잡고 읽다 보면 차츰차츰 무언가 보이기 시작할 테니. 물론 어렴풋이 보일 테니 한 번에 안 보인다고 성내지는 마시고.^^ 그리고 주변의 사람들의 얼굴을, 신체를, 삶을 보시라. 그렇다고 지나가는 여자의 다리만 쳐다보라는 이야기는 아니니, 괜히 변태로 오해받지는 마시길. 그리고 자신의 얼굴과 신체와 삶을 관찰하시라. 그 속에 해답이 있을 지어니. 믿습니까? 아멘!

부록1

『동의보감』과 함께하는 사계절

부록2

고전으로로부터의 양생 메시지

"자연의 이치에 조화롭게 순응하는 것,

그것이 건강의 기본.

천지 기운의 변화에 맞추어

생활과 활동을 조절하는 것이

바로 건강을 지키는 길이다.

······

자신을 바꾸는 것, 그것이 '구원'이다!

세상을 구원할 메시아는 바로 당신 자신이다."

봄 봄 나물을 먹자!

봄봄봄봄 봄이 왔어요~♪ 요즘에는 봄이 하도 짧다 보니 겨울 지나면 바로 여름이 온 듯해서 봄을 제대로 느낄 시간이 없긴 하지만 말이다. 봄이 되면 많이들 호소하는 증상 한 가지. 피곤! 밥만 먹으면 약 먹은 닭마냥 꼬박꼬박 조는 분들 계실 거다. 이른바 춘곤증, '봄 춘'(春) 자에 '괴로울 곤'(困). 이때 '곤' 자는 괴롭다는 뜻 외에 '부족하다', '통하지 아니한다'는 뜻을 가지고 있다. 한자만 보더라도 나무[木]가 네모[口] 안에 갇혀 제 기운을 못 펴고 있는 꼴이다. 즉, 춘곤증이란 사방으로 둘러싼 담장에 갇힌 나무처럼 몸이 무기력한 상태를 말한다. 그리고 이는 겨울 동안 몸 안에 쌓여 있던 노폐물들을 몸 밖으로 배출하는 데 에너지가 소모되기 때문에, 혈액순환과 소화기능이 약해져 자연히 나른하고, 노곤하게 되는 것이다.

봄은 만물이 위로 솟아 자라나는 따뜻한 계절이고, 여름은 꽃을 피워 영화를 누리는 뜨거운 계절이며, 가을은 결실을 맺고 식물의 진액이 뿌

리로 내려가 모이는 계절이고, 겨울은 진액이 뿌리에 응집되어 봄날을
기약하는 추운 계절이다. 이같이 각 계절은 계절마다의 그 특징이 있으
며, 이에 맞춰 생활하는 것이 한의학 양생의 기본이론이다.

사람의 몸도 마찬가지이다. 봄은 겨울 동안 움츠려져 있던 몸이 비로
소 활기를 펴는 시기인 것이다. 경칩(驚蟄) 때 개구리가 잠에서 깨어나
듯이, 인간의 몸도 이제 겨울 동안의 잠에서 깨어난다. 아무리 겨울 동
안 헬스를 다녀도 겨울에는 기본적으로 몸이 움츠러들어 있는 시기이
다. 그리고 이는 몸 안의 장부들 역시 마찬가지다.

24절기 중에 경칩 그리고 춘분(春分) 다음에 찾아오는 절기가 하늘
이 차차 맑아진다는 청명(淸明)이다. 하늘이 맑아진다는 것은 이제 농
사 준비를 시작하고, 봄이 본격적으로 시작되었음을 알려 주는 것이다.
식목일이 이때쯤 정해진 것도 이러한 이치이다. 식물들이 한겨울 동안
땅속에서 그 힘을 잘 기르다가 봄에 겨울 동안 뿌리에 머금었던 진액의
정수를 그 싹으로 틔워 내듯이 사람은 그 생명력을 취함으로써 그동안

움츠려 있던 몸의 기운에 활기를 불어넣는 것이다. 봄이 영어로 'spring' 인 것 역시 이렇게 튀어나오는 생명력의 표현이리라!

그런 점에서 봄에는 봄나물들을 먹어 주는 센스가 필요하다. 제철에 나는 음식을 먹는 건 그것들이 싱싱해서라는 단순한 이유 때문이 아니다! 제철에 나는 음식들은 그 기운을 고스란히 사람의 몸에 전달해 주고, 이로써 하늘과 땅, 사람이 감응하는 커다란 신체 속에서 하나가 된다는 이치 속에서 생각해야 한다. 입 아프니 더 이상 말 안 해도 이 부분은 이제 아시리라 믿는다.

청대 당종해(唐宗海) 선생이 지은 『본초문답』의 제일 첫 장은 다음과 같이 시작한다. 제자가 묻는다. "곤충과 흙, 돌, 풀뿌리, 나무껍질 등이 사람과 다른 부류인데도 사람을 치료할 수 있는 것은 어째서입니까?" 제자의 물음에 답하기를,

> 천지는 음양 두 가지 기(氣)만 있는데, 음양이 유행(流行)하여 오운(五運), 즉 목화토금수(木火土金水)가 되고, 음양이 대대(待對)하여 육기(六氣), 즉 풍한습조화열(風寒濕燥火熱)이 된다. 사람은 하늘에 근본을 두고 땅과 어울려 살아가기에, 천지의 오운육기를 받아서 오장육부를 만든다. 뭇 사물이 비록 사람과 다르기는 하지만, 천지 기운을 받지 않고 자라는 것은 없다. 다만 사물은 천지 기운의 치우친 일부분을 받았고, 사람은 천지 기운을 온전하게 받았다는 점이 다를 뿐이다. 사람의 기가 치우쳐 성하거나 치우쳐 쇠하여 병이 들었을 때는, 약물의 치우친 기운을 빌려서 내 몸의 성쇠를 조절하여 화평하도록 하면 병이 낫는다.

즉, 사물의 음양을 빌려서 인체의 음양을 변화시키는 것이다. 따라서 신농(神農)이 자연의 약물로 사람의 병을 치료한 것이다.

약물의 치우친 기운을 빌려 내 몸의 성쇠를 조절하는 것이 건강의 핵심인 것이다. 동양의학에서 약은 단순히 어떤 성분을 먹는 게 아니다. 아스피린을 먹는 것처럼 아세트산, 살리실산이라는 특정 성분을 먹는 것이 아니란 말이다. 그것은 약물 속에 담겨 있는 시간성과 공간성을 함께 먹는 것이다. 그것이 자라난 공간, 즉 동서남북이라고 하면 동서남북 중의 편향된 기운, 어두운 곳, 밝은 곳, 높은 곳, 낮은 곳, 물에서 나온 것, 땅에서 나온 것 등등 그것이 자라난 그 장소의 기운을 먹는 것이다. 그런 차원에서 시간성 역시 마찬가지다. 봄, 여름, 가을, 겨울 그 계절의 기운을 먹는 것이고, 그에 따른 오행의 기운이 몸 안에 보충되는 것이다.

여기서 약물이라고 하니까 무슨 무슨 구하기 힘든 약초 같은 거라고 생각하면 완전 오산. 『동의보감』에 보면 '식약동원'(食藥同源)이란 말이 있다. 먹는 것과 약은 그 근본이 같다는 것. 따라서 음식을 먹는 것 역시 단백질 몇 그램, 칼슘 몇 그램, 기타 몇 그램 같은 성분만을 먹는 게 아니다. 그 음식에 담겨 있는 시간성과 공간성, 즉 음식의 '역사'를 먹는 것이다. 봄이 시작되는 때 봄의 기운을 담뿍 담은 봄나물을 먹어 주는 것이 필요한 이유이다. 그래야 우리의 몸 역시 겨울 동안 움츠려 있던 것에서 벗어나 새로 돋아나는 새싹처럼 봄을 맞이할 수 있다.

그럼 손쉽게 구할 수 있는 봄나물들 몇 가지에 대해 알아보자. 먼저 씀바귀. 맛이 쓴 채소라 해서 한자로는 고채(苦菜; 책에 따라 고채는 고들

빼기를 가리키기도 한다)라 한다. 『동의보감』에는 "성질이 차고 맛은 쓰며 독이 없다. 오장의 사기에 주로 쓴다. 속의 열을 없애고 심신을 안정시키며, 잠을 적게 자게 하고 악창을 치료한다. 밭이나 들판에서 자라는데, 추운 겨울에도 죽지 않아 유동채(遊冬菜)라고도 한다"고 나와 있다. 추운 겨울에도 죽지 않고 살아나기에 유동채, 이것이 씀바귀다. 그러니 그 생명력은 더 말할 나위 없을 터. 약한 쓴맛은 사화(瀉火), 조습(燥濕), 개위(開胃) 작용을 한다. 사화란 허열을 내리는 것을 말하고, 조습은 나른해지면서 몸이 무거운 것을 치료하며, 개위는 입맛을 돋운다는 것이다. 따라서 대개 맛이 쓴 봄나물들은 춘곤증에 아주 적합하다. 그 계절에 생긴 병은 그 계절에 나는 식물로 치료되는 자연의 조화!

다음은 냉이. 한자로는 제채(薺菜)라고 한다. 『동의보감』에 "성질이 따뜻하고 맛은 달며 독이 없다. 간기(肝氣)를 자라 통하게 하고, 속을 조화롭게 하며, 오장을 잘 통하게 한다. 밭이나 들판에서 나는데, 추운

겨울에도 죽지 않는다. 죽을 쑤어 먹으면 혈을 끌고 간으로 들어가 눈을 밝게 한다"고 나와 있다. 냉이 역시 겨울에도 죽지 않고 그 생명력을 유지한다. 봄은 오행상으로 보면 목의 기운에 해당하고 인체의 장부상으로 보면 간에 해당한다. 따라서 봄나물은 간의 기운을 보해 준다. 사람들이 피곤해하는 경우 대부분 간이 안 좋아서이다. 그리고 간은 얼굴에서 눈에 해당한다. 사람이 피곤하면 눈이 침침해지는 것이 눈이 간과 연결되어 있음을 말해 주는 것이다. 냉이는 간으로 피를 끌고 들어가 간을 보해 주고, 눈을 밝게 해준다.

다음은 달래. 생긴 것은 파를 닮고, 맛은 마늘을 닮았다고 한다. 들에서 나는 마늘[野蒜]이라고 하는 달래는 『동의보감』에 "성미와 효능은 소산(小蒜)과 거의 같다. 밭이나 들에서 많이 난다. 마늘과 비슷하면서 매우 가늘고 작다"라고 나와 있다. 마늘의 효능에 대해서는 다들 잘 아시리라. 달래는 뭉친 기운을 밑으로 흩어지게 해서 답답함을 풀어 준다. 특히 맛이 맵고 성질이 따뜻한 달래는 비장과 신장의 기능을 돕기 때문에 양기를 보강해 남성들의 피로해소를 위해서도 적극 권장할 만하다.

마지막으로 부추. 구채(韭菜)라고 한다. 봄 부추는 인삼, 녹용과도 바꾸지 않는다는 말이 있다. 『동의보감』에는 "성질이 따뜻하고 맛은 맵고 약간 시며 독이 없다. 심(心)으로 들어간다. 오장을 편안하게 하고, 위열을 없애며, 허약한 것을 보하고 허리와 무릎을 따뜻하게 하며, 흉비(胸痹)를 없앤다. 부추는 가슴속의 어혈과 체기를 뚫을 수 있고 간기를 충실하게 할 수 있다. 곳곳에 있는데, 한번 심으면 오래도록 자라나서 '구'(韭)라고 한다. 밭에 씨를 심으면 1년에 3~4번 잎을 베어 내도 그 뿌리가 상하지 않고 계속 자라나고, 겨울에도 잘 덮어 주기만 하면 봄이 되기 전에 다시 자라나니 과연 한번 심으면 오래도록 자라나는 것이다. 채소 가운데 이것이 가장 따뜻하고 사람에게 유익하기 때문에 늘 먹어야 한다"고 나와 있다. 양기를 일으키는 기양초(起陽草)라 해서, 스님처럼 수행하는 사람들은 피했다고 하니 효능은 뭐 두말하면 잔소리. 이 외에도 취나물, 두릅, 돌나물, 쑥 등등 몸에 좋은 봄나물들은 다 말하기 어려울 정도다.

자, 읽으면서 슬슬 입에 군침이 돌기 시작했는가? 봄바람 살랑살랑 불기 시작하면 잊지 마시고 냉잇국에, 달래무침과 부추전, 씀바귀 겉절이로 식탁을 차려 보는 건 어떠실지? 그리고 중요한 거 하나 더! 봄에는 봄나물 드시고 산에들 한번 올라가시라! 봄의 기운을 한껏 호흡으로, 발걸음으로 직접 느껴들 보시라! 봄 기운이 몸과 마음에 가득 차 춘곤증 따위는 저리 가라일 테니. 건강은 절대 멀리 있는 게 아니다!

한여름 찌는 듯한 더위에 걸어다니다 보면 온몸에서 육수가 줄줄 흐른다. 그러나 기실 여름은 더워야 정상이다. 여름이 덥지 않고 맹숭맹숭하다면 여름이 아니리라. 여름은 봄에 피어오른 새싹이 무언가를 맺어나가는 열음[實]의 계절이자, 세상 밖으로 문을 여는 열음[開]의 계절이다. 오행상으로 보자면 화(火)의 기운이 가장 왕성한 때로 모든 것을 태우는 불처럼 발산하고, 무르익어 가는 계절이다. 이때 덥지 않으면 비정상!

사람의 인생으로 따져 보면 여름은 이제 청춘의 시기에 들어선 것과 마찬가지다. 청춘이 화끈하지 않다면 그것이 어찌 청춘이랴! 요즘 애늙은이가 많은 것 역시 여름이 여름답지 않아서, 즉 화끈하게 젊음의 에너지를 발산해야 할 시기에 안으로 안으로 움츠리려 드는 이들이 많아서 그런 것은 아닐는지. 뜨겁지 않은 여름, 미지근한 여름은 마치 애늙은이 같은 청춘이랄까?

그러나 요즘 여름의 문제는 밖은 덥지만 안은 춥다는 점이다. 밖에 점심 먹으러 잠깐만 나갔다 와도 등줄기에 땀이 송글송글 맺히지만, 사무실 문을 여는 순간 혹은 버스나 지하철을 타는 순간 내 몸 안으로 차가운 기운[寒氣]이 '엄습'한다. 그야말로 이 갑작스런 공격에 모골이 송연해진다. 한사가 내 몸 안을 갑자기 침입해 버리면 정말 속수무책으로 당할 수밖에 없다. 뜨거운 밖을 돌아다닐 때 열려 있던 모공에 그야말로 직빵으로(?) 찬 기운이 들어가기 때문이다. 마치 휴전협정을 맺은 상태에서 뒤통수를 두들겨 맞는 격이랄까? 한사가 이렇게 갑자기 몸 안에 쳐들어오니 몸 안의 밸런스는 자연히 깨지게 되고, 그러니 몸 상태는 더더욱 '메롱'이 된다.

하지만, 요즘 사람들은 그런 것 따위는 모르쇠다. 그저 시원한 것만을 찾는다. 땀이 나면 에어컨이나 선풍기로 식혀 주는 것이 당연하다고 생각하며, 지하철이나 버스 안이 조금만 더워도 '이 놈의 지하철은 왜

에어컨 좀 ...

안됩니다,
몸을 생각하시다면

이열치열 !

닭고기
인삼열탕
입니다.

이리 더운거냐'며 투덜대기가 일쑤다. 사무실이나 방 안은 어떤가? 에어컨 바람은 내가 피하려야 피할 수 없는 그야말로 무차별적 살상(?)무기가 되고 있다. 그래 놓고 또 안에서는 춥다고 겉옷을 준비해 다닌다.

냉방병뿐만 아니라 에어컨 바람 같이 인공적인 찬바람이 몸에 좋을 리는 상식적으로 생각해도 만무하지 않겠는가! 덥고 습한 여름에 눈이 뻑뻑하다고 호소하는 이들이 증가하는 것 역시 에어컨으로 인한 바가 크다. 에어컨이 습기를 제거하다 보니 눈은 갈수록 뻑뻑해지고, 피부는 갈수록 건조해진다. 청소 안 한 에어컨이 안 좋은 건 두말하면 잔소리. 전 지구적으로 보자면, 에어컨으로 인해 지구는 점점 더 뜨거워지고 있으니 악순환이야말로 이런 악순환이 없다.

한여름에 날씨가 더워지면 몸의 바깥은 뜨거워지나 몸의 안쪽은 오히려 차가워진다. 조금만 생각해 보면 당연하다. 몸 바깥이 따뜻해지니 안쪽은 차가워지려 하지 않겠는가? 물론 여기서 뜨겁다, 차다는 것은 실제로 온도가 높다, 낮다를 말하는 것은 아니고 동양학에서 말하는 한열(寒熱)의 개념으로 보면 되겠다. 한여름의 우물물이 시원한 것과 마찬가지의 이치다.

여름에 찬 것을 마시거나 덥다고 배를 뒤집어 까고 자고 나서 배탈이 나거나 설사를 한 경험들 다들 있으시리라. 그래서 여름에 팥빙수나 성질이 찬 과일을 많이 먹는 것은 오히려 몸에 좋지 않다. 또 덥다고 찬물을 벌컥벌컥 들이키는 것 역시 몸에 좋지 않다. 냉장고에서 꺼내 실온에서 잠깐 두거나 미지근한 물을 마시는 것이 좋다. 앞에서 소개한 음양탕을 마셔주면 더 좋고. 여름에 차디찬 것을 먹는 것은 몸의 내부는 외부의 뜨거움을 상쇄하기 위해 차가워져 있는데, 거기에다 차가움을 더하는 것과 마찬가지이기 때문이다.

'이열치열'(以熱治熱), '이한치한'(以寒治寒)이란 말이 단순히 극기훈련 차원에서 하는 말이 아니다. 성질이 따뜻한 닭고기, 인삼, 대추 등을 함께 달여서 차가워진 속을 데우는 것이 삼계탕이고, 한겨울에 얼음이 둥둥 떠 있는 동치미 국물에 성질이 찬 메밀국수를 말아 먹은 것은 겨울에 뜨거워진 속을 식히려는 것이었다. 그러나 요즘에는 반대다. 여름에는 날이 덥다고 냉면을 찾고, 겨울에는 춥다고 뜨거운 국물 음식을 먼저 찾는다.

'복'(伏) 자에 개를 의미하는 '견'(犬) 자가 들어가는 것에도 의미가 있다. 복날에 개고기를 먹는 것은 단순히 영양가가 높은 고단백질의 고기를 먹는 차원이 아니었다. 여름에 땀을 흘리는 것은 전에도 말했듯이 진액이 손실되는 것이다. 그리고 이렇게 땀이 많이 나면 체내의 열이 빠져나가기 때문에 몸속의 장부는 차가워진다. 여름철에 배탈이 자주 나는 까닭은 소화에 관계되는 장부인 비위가 차가워져서 제 기능을 잘 못하기 때문이다. 그래서 삼복더위에는 차가워진 비위를 데워 주는 음식으로 우리 몸을 덥게 한다. 이때 개고기를 먹는 것은 땀구멍을 막아서, 즉 고섭작용을 통해 진액이 밖으로 빠져나가는 것을 막고자 하는 의도도 있다. 개는 땀구멍이 혓바닥에만 있는데, 그런 개의 기운을 빌려 땀구멍을 막아 줌으로써 진액의 손실을 막고자 했던 것이다.

다시 한번 말하지만 음식을 먹는다는 것은 그 영양성분을 먹는 것뿐만 아니라, 그 기운을 먹는다는 것이다. 식약동원! 예부터 의사는 마땅히 병의 원인을 먼저 살펴서 음식으로 고치되 그렇지 않을 경우에만 약을 써야 한다고 했고, 이것이 식치(食治)였다. 그리고 약이나 먹거리를 먹을 때 그 성색기미를 알아야 한다. 즉, 음식과 약이 자란 장소, 색깔, 맛 등을 알아야 한다는 것이다. 그렇기에 어떤 약이 어디에 좋은지를 다루는 본초학 역시 음양오행의 이치 안에, 또한 자연이라는 상식의 수준 안에 있다.

삼계탕 역시 마찬가지다. 삼계탕에 빠질 수 없는 대표적 재료 황기(黃芪)의 약성을 살펴보자. 황기는 길쭉한 뿌리로 되어 있다. 『본초문답』을 보면 다음과 같이 나온다.

황기는 뿌리가 수척에 이를 정도로 깊고 긴데도, 황기를 캘 때는 호미로 파는 것이 아니라 손힘으로 땅에서 뽑아낸다. 이것은 그 뿌리에 잔뿌리가 없기 때문에 가능한 것이다. 이를 보면 황기는 곧바로 직행하는 약성이 있음을 알 수 있다. 그리고 뿌리가 성겨서 수기(水氣)를 잘 통하게 할 수 있기에, 땅속 황천의 수기를 싹까지 바로 빨아올린다.

뿌리는 물을 밑에서부터 쭉 빨아들여 잎과 줄기 등, 위로 올리는 성질이 있기 때문에 뿌리를 먹는다는 것은 위로 올리는 기운을 먹는 것이다. 칡의 뿌리가 땅속으로 깊이 파고 들어가서 땅속의 수기를 덩굴까지 빨아올리듯이,

몸에 좋은 황기까지 넣었으니

갈근(葛根)을 먹는다는 것은 몸속의 진액을 끌어올리는 기운을 먹는 것이다. 황기 역시 사람의 원기를 끌어올려 안에서 몸을 보호하는 바깥층으로까지 기를 퍼뜨려 주는 역할을 한다. 이는 나무를 뒤집어 생각하면 쉽다. 뿌리를 먹는 것은 뿌리의 성질과 같이 기와 정을 위로 끌어올려 주며, 줄기는 뿌리에서 잎, 열매로 물을 끌어올리고, 아래로 영양분을 보내는 통로의 성질과 같이 조화시키는 역할을 하며, 열매는 떨어지려는 성질과 같이 몸 아래로 내려 보내는 역할을 한다. 이렇게 같은 식물이라도 그것의 열매냐, 줄기냐, 뿌리냐에 따라 그 성질이 다르다. 뿐만 아니라, 그것이 어디에서 자라났는지도 그것의 성질에 영향을 미친다.

날이 덥다고 좀비처럼 축축 늘어져 있지만 말고, 여름을 활기차게 나시라. 마트에 가면 황기나 대추까지 들어 있는 삼계탕 세트 같은 것도 파니, 직접 푹 고아서 드시는 것도 좋은 방법. 건강한 여름을 나야 건강한 가을, 건강한 겨울을 맞이할 수 있다. 활기찬 청춘을 보내야 아름다운 중장년을 맞이할 수 있는 것처럼 말이다. 자, 청춘을 위하여 왕성한 여름나기를!

"가을이 오면 눈부신 아침 햇살에 비친 그대의 미소가 아름다워요." 누가 불렀는지 모르겠지만 가을이라고 했을 때 처음 생각나는 노래 구절이다. 왜일까? 가을에 유달리 그대의 미소가 아름다운 이유가. 가을이 오면 누구나 약간은 감상적 기운에 사로잡힌다. 그것은 가을이 오행상으로는 금(金)의 기운과 연계되고, 그 기운은 슬픔을 주관하기 때문이라고 보는 것은 오버일까? 헛소리 그만하고, 쩝.

가을은 '끊다'라는 뜻인 '갓다'에서 나온 말이다. 즉 열매를 끊는다는, 열매를 추수한다는 의미의 '갓을'이 '가을'이 되었다고 한다. 금의 기운처럼 열매를 끊는 시기, 거두는 시기가 바로 가을인 것이다. 인생도 마찬가지인데, 봄에 화창하게 피어오르고, 여름의 뜨거운 한때를 보내고 나서, 그 열매 열음을 수확하는 것이 필요하듯이, 가을은 인체 내에서도 수렴의 기운으로 거둠의 계절이다. 그래서 동양의 고전인『황제내경』에서도 가을을 모든 것이 꽉 차고, 평정해지는 계절이라는 뜻으로

용평(容平)이라고 불렀다.

계절의 변화는 몸이 가장 먼저 안다. 아침에 일어나 씻고서 거울을 보면 우선 피부가 허옇게 일어난 것들을 볼 수 있다. 가을이 되면 피부에 각질이 일어나고, 탄력이 없어진다. 가을의 건조한 기운이 피부의 습기를 앗아가는 것뿐만 아니라, 피부를 주관하는 폐의 기운이 갑자기 변하는 가을의 기운에 적응하는 시기이기 때문이다. 또한 가을이 되면 머리를 감다가 머리카락이 한 움큼씩 빠지는 것들도 경험해 보았을 것이다. 이 역시 가을이 되면 몸이 계절에 적응하는 자연적 반응이다.

가을은 한껏 뜨거운 양기(陽氣)로 가득찬 여름의 기운이 이제 음기(陰氣)로 꺾이기 시작하는 계절이다. 그래서 가을을 숙강(肅降), 즉 엄숙하게 하강하는 기운이 왕성한 시기라고 한다. 이는 천지자연을 보면 더잘 알 수 있다. 가을이 오면 나무는 잎으로 양분을 보내는 것을 중단한다. 가을에 단풍이 들어 낙엽이 떨어지는 것도 이러한 이치다. 나무들은 겨울을 위해 영양분을 비축하면서 열매를 거두고, 그 나머지 힘들을 줄

기와 뿌리로 모은다. 잎사귀에 양분을 보내지 않으면, 잎은 단풍이 들다가 끝내는 낙엽이 되어 떨어진다. 나무 역시 겨울나기를 위해 영양분을 비축하면서 줄기, 뿌리로 기운을 모으는 것이다. 봄, 여름의 퍼져 나가는 기운들을 이제 갈무리하는 시기가 가을이기 때문이다.

사람의 몸도 가을에 맞춰 내부는 튼튼해지지만 외부는 건조해지기 쉽다. 사람의 피부가 낙엽과 같이 바스락거리고 건조해지는 것도 같은 이치랄까. 가을을 천고마비의 계절이라고 하는 것도 이런 이유이다. 가을이 되면 식욕이 동하는 것들을 느낄 수 있을 것이다. 우리 몸이 겨울을 대비해 내부의 에너지를 저장하려고 하기 때문이다. 여름과 달리 식욕이 돋고 소화도 잘 돼 살이 찌기 시작한다. 하늘이 높아지고 말만 살찌는 계절이 아니라, 사람 역시 살집을 키워 겨울나기를 준비하는 때이다. 온 곡식이 살져 무르익는 계절이 가을임에야 사람 역시도 그렇지 않겠는가!

이렇게 계절이 변하는 시기, 특히 가을은 감기에 걸리기 쉽다. 가을날 주변을 둘러보면 코를 훌쩍대거나 목감기에 걸려 쇳소리를 내는 이들이 많음을 볼 수 있다. 감기란 기(氣)를 느낀다[感]는 것이다. 이때 기라고 하는 것은 사기(邪氣), 즉 나쁜 기운을 말한다. 이 나쁜 기운이 외부에서 내 몸 안으로 들어오는 것을 느끼는 것이 감기다. 기의 변화가 심한 환절기에 감기가 잘 걸리는 이유다. 게다가 환절기에 감기가 많이 걸리는 것도 몸이 기운의 변화를 받아들이는 데 익숙해지지 않은 상태이기 때문이다. 몸이 건강하다면 이러한 기운의 변화에 즉각적으로 반응할 수 있겠지만, 이 기운의 변화에 적응하는 과정에서 면역력이 약한 사람에게는 사기가 몸 안에 침입하는 경우가 많은 것이다. 이렇게 감기는 밖으로부터 몸을 보호하는 위기(衛氣)가 약해진 상황에서 차가운 기운이 몸으로 들어와 생긴다. 여기서 위기란 바깥의 삿된 기운으로부터 몸을 보호하는 것으로 면역력 정도로 해석할 수 있을 것이다. 그리고 위기는 오행상 금과 관련된다. 금은 수렴(收斂)하는 성질과 함께 무언가를 쳐내는 살기(殺氣)를 지닌다. 우리가 금을 날카로운 칼날에 비유하듯, 바깥의 나쁜 기운을 살기를 통해 쳐내는 작용을 하는 것이다.

가을철에는 목 뒤편에 있는 풍부혈(風府穴)을 따뜻하게 보호해 주는 게 필요하다. 『동의보감』에서도 풍부혈을 소개하며 이 혈자리가 모든 양경맥의 기를 주관하는데, 감기는 목으로부터 들어가므로 이 풍부혈을 보호하는 것이 중요하다고 말하고 있다. 따라서 예부터 어르신들이 날씨가 쌀쌀해지기 시작하면 그리 춥지는 않더라도 목만은 스카프나 목도리로 감싸 주었던 것이다.

또한 이미 감기 증세가 올랑말랑 코가 간지럽고, 목이 칼칼하다면 응급처방으로 바람이 드나드는 문인 풍문혈(風門穴)을 손바닥을 비벼 열을 내어 데워 주거나 따뜻한 물수건으로 찜질해 주면 감기 기운이 달아난다. 풍문혈은 목덜미 뒷부분에서 반 뼘쯤 내려온 부분에 있다. 그것도 귀찮다 싶으면 헤어드라이기로 뜨거운 바람을 이 풍문혈 부위에 4~5분 쐬어 주면 아직 몸 안에까지 들어가지 못한 한기를 밖으로 빼낼 수 있다. 감기에 걸렸을 때 소주에 고춧가루를 타서 먹는다거나, 이불을 뒤집어 쓰고 땀을 쫙 빼고 나면 낫는다는 식의 이야기도 전혀 근거가 없는 것은 아니다.

감기에 걸렸다고 무조건 감기약부터 찾다 보면 몸의 면역기능을 저하시킨다. 감기에 걸려 몸에 열이 나는 것은 몸의 면역반응이 활발해지고 있다는 증거이다. 이럴 때 감기약을 복용한다고 해서 감기약의 주성분인 진해제, 거담제, 항생제 등이 실제로 감기를 낫게 해주는 것은 아니다. 이럴 때 다시 몸의 기운을 다시 회복시키는 것이 필요한 이유이다. 몸에 열이 나는 것은 우리 몸이 회복되는 신호다. 상처가 나서 염증이 생길 때도 열이 나는 것 역시 몸이 자연적으로 회복하는 과정이듯이, 감기의 경우도 열이 나는 것은 인체 스스로 나쁜 기운을 밖으로 몰아내기 위해 몸이 회복 시스템을 가동시키는 과정인 것이다. 물론 감기가 오래되면 감기 이외의 합병증이 올 수 있다는 점에서 열이 오래 지속되는 것은 유의해야 한다. 하지만 해열제로 열을 일시적으로 내린다 해도, 다시 또 열이 오르고, 그러면 또 해열제로 열을 내리기를 반복해 본 일이 있을 거다. 따라서 이때 무리하게 열을 꺼 주는 것만이 답이 아니라 이 열을 어떻게 밖으로 내보낼 것인지가 더 중요하다.

코감기는 폐에 한사가 들어 생기는 경우이므로 폐를 따뜻하게 해주면 좋다. 양손 가운뎃손가락으로 콧망울을 20~30번씩 비벼 주어 코 안팎을 따뜻하게 해준다. 이러면 폐가 따뜻해지는 것을 느끼면서 콧물이 줄어드는 것을 느낄 수 있다. 그리고 오미자차를 마셔 주면 좋다. 오미자가 폐를 따뜻하게 보해 주는 성질이 있기 때문이다. 오미자 말고도 생강이나 흰 파뿌리를 달여 먹는 것도 좋다. 특히 파의 밑부분은 총백(蔥白)이라고 하여 한약재로도 많이 쓰이는데, 땀을 서서히 나게하여 해열과 가래를 없애는 작용을 한다. 국이나 찌개에 파 밑둥 하얀 부분을 많이 넣어 드시라!

그럼, 마지막으로 가을에 먹으면 좋은 음식들. 일단 도라지! 한의학에서는 길경(桔梗)이라고도 하는 도라지는 입맛을 돋워 주는 반찬으로 좋고 환절기에 감기나 천식, 목에 좋다. 기관지에 특히 좋아 가래를 삭이고, 목 아픈 것을 가라앉히니 목이 좀 칼칼하다 싶으신 분들은 도라지 무침을 해서 드심이 어떨지.^^ 도라지를 말려 길경차로 드시거나 모과차를 드시는 것도 좋다. 금의 기운처럼 잘 갈무리하고 수렴해야 몸의 면역력도 키울 수 있다는 사실 잊지 마시라!

새해가 되면 다들 하는 게 하나씩 있다. 새해 결심! 금연, 운동, 다이어트 등등. 하지만 며칠 못 가 지레 포기하고 만다. "에이, 뭐 그냥 이대로 살지 뭐. 난 원래 그래." "뭐, 그냥 편하게 살자. 그거 한다고 뭐 얼마나 좋아지겠어." 급기야는 '아Q'식의 정신승리법으로 마무리짓는다. "구정이 돼야 진짜 새해니까 구정부터!"

왜 이렇게 바꾸는게 힘이 들까? 모든 물체에는 관성이 있다. 물리시간에 다들 배워서 아시겠지만, 관성을 깨기 위해서는 더 큰 힘이 필요하다. 그렇지 않으면 물체는 그냥 관성대로 움직이게 되어 있다. 사람에게도 마찬가지로 습관이라는 관성이 있다. 이러한 습을 거슬러 새로운 움직임을 만들려면 지금까지의 힘을 넘어서는 다른 벡터가 필요하다. 그러니, 당연히 어렵지 않겠는가? 매일 오른손으로만 식사를 하던 사람이 왼손으로 식사를 하려고 해봐라. 하루아침에 손에 익겠는가? 습을 거슬러, 관성에서 벗어나는 것 그것이 바로 혁명이다.

우리는 어디로 갔다가 어디서 돌아왔느냐/ 자기의 꼬리를 물고 뱅뱅
돌아왔을 뿐이다/ 대낮보다 찬란한 태양도 궤도를 이탈하지 못한다/
태양보다 냉철한 뭇별들도 궤도를 이탈하지 못하므로/ 가는 곳만 가고
아는 것만 알 뿐이다/ 집도 절도 죽도 밥도 다 떨어져 빈 몸으로 돌아왔
을 때 나는 보았다/ 단 한 번 궤도를 이탈함으로써/ 두 번 다시 궤도에
진입하지 못할지라도 캄캄한 하늘에 획을 긋는 별, 그 똥, 짧지만, /
그래도 획을 그을 수 있는, 포기한 자 그래서 이탈한 자가 문득 자유롭
다는 것을. ──김중식, 「이탈한 자가 문득」 (전문)

중력의 밧줄에서 자유로워지기 위해서 새로운 움직임을 만드는 것,
그것을 우리는 혁명이라 부를 수 있고 그러한 탈주를 통해 우리는 자유
로울 수 있다. 하지만 이러한 탈주가 마음만으로 되는 것은 아니다. 그
것이야말로 습의 문제이며, 동시에 몸의 문제이다. 따라서 이러한 관습
에서 벗어나기 위해서는 결국 그렇게 할 수 밖에 없는 환경을, 동선을
만들어 주는 것이 중요하다. 따라서 일단 몸이 익숙해지게 만드는 것이
중요하다.

몸은 매일매일의 세포운동을 통해 새로운 몸을 만들어 나간다. 불과
며칠 지나지 않아 몸은 이전의 몸과는 완전히 다른 새로운 몸이 된다.
이는 과학적으로도 입증된 바이다. 하지만, 그렇게 되기까지 엄청난 노
력이 필요하다. 생명체는 다시 기존의 관성으로 돌아가기 쉽기 때문이
다. 그렇기 때문에 무언가 바꾸려 할 때, 이것이 자신의 몸에 배기까지
삼칠일, 즉 21일 동안 하는 것이 중요하다. 무엇을 하건 삼칠일 동안 열

심히 하다 보면 실제로 몸이 바뀐다. 그러나 자신을 바꾸려 할 때, 그것을 몸으로 익히지 않고 중도에 매번 포기하면 똑같은 과정을 반복할 뿐이다. '아, 나는 역시 안 되는구나!'

다른 한편으로 보자면 아직 절실하지 않기 때문이다. 지금 그대로 살아도 별 이상이 없기 때문이다. 그래서 입으로는 바꿔야지, 바꿔야지 하면서도 몸은 아직 그대로다. 이렇게 말하면 너무 잔인하다 싶겠지만 그야말로 덜 아프기 때문이다. 정말 절실하다면, 몸이 못 견딜 정도라면 누가 뭐라 해도 바꾸게 마련이다. 하지만, 아직 버틸 만한 힘이 있어서다. 하지만, 명심할 것 하나는 지금 자신의 행동은 어떻게든 자신이 책임을 져야 한다는 것이다. 지금 당장은 건강한 듯 보이고 아무 문제가 없어 보이더라도 나중에 더 큰 병이나 더 큰 인과로 자신에게 되돌아온다. 아직은 덜 아프니 나중에 더 아프게 되면 그때 바꿀 수 있을 것 같다고 생각한다면 그것도 나름의 방법이다. 하지만 문제는 이러한 인과를 나중이 돼서는 받아들이지 않는다는 점이다. '난 잘못한 거 없이 살아왔는데 내 몸은 왜 이 모양이 된 거지'라며 차후에 원망하기 마련이다.

늘상 말하지만 구원은 외부에 있지 않다. 삶을 구원하는 것은 결국 자신이다. 변신(變身)의 문제는 철저히 몸[身]의 문제이다. 몸의 변화야말로 자신을 극하는 것. 니체의 말대로라면 위버멘쉬, 초인이 되는 과정이리라. 자기 자신을 넘어서 새로운 자기 자신으로 변화하는 것, 그것이야말로 새로운 삶을 창안해 내는 것이자, 기존의 관성에서 벗어나 자유로워지는 것이다.

이제 몸을 바꿀 수 있는 기회, 겨울나기에 대해서 알아보자. 겨울에는 몸의 기운을 헛되이 쓰지 말고, 자신의 안에 차곡차곡 저장하는 것이 중요하다. 그동안 마무리 짓지 못했던 일들을 겨울에는 무슨 일이 있어도 마무리 짓고, 새로운 봄을 시작하기 위한 준비의 단계로 삼아야 한다. 씨앗이 다음해 봄 새싹을 틔워 내기 위해서 엄동설한 한겨울 에너지를 응축하며 기다리는 것처럼 말이다.

겨울, 하면 일단 저장하는 기간이다. 식물들이 잎을 떨구고 다시 봄날을 기약하며 뿌리에 기운을 모으고, 동물들은 길고 긴 겨울잠을 자는 것처럼 사람 몸 역시 겨울철에는 저장하는 것이 필요하다. 우리 몸에서 정을 담당하는 기관은 신(腎)이다. 간심비폐신 중에 신이 가장 안쪽에 자리 잡고 있는 것에서 알 수 있듯이 신의 기능은 우리 몸의 뿌리 역할이다. 추울 때 만물의 반응이 움츠러드는 것처럼, 신장 역시 밖으로 펴주기보다는 안으로 갈무리해서 저장하는 능력을 발휘한다.

『황제내경』에서는 겨울에 해당하는 석달을 폐장(閉藏)이라고 하는

데 만물이 조용히 잠들어 소극적인 자세를 취하는 시기라는 것이다. 이 때는 거두어들인 모든 것을 저장하는 시기이므로 결코 발산해서는 안 된다. 겨울철에는 일찍 잠자리에 들고 늦게 일어나는 게 좋다고 하는 것 역시 이 때문이다. 겨울에 해가 일찍 지고 늦게 뜨는 것에도 다 이유가 있다. 자연의 이치에 조화롭게 순응하는 것, 그것이 건강의 기본이다.

봄에는 일조량이 길어지고 기온이 올라가면서 나무에 물이 오르고 싹이 돋는 것처럼 인체의 기운이 펼쳐지기 시작하고, 여름에는 일조량이 최대가 되면서 나뭇잎과 온갖 생물들이 번성하는 것처럼 인체의 기운도 완전히 펼쳐져 활동이 왕성해진다. 그리고 가을에는 일조량이 줄어들면서 기온이 내려가기 시작하여 식물들이 열매와 결실을 맺듯이 인체의 기운도 내부로 수렴되기 시작하고, 겨울이 되면 일조량이 최소가 되어 온도가 떨어져 모든 만물의 생명활동이 최소한으로 줄어들듯이 인체의 기운도 완전히 수렴되어 다음해에 사용할 에너지의 근원인 정(精)을 비축한다고 하는 것이다. 이러한 천지 기운의 변화에 맞추어 생활 및 활동을 조절하는 것이 바로 건강을 지키는 길이다.

마찬가지로 겨울철에는 양기도 몸속 깊은 부위에 머무르므로 마음과 몸을 모두 조용히 쉬어야 하며, 몸을 지나치게 움직여 땀을 흘리는 것은 삼가야 한다. 만약 겨울에 땀을 흘리거나 술을 마셔서 일시적으로 양기를 증가시키면 신장이 손상된다고 했다. 겨울에 무리하면 봄에도 양기가 발동하지 않아 팔다리가 나른해지고 코피를 자주 흘리게 된다. 인생에서의 노년이 그러한 것처럼 사계절에서의 겨울은 삶의 모든 부분에 절제가 필요한 때다. 그렇기 때문에『동의보감』에서도 양생의 기본으로서 겨울철에 먼 길을 떠나지 말라고 이야기한다. 무언가 마무리 짓는 시기에 정을 헛되이 소모하는 것을 경계하는 것이다.

그렇게 정을 모아 새해가 되면 생활습관을 하나씩 고치자. 일단 삼칠일! 21일만 하자. 담배를 끊는다든지, 올해부터는 아침에 일어나서 108배를 한다든지 말이다. 그건 너무 힘들다고? 목표가 무엇이냐가 중요한 것은 아니다. 사소한 것이라도 자신을 바꿀 수 있는 것에 도전하자. 아침에 일어나기 전에 침대에서 팔다리 떨어 주기, 물 마실 때 뜨거운 물을 먼저 받고 차가운 물을 나중에 받아 음양탕으로 마시기 등등. 자신을 바꾸는 것, 그것이 '구원'이다! 세상을 구원할 메시아는 바로 당신 자신이다.

질병을 물리치는 열 가지 방법

1. 정좌하여 허공(虛空; 자연의 원리)을 관찰하며 사대(四大; 땅, 물, 불, 바람)가 본래 가합(假合; 임시로 합침)임을 생각한다.

2. 번뇌가 앞에 나타나면 죽음과 이를 비교한다.

3. 늘 나보다 못한 자를 생각하며 스스로 너그러운 마음을 갖도록 노력한다.

4. 조물주가 본래 우리의 생활을 수고롭게 하였는데, 병을 만나 조금 한가하게 되었으니 도리어 다행스럽게 생각한다.

5. 숙세(宿世)의 업보를 현세(現世)에 만났더라도 이를 회피하지 말고 기꺼이 받아들인다.

6. 집안이 화목하려면 서로 꾸짖는 말을 하지 말아야 한다.

7. 중생은 각각 병근(病根)을 보유하고 있는 것이니, 늘 스스로 관찰하여 이를 극복해 다스려야 한다.

8. 바람과 이슬을 맞는 것은 조심해서 막고, 기욕(嗜慾)은 담박하게 한다.

9. 음식은 차라리 조절할지언정 많이 먹지는 말아야 하며, 기거(起居)는 되도록 알맞게 하고 억지로 하지 않는다.

10. 고명한 친구를 찾아 마음을 터놓고 세상을 초월한 말을 강론한다.

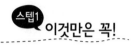

사람이 욕심을 버리면 마음이 자연히 안정된다. 마음을 깨끗이 하면 정신이 자연히 맑아져서 여섯 가지 욕심이 생기지 않으며 삼독(탐내는 것, 성내는 것, 미련스러운 것 등을 말함)이 없어진다. 사람의 마음에 잡념이 없으면 마음이 맑아지고 편안히 앉아 있으면 정숙해진다. 말을 적게 하고 듣는 것도 적게 하면 정신과 수명을 보전하게 된다. ──갈선옹, 『청정경』(淸淨經)

갈선옹(葛仙翁): 중국 삼국시대 오나라 사람으로 이름은 갈현(葛玄). 도사 출신의 명의로 『포박자』(抱朴子)를 지은 갈홍(葛洪)의 증조부이다. 갈현은 자신만의 연단비술(練丹秘術)을 제자 정은(鄭隱)에게 전수하였으며 정은은 갈선옹의 증손자 갈홍에게 그것을 전했다고 한다.

양생하는 방법에는 다섯 가지 어려운 것이 있다. 첫째는 공명주의와 이기주의를 버리지 못하는 것이고, 둘째는 기뻐하고 성내는 것을 억제하지 못하는 것이고, 셋째는 술과 미색을 버리지 못하는 것이고, 넷째는 기름진 음식을 조절해 먹지 못하는 것이며, 다섯째는 정신이 허약하고 정기가 흩어지는 것이다.

이 다섯 가지가 가슴속에 없다면 마음이 편안해지고 도덕이 날로 높아져서 좋은 일을 하려고 애쓰지 않아도 복이 오고 오래 살 것을 바라지 않아도 자

연히 오래 살게 된다. 이것이 양생하는 큰 줄거리다. ─혜강

무릇 온갖 형체 가운데, 원기(元氣)보다 더 먼저 보존해야 할 것은 없다. 이 원기를 조화시키고 보호하는 방법에 있어서는 모름지기 한가로울 때에 마음을 기울여서 편안할 때 위태로움을 잊지 말아야 하며, 노인은 더욱 삼가지 않을 수 없다. 약(藥)에 있어서도 진기(眞氣)를 배양하는 약은 적고, 화기(和氣)를 해치는 약은 많다. 그래서 좋은 약을 먹는 것도 보양을 잘하는 것만 못하다. ─『수진비록』(修眞秘錄)

섭생(양생)을 하려면 마땅히 육해(六害)를 먼저 제거해야 한다. 첫째 명리(名利)에 담박하고, 둘째 음악과 여색을 금하며, 셋째 화재(貨財)에 대하여 청렴하고, 넷째 맛있는 음식을 줄이며, 다섯째 허망된 생각을 버리고, 여섯째 질투하는 마음을 없애야 하는데, 이 여섯 가지가 존재한다면 양생하는 방법은 헛것으로 설치한 결과이니, 유익함을 볼 수 없다. ─『수양총서』

앉아 있을 때가 다니는 시간보다 많고 말을 안 할 때가 말하는 때보다 많으며, 질박함이 화려함보다 많고 은혜가 위엄보다 많으며, 사양함이 다툼

보다 많고 개결(介潔)함이 평범함보다 많아야 한다. 그리고 문을 닫고 들어 앉았음이 문 밖에 나다님보다 많고 즐거워함이 노여워함보다 많아야 한다. 이러한 것을 항상 좋아하면 자연 한량없이 많은 복을 받게 될 것이다.
──『복수전서』(福壽全書)

❘ 뱃속에는 밥이 적고, 입 안에는 말이 적고, 마음에는 일이 적고, 밤에는 잠이 적어야 한다. 이 네 가지를 줄이면 신선이 될 수 있다. ─『수신진록』

❘ 인후하게 하느냐 각박하게 하느냐의 여부가 장(長)과 단(短)의 관건이 되고, 겸손하게 자신을 제어하느냐 교만을 부리느냐의 여부가 화와 복을 초래하는 관건이 되고, 검소하게 하느냐 사치하게 하느냐의 여부가 가난과 부귀를 결정짓는 관건이 되고, 몸을 보호하여 양생을 하느냐 욕심대로 방자하게 행동하느냐의 여부가 죽음과 삶의 관건이 된다. ──신흠, 「야언」(野言),『상촌집』(象村集)

신흠(申欽) : 선조의 신망을 받았던 조선 중기의 문신으로 문장이 좋아 각종 외교문서와 의례문서를 담당했다고 한다.

❘ 부드러운 밥으로 위(胃)를 보양하고, 푹 익은 고기로 온몸을 보양하고, 술을 조금 마심으로써 피를 보양하고, 홀로 잠으로써 정신을 보양한다. 이는 일용(日用)의 묘법이며 집에서 거처하는 자가 천성(天性)을 온전히 보존하는 방법이다. ──『미공비급』

『미공비급』(眉公祕笈) : 명말의 문인 진계유(陳繼儒)의 저서로 양생의 기술을 전하는 백과사전의 일종이다.

▌ 도기(導氣)를 말하는 어떤 이가 정자(程子)에게, "당신에게도 술(術)이 있는가?" 하고 물으니, 대답하기를, "나는 일찍이 여름에는 갈옷을 입고 겨울에는 갖옷을 입으며, 배고프면 먹고 목마르면 마시며, 욕구를 조절하며, 심기(心氣)를 안정시키는 이런 일이 있을 뿐이다."──이이,『성학집요』

『성학집요』(聖學輯要) : 율곡 이이가 선조에게 제왕의 학문을 정리하여 바친 책으로 총 8권에 수기, 정가, 위정의 3편으로 이루어져 있다. 수기편은 몸과 마음의 수양, 정가는 가문을 바로하는 법, 위정은 올바른 정치에 대한 내용을 담고 있는데, 제왕에게 바치는 학문 역시 정치보다 수기가 앞에 놓여 있음이 의미심장하다.

▌ 젊었을 적에 '매일 빗질을 하라'고 권한 사람이 있었는데, 근년에 들어서 비로소 빗질을 하기 시작했더니, 머리와 시력이 맑고 시원해졌으며 잠이 저절로 왔다. 섭생가들이 머리를 빗질하는 것은 언제나 매일 120번을 기준으로 삼고 있는데, 어떤 이는 말하기를, "머리 빗기를 매일 천 번씩 하면 머리칼이 세지 않는다" 한다. 또『황정경』(黃庭經)에 이르기를, "머리칼은 응당 많이 빗어야 한다" 하였다. 그러나 오늘날의 사람들 가운데 매일 빗질할 수 있는 이가 드문 것은 바로 일찍 일어나지 못하기 때문이다. ──정조,『홍재전서』

『홍재전서』(弘齋全書) : 조선 22대왕 정조의 문집. 세손 시절의 일기부터 시작해 정조가 내린 교서나 윤음, 신하들과의 토론 기록 등이 실려 있는 가운데 위와 같은 유용한 생활 정보(?)도 있다. 정조가 우리에게 주는 교훈은 머리는 역시 스타일보다 빗질이라는 것?

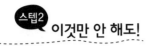

아무리 매일 음식을 먹어도 양생하는 방법을 알지 못 하면 역시 오래 살기가 곤란하다. 양생하는 방법은 늘 가벼운 노동을 하고 너무 피로하게 하지 말아야 한다. 대체로 흐르는 물이 썩지 않는 것과 문지도리가 좀먹지 않는 것은 그것이 운동하기 때문이다. 양생하는 방법은 너무 오랫동안 걷지도, 서 있지도, 앉지도 말아야 한다. 또는 너무 오랫동안 보지도 듣지도 말아야 한다. 이런 것들은 모두 수명을 단축시킨다. ──손사막

손사막(孫思邈) : 중국 당나라 때의 명의이자 신선가(神仙家). 수나라 문제, 당 태종과 고종의 초빙을 받았으나 이를 거부하고 저술에 몰두하여 『천금방』(天金方) 30권을 남겼다. 당 고종이 그에게 진인(眞人)이라는 호칭을 내려 손진인으로도 불린다.

양생을 하는 자는 손상시키지 않는 것을 근본으로 삼는다. 재능이 미치지 못하는 것을 골똘히 생각하는 것이 손상되는 것이고, 힘으로 감당할 수 없는 것을 억지로 드는 것이 손상되는 것이며, 너무 슬퍼하여 파리하게 되는 것이 손상되는 것이고, 기뻐하고 즐거워함이 정도에 넘치는 것이 손상되는 것이다. 그리고 하고 싶은 것에 대하여 너무 급급하는 것이 손상되는 것이고, 근심되는 것에 대하여 너무 괴로워하는 것이 손상되는 것이며, 너무 오래도록 이야기하고 웃는 것이 손상되는 것이고, 침식(寢食)을 제때에 안 하

는 것이 손상되는 것이다. 또 억지로 활을 당기는 것이 손상되는 것이고, 숨이 차서 헐떡일 정도로 뛰는 것이 손상되는 것이며, 배불리 먹고 즉시 눕는 것이 손상되는 것이고, 술에 너무 취하여 구토(嘔吐)를 하는 것이 손상되는 것이다. ──『수양총서』

┃ 대체로 말을 많이 하면 기를 상하며 지나치게 기뻐하면 감정을 상하고 성내는 일이 많으면 의지를 상한다. 슬퍼하고 사색하며 걱정하는 일이 많으면 정신을 상한다. 대게 이러한 것들은 모두 수양하려는 사람에 게 있어서는 안 될 일이다. ──갈선옹,『청정경』

┃ 나는 나면서부터 뜻이 없고 스승이 없어 고루하고 과문한 사람이다. 백가지 가운데 한 가지도 능한 것이 없는 중에 더욱 무능한 것이 넷이 있다. 바둑을 둘 줄 모르고, 소설을 볼 줄 모르며, 여색을 말할 줄 모르고, 담배를 피울 줄 모르는 것이다. 그러나 이 네 가지는 비록 종신토록 할 수 없다 해도 해롭지 않다. 만약 내가 자제들을 가르친다면 마땅히 먼저 이 네 가지를 못 하도록 지도하겠다. ──이덕무,『청장관전서』

『청장관전서』(靑莊館全書) : 이덕무(李德懋)의 저술을 모은 문집으로, 청장관은 이덕무의 호이다. 그가 꼽은 평생 하지 않아도 해롭지 않은 네 가지는 간서치(看書癡)였던 그에게만 해당하는 것은 아닐 것이다.

┃ 눈은 시력을 다하지 말며, 귀는 청력(聽力)을 다하지 말며, 다닐 때에 빨리 걷지 말고, 오래 앉아 있지 말고, 피로하도록 눕지 말며, 침을 멀리 가게 뱉지 말라. 춥기 전에 옷을 입고 덥기 전에 옷을 벗으며, 겨울에 너무 덥게 하

지 않고, 여름에 너무 시원하게 하지 않아야 한다. 그리고 너무 배가 고픈 다음에 먹지 말며 먹되 너무 배부르게 먹지 말아야 하고, 너무 목이 마른 다음에 마시지 말며 마시되 너무 많이 마시지 말아야 한다. 날것과 찬 것을 많이 먹지 말며, 지나치게 노력하거나 지나치게 편하려고 말고, 늦게 일어나려고 말며, 많이 자려고 하지 말고, 땀을 너무 많이 흘리려 하지 말며, 너무 자주 목욕하려고 하지 말고, 대한(大寒)·대풍(大風)·대무(大霧)에는 모두 무릅쓰고 나다니지 말아야 한다. ──『수양총서』

❙ 헛된 욕심과 망령된 생각이 신기를 침해하고, 위태로운 말과 예의를 거스른 행동이 신기를 흔들어 어지럽히고, 음란한 음악이나 요염한 미색이 신기를 가려 막는 것은 모두 통(通)의 원수이다. 이것은 다만 이미 통한 것 만을 막을 뿐이 아니라 또한 사람의 귀나 눈을 귀먹고 눈멀게 하는 것이라, 중등(中等) 이하의 사람이 깊이 경계할 바이다.──최한기, 『기측체의』

『기측체의』(氣測體義) : 조선 후기 실학자 최한기(崔漢綺)가 저술한 책으로 사물에 대한 사고를 과학적인 방법으로 해야 한다는 것을 인간의 신체를 분석하여 비유한 책이다. 원래 『신기통』(神氣通)과 『추측록』(推測錄)으로 나눠져 있던 것을 이 책으로 합쳤다.

❙ 오미(五味)를 먹을 때에 어느 하나가 지나치게 많아서는 안 된다. 그러면 장부에 따라 각각 손상되는 바가 있다. 즉 신 것을 지나치게 많이 먹으면 비장을 손상시킨다. 그래서 봄 72일에는 신 것은 줄이고 단 것을 늘려서 비기(脾氣)를 기른다. 쓴 것을 지나치게 많이 먹으면 폐장을 손상시킨다. 그래서 여름 72일에는 쓴 것은 줄이고 매운 것을 늘려서 폐기(肺氣)를 기른다. 매운 것을 지나치게 많이 먹으면 간장을 손상시킨다. 그래서 가을 72일에

는 짠 것을 줄이고 신 것을 늘려서 간기(肝氣)를 기른다. 짠 것을 지나치게 많이 먹으면 심장을 손상시킨다. 그래서 겨울 72일에는 매운 것을 줄이고 쓴 것을 늘려서 심기(心氣)를 기른다. 단 것을 지나치게 많이 먹으면 신장을 손상시킨다. 그래서 4계월(季月) 각 18일은 단 것을 줄이고 짠 것을 늘려서 신기(腎氣)를 길러준다. ――『수양총서』

▎노공(潞公) 문언박(文彦博)이 벼슬을 그만두고 낙양으로 돌아와 황제를 뵈었는데 그 당시 나이 80세였다. 신종(神宗)이 그의 건강함을 보고, "경은 섭생하는 도가 있는가?" 하고 물으니, 노공이 "별것이 아닙니다. 신은 다만 뜻에 맡겨 자적(自適)하여 외물(外物)로 화기(和氣)를 상하게 하지 아니하며, 감당하기 어려운 일은 감히 하지 아니하고, 적당히 흡족하고 좋을 때에 곧 그만두곤 하였습니다" 하니, 주상은 명언이라고 하였다. ――『저기실』 (楮記室)

▎말을 적게 하여 내부의 기운을 기르고, 색욕(色慾)을 경계하여 정기를 기르고, 진액(津液; 침)을 삼켜서 장기(臟氣)를 길러야 한다. 성을 내지 말아서 간기(肝氣)를 기르고 음식을 담박하게 하여 위기(胃氣)를 기르며, 생각을 적게 하여 심기(心氣)를 길러야 한다. 사람은 기운으로 말미암아 생존하고 기운은 정신으로 말미암아 보존되는 것이니, 기운을 기르고 정신을 온전히 하면 진도(眞道)를 얻을 수 있다. ――『수양총서』

▎성냄이란 누구에게나 반드시 있는 것이지만 가장 삼가지 않아서는 안 되

는 일입니다. 덕을 양성하는 것뿐 아니라 양생에 있어서도 가장 긴요한 일입니다. 남조(南朝)의 도홍경(陶弘景)이 양생에 관한 이치를 잘 알았는데 그가 지은 위생가(衛生歌)에, "도가가 양생하는 글 지었지만/ 아침에 화 안 냄이 제일이라네" 하였습니다. 대개 하루의 아침이란 한 해의 원일(元日)과 같아서 기쁨을 가지며 성내지 않아야 합니다. 한 달의 초하루에도 그렇게 해야 합니다. 대저 성냄은 가장 발동하기 쉽고 억제하기 어려운 것이기에, 정자(程子)의 『정성서』(定性書)에도 깊이 경계하였고, 허형(許衡)의 시에도, "노기는 불꽃보다 더 심하지/ 불타듯 하고 나면 자신만 해로와/ 닥쳐와도 서로 겨루려 하지 말라/ 그 순간 지나가면 속이 시원해지느니"라고 하였습니다. ──『조선왕조실록』

선조 7년(1574년)에 미암 유희춘(柳希春)이 주강(晝講)에 나아가 임금에게 논한 말이다. 조선시대에는 경연(經筵)을 통해 임금과 신하가 유학 경서를 공부하며 서로 토론하는 시간을 가졌는데, 아침에는 조강, 점심에는 주강, 저녁에는 석강이라 했다. 즉위 후 한 번도 빠지지 않고 매일 세 번씩 경연에 참가한 왕으로는 호학의 군주 세종과 정조를 제친 성종(25년간 재위)이 유일했다고 한다.